우리들 인생의
철학적 나침반

어지럽고 곤고한
후기 자본주의 시대를 살아가는
현대인들을 위한 삶의 지침

박두병 편저
(중앙대 명예교수)

도서출판 book소리

우리들 인생의 철학적 나침반

초판 인쇄　　2024년 09월 04일
초판 발행　　2024년 09월 05일
초판 1쇄 발행 2024년 10월 25일

지은이 | 박두병
펴낸이 | 김병선
펴낸곳 | 도서출판 book소리

출판사등록 | 2012년 5월 9일 제301-2012-099호
주소 | 서울시 중구 을지로20길 20
전화 | 02-2261-1102
전자우편 | babookbs@hanmail.net

ISBN 979-11-988975-1-0

값은 뒤표지에 있습니다.
잘못된 책은 구입하신 서점에서 교환해 드립니다.

 책을 내면서

누군가는 살아가면서 문득 나는 과연 누구인가 혹은 나는 내 인생을 어떻게 살아왔나 라는 자문에 직면하면서 갑자기 숙연해지면서 우울과 절망감에 빠졌다면 이는 나만의 경험은 아닐 듯싶다.

대부분 스스로의 인생을 되돌아보면서 성취감과 행복감으로 만족하는 사람들이 과연 얼마나 될지 의문인 것은 나만의 생각은 아닐 것 같다. 그래서 톨스토이는 인생의 참회록을 썼고 세네카는 우리네 인생의 짧고 덧없음을 한탄했는지 모를 일이다.

물론 남들에게 겉으로야 지나온 자기 인생길이 만족스럽고 자랑스럽고 떳떳하다고 자찬할지 모르지만 과연 그 속내가 어떨지는 아무도 모를 것이다.

우리네 인생이 아무리 옷깃만 스쳐도 인연이라는 단 한 번의 만남이라도 소중하게 여기라는 뜻의 일기일회一期一會라지만, 언제 어느 때 세상을 등질지도 모르는 나이가 되니, 한눈만 팔고 주위에 속만 썩이고 살아온 인생을 되돌아보는 발자취가 왜 그리 어지럽고 아쉬움과 후회만 남는지... 그야말로 모든 것이 다 회한이고 괴념(壞淰)이 아닐 수 없다.

두 번 다시 오지 않는 한번뿐인 인생을 쾌락에 취해 비틀거리며 지나온 발자취마다 뒤돌아보니, 한숨과 아쉬움뿐 이고 앞만 보고, 꿈만 좋은 젊은 날의 패기는 허황된 뜬구름의 빈 수레일 뿐, 취생몽사, 한낱 백일몽이고 후회와 한숨뿐이네. 누가 우리네 인생을 그야말로 하루하루가 일생(一生) 이라고 일일일생 <一日一生>이라고 하지 않았던가?

이제 죽음을 눈앞에 두니, 비로소 숨 한번 내쉬고 들이쉬는 호흡이 그 무엇과도 바꿀 수 없고 귀하다는 걸 뒤늦게나마 깨우친 걸 다행으로 여기고 자위하는 데 그쳐야할는지?

옛말에 인생 80이면 고래희라는 데, 어느덧 나도 70대 중반을 넘다보니, 지나온 내 인생길이 너무나 보잘 것 없고, 비틀 거리며 살아온 주제에 참회와 회오로 넘쳐난다고 고백할 자격마저도 없는게 당연할것이다.

죽음은 누구라도 피할 수 없는 인간이 직면할 수밖에 없는 과제다. 그래서 회피할 수 없는 두렵고 암울한 현실을 고민 하면서, 누군가는 끝이 있어야 비로소 시작이 있는 게 아니냐는 말로 자위하고, 누구든지 죽으면 한줌의 진토(塵土)가 되는 현실을, 우주나 하늘 에 별 하나로 미화하기도 한다,

프랑스의 천재 수학자이자, 철학자 파스칼은, 삼각형과 확률론, 계산기 발명 등 수많은 업적을 남긴 그가 유고집《팡세》에서 '인간은 생각하는 갈대'라는 명언을 남겼다. 그 파스칼이 비록 당시로서는 보편적인 현상이었겠지만, 40세가 되기도 전에 이승과 유명을 달리했지만, 그가 이룬 철학적, 수학적 업적에 비해 과연 나는 게으르다 못해, 무의도식한 과거가 부끄러워, 자괴감을 느끼는 건 당연 하겠죠,

인간이 살아가면서 느끼는 생의 목표나 가치관, 윤리관은, 누구도 피할 수 없는 죽음이라는 명제를 대할 때, 우리 들은 비로소 철학에

직면하고, 초보 철학자가 되게 마련이다.

그런 뜻에서 우리는 인개지유용지용, 이막지무용지용야(人皆知有用之用. 而莫知無用之用也). 사람들은 누구나 다 쓸모 있는 것의 쓰임새를 알고 있지만, 쓸모없는 것의 쓰임새를 아는 사람은 없다는 『장자』 인간세편의 글귀에 관심을 가질 필요가 있다.

장자는, 소요유(逍遙遊)에서 무위이치(無爲而治) 일부러 하지 않아도 다스려진다. 쓸모없음의 쓸모 있음-무용의 용(無用之用)을 말하고 있다. 도가도, 비상도, 명가명, 비상명 (道可道, 非常道, 名可名, 非常名) 도(道)라고 말할 수 있는 것은 도가 아니고, 이름을 붙일 수 있는 것은 이름이 아님을 일깨우고 있다.

노자의 사상은, '억지로 하려함이 없이 스스로 그러하게 놔두자'는 무위자연(無爲自然)의 마음가짐과, '이름을 알리려하지 말고, 혹시라도 명성을 얻더라도, 유명세가 커질수록 자신을 낮추어야 된다.' 는 공수신퇴(功遂身退)의 처세술. 또, 누구든지 높은 곳을 지향하고 사는 게 인지 상정이지만, 높아지려거든 낮은 곳에 거하고, 낮은 곳이 있어야 높은 곳도 있다는 말을 요즘 세상을 살아가는 지도자들 특히, 우리네 정치가들이 명심해야 하지 않을까?

세상을 떡 주무르듯이 원칙도, 윤리, 도덕도 없이 제멋대로 요란을 떨며 살아가는 오늘날(과거도 예외 없이)의 위정자들에게 들려주고 싶은 고언은, 우주 제일서(書)라는 논어에 나오는, 가장 마음에 와 닿는 명언은, "지나침은 오히려(모자람에) 미치지 못한다."는 과유불급過猶不及이요, 법철학 중에서도 가장 기본 원칙은, "만인은 법 앞에 평등하다"라는 평범한 진리를 외면하는 그들은 과연 얼마나 편안할까?

한 발 더 나가 공자가 법치法治보다는 인치人治를 권하고, 인仁과 용容이 없는 법은 존재가치가 없다고 했을까 라는 생각도 든다, 또,

책을 내면서 5

이 세상에서 자기를 제일 잘 아는 사람은 자기 자신이라는 말씀에 입만 열면 위선과 거짓말을 하고, 수단 방법을 안 가리고 인위적으로 위신을 높이려드는 지도자들에게 이제는 분노를 넘어 동정심까지 느끼게 하는 대상으로 전락하지 않았나 하는 생각까지 든다면 이게 과연 나만의 생각일지?.

인간의 가치가 독선과 부패한 일부 정치가들이 국민을 뒷전으로 밀어 넣고 있는 사이 놀랍게도 우리 현실은 세계 10위권의 경제 대국 운운하지만, 슬프게도 자살 율은 세계 1-2위를 맴돌고 있다는 점이다. 그중에서 적어도 7-80%는 생활고나 경제난 등 사회 경제적 요인에 의해 생의 벼랑 끝에 내몰려 강요된 자살 아닌 타살로 추정되는데 이 부끄럽고 수치스런 문제 앞에 정치권은 과연 무얼 하고 외면해 왔는지 묻고 싶다. 그래서 이런 비참한 현실을 언제까지 정쟁으로, 허비하는 무사안일을 따질 수밖에 없다.

물은 가장 아름답다(上善若水). 는 노자의 말씀은 물은 조건 없이 모습을 바꾸며 손쉽게 적응하고 또한, 물은 모든 사람에게 도움이 되는 것이지만, 오만하지 않고 겸손하다. 이유극강(以柔克剛) 부드러운 것으로 굳센 것을 이긴다. 부드럽고 약한 것이 억세고 강한 것을 이긴다는 유약승 강강(柔弱勝 剛强). 아는 자는 말하지 않고, 말하는 자는 알지 못한다. 지자불언 언자부지(知者弗言 言者弗知). 도에 대해서 여러 가지로 아는 척하며 말하는 사람들은 실질적으로 도가 무엇인지를 모른다는 것이다.

그래도 "세상에 흔들리지 않고 피는 꽃은 없다." 는 시구처럼 우리네 인생길이 고속도로 같이 탄탄대로거나, 아니면 반대로 가시밭길만 지속되지는 않겠지만, 그래도 후회 없는 인생길을 살려는 바람은, 우리 모두의 바람이 아닐까?

그래서 나는, 철학은 죽음의 훈련이라는 말처럼, 또 모든 학문의 박사 학위가 Ph.D 즉, Doctor of philosophy (철학박사)이듯이, 우리 삶의 모든 분야가, 심지어 돈 한 두 푼을 따지는 상행위에도 나름대로의 상도덕이 있고, 또 당연히 있어야만 되지 않을까 한다.

우리가 흔히 서양철학의 시조로 부르는 소크라테스는, 우리들 삶이 결국 아무것도 모른다는 무지를 깨닫는 것이 철학하는 이유이고, '너 자신을 알라!'는 그리스 철현의 명언과도 상보되는 진리가 아닐까 싶다.

소크라테스는 "나는 내가 아무 것도 모른다는 걸 안다"라는 말을 남겼다. "네 자신이 아는 것이 아무것도 없다는 것을 알라"는 <무지無知의 지지知知 > 나, <무지식無知識의 지식知識>이 라는 논리는, 우리들이 지식 앞에서 겸허한 태도를 가지고 끊임없는 의문을 갖고 진리에 다가가라는 질문법을 통해, 상대가 자기의 답을 찾는 것을 도와주는, 마치 산파가 출산을 도와주는 것 같은《산파 술》이라고 부르는 것을 통해, 사람들이 생각하는 계기를 갖게 도와주는 질문이 중요한 이유다.

또, "모든 것을 소유하고 채우려고만 하는 욕심을 버리고 마음을 비우라는 공空의 사상과, 높아지고 싶으면 오히려 반대로 낮아지고, 모든 대상에 맞서거나 거역하기보다는, 항상 양보하고 낮아지는 물과 같이 되라"는 노자의 이론과, 칸트 이후에 서양 근대철학의 완결 자에 전통 철학의 완성자이면서, 독일관념론을 한층 끌어올린 헤겔은, "이성적인 것이 현실적인 것이고, 현실적인 것이 이성적인 것"이라고 말했다.

그의 변증법辨證法은 정正(긍정)-반反(부정)-합合(부정의 부정) 역시 노예와 주인간의 관계(통칭 노주관계奴主關係)로 대변되는, 편안함을 추구하기 위한 운전수 고용이, 되레 주인이 운전수의 눈치를 보게 되는, 흔히 "종의 종살이"와 같이 영원한 선이나 힘의 추구 같은 절대적 가치 추구는, 반드시 반작용을 불러올 수밖에 없다는 맥락에서 서로 양보하고 타협하라는, 제諸 이론의 그 동질성에 주목할 필요가 있다,

그런 의미에서 절박한 현실에 직면해 벼랑 끝으로 내몰린, 아니면 직면 당한 수많은 불쌍한 이웃에게 도움의 손길이 됐으면 하는 바람을 덧붙이는 한편으로, 저 친구 세상 떠날 때가 되니 헛소리 한다고 비난받을는 지도 모를 일이다.

나 같은 인간은, 기나 긴 세월을 헛되게 보냈다는 자괴감과 수치심에 토를 다는 것 자체가 헛짓이지만, 부디 후학들만은 나 같은 후회 없는 삶을 살아가기를 바라는 간절한 심정에서 졸필이나마 펜을 들었다.

박두병

2024년 봄

목 차

책을 내면서

A 서양 철학편

철학입문	15
철학 탐구의 의미	20
논술적 주제	24
1. 신은 존재할까?	24
2. 우리들의 세계관	25
3. 이상사회란 어떤 것인가?	26
4. 철학과 철학자는 무엇인가?	27
5. 철학자들의 프로필	28

B 서양 철학사

칸트입문	33
1장 순수성의 아이엔티티	33
2장 칸트 철학의 토양과 뿌리	34
철학의 현실 문제들	37
사랑이란 무엇인가?	37
사랑의 변증법	38
죄악이란 무엇인가?	38

목차 9

희망에 대해서　　　　　　　　　　　　　　　　　40
　　생태학적 위기와 책임의 원리(한스 요나스)　　45
　　칼-오토 아펠과 캔트 철학의 변형　　　　　　46
　　철학이란 무엇인가?　　　　　　　　　　　　47
　　진리란 무엇인가?　　　　　　　　　　　　　48
　　철학적 방법론-마르크스와 철학의 변형　　　50
　　철학사상의 흐름/최대의 교부 아우구스티누스　　55
　　새로운 유형의 사회 사상가의 출현　　　　　58
　　칸트의 자리매김/피히테, 쉘링, 헤겔　　　　62
　　제국주의와 사회주의 혁명 시대에 있어서 철학사상　67
　　이 시대 부르주아 철학의 일반적 특색　　　69
　　10월 혁명 이후　　　　　　　　　　　　　69

C 세계 철학의 큰 주류

　　Ⅰ. 소크라테스의 생애生涯　　　　　　　　73
　　Ⅱ. 플라톤의 철학　　　　　　　　　　　　76
　　Ⅲ. 아리스토텔레스의 철학　　　　　　　　82
　　Ⅳ. 토마스.아퀴나스의 철학　　　　　　　　88
　　Ⅴ. 데카르트의 철학　　　　　　　　　　　90
　　Ⅵ. 록크의 철학　　　　　　　　　　　　　96
　　Ⅶ. 디드로의 철학　　　　　　　　　　　102
　　Ⅷ. 칸트의 철학/임마누엘 칸트　　　　　105
　　Ⅸ. 빌헬름 헤겔　　　　　　　　　　　117

X. 키엘케골의 철학	132
XI. 마르크와 엥겔스	139
XⅡ. 사르트르의 철학	150
XⅢ. 칼,포퍼	157
열린사회와 그 적들	

D 동양철학편

중국 철학 개관	168
인도 불교 철학	169
유마경 경전	174

E 유대인의 간략한 역사

유대인들이 부를 쌓은 연혁	203
세계에서 가장 단단하게 뭉친 민족	206
유대인이 헝가리 은행과 기업 활동의 개척자 역할	208
청소년을 위한 「탈무드」	210

F 한국의 지배구조

한국 정치의 근본적 개혁을 위한 전략	215
희망 한국 만들기	219
사회주의, 그리고 인생의 의미	223
정치 개혁의 과제	224
나의 제안	239

G 죽음에 대한 기본적 이해

죽음에 대한 이해	245
죽음에 관한 철학적 이해	255
안락사 시비	263
존엄사, 안락사에 대한 견해	264
안락사의 문제점	266
안락사 허용 여부	269

H 마무리

현인이 되는 7가지 조건	273
멋지게 나이 드는 법	275
인생의 의미	282
품위 있는 죽음	285
마지막까지 잘 사는 삶	287
법정 스님의 유서	291
토마스 그레이의 만가	294
매언잡언	296
후기	300
참고문헌	301

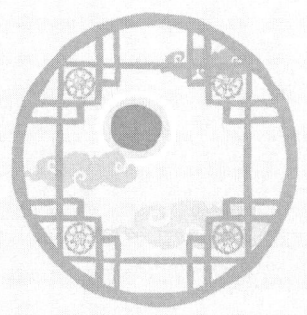

A
서양 철학편

물음에 대한 해답을
찾고자하는 것이 철학이다.
철학의 시작은 질문이다.
철학은 질문에서 작되었다.
질문·의문이 곧 철학이다!

철학입문哲學入門

아리스토텔레스

- 모든 학문 가운데 제1의 학문이라는 의미
- 철학의 고유한 특성은 현실을 대상으로서가 아니라 기반으로서 문제 삼는다.
- 철학은 무전제의 학문
- 철학자는 전지 자와 무지자의 중간자이다.

플라톤

주관은 객관에 대해서 주관이지만, 주체는 주체에 대해 주체이다. 따라서 원래 사회적이다.

주체는, 단순히 주관적인 것이 아니라, 오히려 주관적, 객관적인 것이다.

상대와 추상적으로 대립하는 절대는 진정한 절대가 아니고, 진정한 절대는 오히려 상대와 절대의 통일이다.

본능은 자연의 이데아이다.

서양 철학편 15

습관은 모방적이다. 그것은 자기가 자기를 모방하는 데서 생겨난다.
상식은 사회적 경험의 축적. 상식은 우선 행위적 지식이다. 상식은 실제적이라고 하는 데, 실제적이란 말은 경험적 행위적이라는 뜻이다.

파스칼

"피레네의 이쪽에서는 진리인 것도 저쪽에서는 오류이다."
철학은 경이에서부터 시작된다.
양식이 전체는 부분보다도 크다 란 말은 상식이다.
상식이 실증적 인데 대해 과학은 비판적 이다.
하나가 곧 다수, 다수가 곧 하나라는 변증법적인 구조인 점에 과학의 변증법적 구조의 근원이 있다고 해야 할 것이다.
과학과 철학의 구별 과학은 원인의 지식이다.
철학은 과학비판에 종사한다. 과학의 근거를 밝히는 작업이 철학의 일.
과학은 분과 적이고 전문적이다. 철학은 전체의 학문이다. 그것은 존재를 존재로서 전체적으로 고찰한다.
과학은 가치의 문제에 대해서 중립적이다. 철학의 문제는, 가치의 문제인 것이다.
베르그송이 말한 것처럼, 의식의 범위는 생명의 자유로운 활동의 범위와 일치하고 있다.
주체적 입장이란 행위의 입장이다.
인간의 운동은 특히 행위라고 불리며, 이 때문에 인간은 초월적이다.
우리들은 존재하고 또한 존재한다는 것을 안다. 그리고 그 존재와 앎을 사랑한다.

아우구스티누스

"나는 행동 한다. 나는 의욕 한다. 즉, 나는 나의 행동을 의식한다. 그러므로 나는 내가 원인이다. 라는 것을 알 수 있다. 그러므로 나는 원인, 또는 힘으로서 존재한다. 즉, 현실적으로 존재한다."의욕은 정신의 단순하고 순수한 순간적인 작용이다. 행위는 외부로 표현됨과 동시에 내부로 표현된다.

니체

인간은 초월적 인간이다.

과학이 추구하는 것은 세계관이 아니고 세계상이다.

철학이 추구하는 것은 세계관이다. 세계상은 객관적인 사고방식에서 만들어지는 것이며, 세계관은 주체적인 사고방식에서 만들어지는 것이다. 전자는 세계의 대상적 파악이고, 후자는 세계의 장소적 자각이다. 세계관은 과학보다도 오히려 상식의 것이다.

지식이 어떻게 성립되며 어떠한 성질을 갖고 있는가.

이 문제를 연구하는 부분을 철학에서는 인식론이라고 부른다.

인식이란 지식과 같은 말이다.

로크와 흄에서 시작되어 칸트에 의해 확립되었다.

인식론은 지식의 기원, 본성 및 한계에 관한 연구라고 정의.

보편성과 필연성 또는 보편타당성은 진리의 특색이다.

지식의 객관성은 칸트가 말했던 것처럼'객관적 실재성'이어야만 한다.

진리에 대한 자연적인 사고방식은 모사설이라고 불리고 있다.

모사설은 관념과 존재의 일치가 진리라고 생각한다.

초월은 주체의 본질이고, 주관성의 근본구조이다.

본디 주체란 것이 초월 속에 존재하는 것이다.

인간존재의 초월성에 의해서 모든 존재물을 그 자체로서 나타나게 하는 것. 즉, 진리가 가능하게 된다.

사물로부터 멀리 떨어짐으로써 사물에 진실로 가까워질 수 있다.

"생산적인 것, 그것만이 진리이다."라고 괴테는 말했다.

진리는 단순히 지식의 문제가 아니라, 동시에 윤리의 문제이다.

인식한다는 것은 가공하는 것이다.

이른바 자연적 빛에 의해서 명석하게 판명된 지각은 주어지며, 이 직관적 명증이 진리의 기준으로 된다.

진리를 대상과 관념의 일치라고 생각하는 것은 오랜 전통이다.

칸트에 의하면, 우리들의 인식이 대상에 따르는 것이 아니라, 반대로 대상이 우리들의 인식에 따름으로써 그 일치는 가능하게 된다고 한다.

모사설이 객관주의라고 한다면 칸트주의는 주관주의이다.

인간은 유한한 존재임과 동시에 무한한 존재이다.

지식의 객관성은 형식주의 자가 생각한 것처럼 단순히 표상의 보편타당한 결합만을 의미하는데 그치지 않고, 지식이 객관에 관계되어 있다는 것을 의미하고 있다. 거기에는 객관의 초월이 있어야만 한다.

초월성을 떠나서 객관성은 없고, 또한, 초월성을 떠나서 주관성은 없다. 객체의 초월과 주체의 초월이라는 2중의 초월에 의해서 인식은 가능하게 되고, 그것은 동시에 행위를 가능하게 하는 조건이다.

특징적인 인식론은 칸트주의자인 헬름홀츠 기호설

지식은 기호다

칸트가 말한바 같이, 자연이란 바로'현상의 그 현존재에 따르는 필연적인 규칙 즉, 법칙에 따르는 연관'이다. 바꾸어 말하면, 공간과 시간 속의 현상의 규칙성이다.

지식은 보편성과 필연성 즉, 보편 타당성을 가져야 한다.

단지, 체적 인간만이 자연을 인식하고, 단지, 총제 적 인간만이 인간적인 생활을 한다고 괴테도 말했다.

동 즉 정 動 卽 靜, 정 즉 동 靜 卽 動 하나이면서 다수, 다수이면서 하나.

실용주의는 방법으로서 특수한 결론이 아니고 오히려 일정한 태도이다.

진리에로의 의지

파스칼은 '사랑과 이성은 동일한 것이다.'고 말하고 있다.

'영감의 협력 없이 예술작품은 없다'-지드

'세계에서 위대한 그 어떤 것도 격정 없이는 성취되지 않았다.' 이성주의자-헤겔

사회는 종종 '커다란 나'라고 간주되어 왔다.

사회는 초월적인 것으로서 오히려 '커다란 너'이고, 나와 너와의 행위적 연관의 기초.

서로 작용

공리주의자의 말, '행복한 돼지보다는 불쌍한 소크라테스가 되라고 말하고 있다.'

대지의 아들들의 가장 큰 행복은 인격이다.

-괴테-

철학 탐구의 의미

철학이란 무엇인가?

철학은 알려는 노력이다

철학은 지식이 아니라, 지식을 추구하는 과정입니다. 즉, 철학은 지식의 소유가 아니라, 그 무엇을 탐구하는 것이다.

철학은 탐구하는 지식이다.

철학은 일차적이건, 이차적이건, 경험적 자료들에서부터 출발한다.

소크라테스는 지식에 대한 반어법을 사용해서 제자들에게 지식을 전달하는 것이 아닌, 지식을 터득하도록 즉, 지식을 스스로 생산하도록 돕는 데서 마치 출산을 돕는 산파를 연상하는 산파술이라고 불렀다.

철학의 탐구는 지식을 소유하는 것이 아니라, 지식을 추구하는 '힘' 곧, 능력을 잘 발휘하는 것이다.

물음에 대한 해답을 찾고자 하는 것이 철학이다.

철학의 시작은 질문이다.

철학은 질문에서 시작되었다.

질문·의문이 곧 철학이다!

독일 관념론의 태두 칸트는 철학의 영역을 네 가지 질문으로 결정했다.

20 우리들 인생의 철학적 나침반

첫째, "나는 무엇을 알 수 있을까?"

둘째, "나는 무엇을 해야만 하는가?"

셋째, "내가 바랄 수 있는 것은 무엇인가?"

이러한 것들은 인간이 추구하는 기본적 방향에 대한 질문이다.

첫 번째 질문은 인간의 지성이 아닌 이성의 한계에 대한 의문이고, 두 번째는 인간의 행위나 실천 목표에 대한 질문이고, 세 번째는 종교에 관한 의문이다.

칸트에게 있어서 이 세 가지 질문은, 결론적으로 네 번째 인간이란 무엇인가? 라는 물음으로 축약된다.

칸트의 이런 명제를 이어받아, 스퐁빌은 궁극적으로 다섯 번째 물음으로 "(그렇다면) 나는 어떻게 살아갈 것인가?"에 도달하게 된다고 설파했다.

정치의 존재 이유를 철학적으로 사고하기

현실 정치가 우리들에게 꿈과 희망보다 실망과 좌절을 안겨주지만, 그럼에도 불구하고 정치의 종언은 인간성의 종언이고, 자유와 역사의 종언이기 때문에 정치를 외면하는 것은 자신의 권리를 스스로 포기하는 것에 다름 아니다.

정치는 이기주의의 표현이다

정치란, 우리들에게 종속되는 규칙을 강요하는 데, 문제는 이 규칙이 보편성이 결여되어 있다는 것이다. 그러나 규칙이 없으면, 사람들의 이해 갈등은 지속될 것이기 때문에 결국 정치란 집단적 수준에서의 갈등을 수반한 이기주의의 표현이다.

연대는 집단적 이기주의를 지키기 위한 수단이고, 관용은 타인을 위해

서양 철학편 21

자신을 희생하는 것으로 도덕과 정치가 우리들 실생활에 필수적인 '바늘과 실'과 같은 관계이다.

타인이 나를 필요로 할 때 비로소 나는 내가 된다.

철학의 당면과제

현대는 이미 예전의 마르크스주의 같은 '대 이론 Grand Theory'이 없는 시대라고 부른다.

인공생명 유지 장치와 철학

뇌사 문제의 논점은 크게 두 가지다. 하나는 뇌사의 기준이다. 또 하나는, 죽음의 정의에 관한 것인 데, 철학의 문제라고도 할 수 있다.

생명의 '질'이란 무엇인가?

'생명의 신성함(SANCTITY of LIFE)'데서 두음을 따서 'SOL'이라 부른다.

종교에 대한 철학적 생각

신을 증명해본다.

첫 번째, '존재론적 증명' 두 번째, '우주론적 증명' 세 번째, '우주론적 증명'

독일의 사상가 아도르노는 '아우슈비츠 이후에 시를 쓰는 것은 야만인이나 하는 짓'이라고 말했다.

신앙과 철학의 차이에 대해서, 고대 교부 중 한사람인 티툴리아누스는 "나는 불합리하기 때문에 믿는다."라는 유명한 말을 남겼다.

시간에 대한 철학적 생각

존재하는 것은 현재 밖에 없다.

용서에 대한 철학적 생각

용서라는 것은, 상대를 사랑할 수 없다면, 적어도 자신 안의 증오심은
극복하라는 교훈이다.
행복에 대한 철학적 생각
부처의 제행무상, 제법 무아의 경지에 도달하면 열반 적정이라고 부른
다.
현실이 곧 행복이다

논술적 주제

1. 신은 존재할까?

마르크스= 신은 인간지배의 도구다.

포이에르바하= 신을 창조한 것은 인간이다. 신은 인간의 상상의 산물. 인간의 이상이외에 아무것도 아니다. 종교는 대중의 마약이다.

키르케고르= 진정한 신앙에 교회는 필요 없다. 신앙이란 언제나 신 앞에 홀로 나아갈 수 있는 것이다.

플라톤= 절대 변하지 않는 것은 신앙의 대상이 아니다. 철학에 있어서 신의 존재는 번거로운 문제다.

스피노자= '신은 자연이다'라는 의미. 신은 단순한 자연이 아니라 자연(우주)의 총체입니다. 따라서 자연의 어디에나 신의 능력이 미치고 있다는 것이다.

종교는 민족의 공동 감정이다

칸트= 신을 인식할 수는 없다.

에피쿠로스= 신이란 고통·불행의 씨앗이다. 신이 없어야 인간은 행복해질 수 있다.

토마스·아퀴나스= 신앙은 유익하다.

첫째, 신앙은 영혼을 신에게 연결시켜준다.

둘째, 신앙은 영원한 생명을 가져다준다.

셋째, 신앙은 현재 생활을 선한 방향으로 이끌어준다.

넷째, 신앙은 유혹으로부터 우리들을 지켜준다.

니체= 신은 죽었다. 기독교라는 노예도덕은 사라져라.

신은 하나의 추측에 불과하다. 인간의 사고를 넘어선 것이 아니다. 비소卑小와 협량狹量, 시기와 질투, 추종과 허언으로 얼룩진 인간들의 사고의 산물이다.

2, 우리들의 세계관

칸트= 지각 밖에 있는 물자체는 존재한다.

중요한 것은 감성과 이성 모두를 통해 인간의 인식이 성립된다는 것이다. 이성이 없는 감성은 맹목적이고, 감성 없는 이성은 공허하다.

헤겔= 세계는 전체 생명체로서 발전해왔다. 논리로부터 자연이 탄생한다.

마르크스= 자연의 선재 성先在 性을 부정할 수는 없다. 역사는 계급투쟁의 역사다.

소쉬르= 인간의 세계는 언어로 이루어진 세계다. 인간사회를 이해할 때, 역사의 단면(현재)을 떼어내서, 그 구조를 분석하는 '공시적共時的'인 관점을 제창했다.

알튀세르= 마르크스는 역사주의 자가 아니었다. 사회와 인간은 항상 다중구조, 다중인격이었다.

하이데거= 말을 갖고 노는 매스컴을 통렬하게 비판했다.

서양 철학편 25

3, 이상사회란 어떤 것인가?

우리들은 '항해도 없는 시대'에 살고 있다.

첫째, 자유·평등·번영·평화가 공존하는 이상 사회실현을 추구했던 사회주의의 붕괴로 이상 상의 상상을 경험했다. 정보사회의 진전으로 국경 없는 사회가 국가의 존재감을 잠식하는 사회의 상실감이 엄습하고 있다.

스피노자='이상' 사회란 반인간적 사회를 말한다.

인간의 자연은 자유와 평등이 조화롭게 완성되지 않는다. 인간은 자유를 위해 적대시하고, 평등을 위해서도 투쟁하기 때문에 인간의 자연은 조화롭게 이루어지지 않는다. 설사 자유·평등·우애가 어우러진 조화로운 사회가 실현된다면, 그것은 인간의 자연에 반하는, 인간을 억압하는 비참한 반인간적인 사회가 되겠죠.

칸트= 개인뿐만 아니라, 국가 역시 이상에 따라 움직이는 것이 이상적인 상태다.

헤겔= 현실적인 것이 이성적이다. 민주사회와 시민사회의 모순을 동시에 해결할 수 있는 현실적인 힘이란, 엘리트계급인 토지귀족이라 여기고, 국가의 중심으로서 군주를 상징하고, 자신의 조국 프러시아를 이상사회에 매우 근접한 나라라고 생각했다.

마르크스= 사유제를 부정하면 이상사회가 열린다. 그런 이상사회는 아직 실현되지 않았을 뿐이다.

에피쿠로스= '이상적 사회'구현은 허상이다.

쾌락은, '고통의 부재'로 쾌락을 일부러 추구하다보면 그 과정에서 수반되는 고통 때문에, 행복한 삶을 살 수 없다. 따라서 그가 추구한 것 중의 하나는 '신체의 고통이 없는 상태(aponia)였으며, 이를 위해서는 생을 유지할 정도만을 소비하는 절제가 필요하다.

니체= 역사는 지나친 욕망의 발현을 말살했다.

기독교도덕과 대중 민주주의의 기저에는 약자들의 르상티망(원한·분노)이 있다고 보고, 이는 약자들이 성취할 수없는 것을 수적으로 억압하려는 힘이고, 평균화, 균질화, 타성화를 지향하는 의지이다. 세상은 항상 생산과 파괴를 반복하고 무의미하게 회귀한다. 이러한 무한의 반복은 초인만이 극복할 수 있고, 생명력을 발휘해 '힘에의 의지'를 체현한다고 보았다.

초인이란, 신 없이 세계를 주시하고, '힘에의 의지'를 실천하는 사람들이고, '힘에의 의지'란 생명이 갖는 끝없이 강대해지려는 힘이다. 니체는, 기독교 도덕은 인간을 평균화시키는 노예의 도덕이라고 강하게 비판하였다.

4, 철학과 철학자는 무엇인가?

플라톤= 탐구하는 것을 탐구 한다' 즉,'생각하는 것을 생각 한다'는 것이 철학이다

아리스토텔레스= 철학자는 중간에 산다.

아우구스티누스 =철학은 항상 신앙의 반대편에 있다

토마스·아퀴나스= 신앙의 자립은 철학의 자립이기도하다

데카르트= 철학이란 올바른 인식에 도달하기 위한 사고기술이다

스피노자= 철학자는 현실정치에도 참여할 수 있다.

라이프니츠= 철학자는 지적인 팔방미인이다.

흄= 철학은 상식에 기반을 두고, 상식의 근거를 해명 한다

칸트= 철학은 만인 공통의 입장에서 생각하는 것이다

헤겔= 철학한다는 것은 '자유로워'지는 것이다. 그는 <법철학> 중에서 '이성적인 것은 현실적이며, 현실적인 겻은 이성적이다'

서양 철학편 27

키르케고르= 철학이란 자신과 자신과의 관계를 사고하는 기술이다

마르크스= 철학적 사고란, 철학비판과 부정에 다름 아니다

니체= 철학보다도 철학을 소유하고 싶다는 욕망에 불을 지펴라. 니체는 신을 부정하고 현실 속에서 삶의 방식을 추구한 무신론적 실존주의의 선구자이다.

하이데거= 현대철학의 중심 과제는 '자연'의 재발견이다.

5, 철학자들의 프로필

칸트= "모든 철학은 칸트에게로 흘러들어가 칸트에서 흘러나갔다"라고 할 정도로 철학사에 빛나는 선구자로 기저를 알 수 없는 자아의 반성철학을 비로소 시작한 장본인이다.

철학을 처음으로 대학 안에 끌어드렸는데, 정작 '철학은 대학에 있는데 진정한 철학은 대학에는 없다'라는 기묘한 현실이 되고 말았다.

헤겔= 헤겔 철학은 보편철학으로 누구도 헤겔을 초월한 이론적 대안은 제시하지 못하고, 다만 주석을 다는 것에 그칠 뿐이다. 그런데 관념론은 물질(자연)보다도 관념(정신)에서 세상의 근본을 찾는다. 칸트→피히테→쉘링→헤겔에 이르는 철학의 흐름을 독일 관념론으로 부른다.

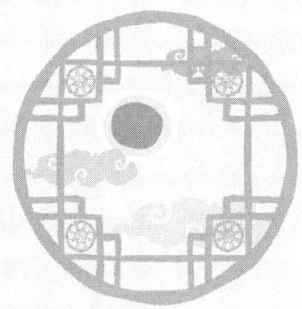

B
서양 철학사

개요

1. 고대

소크라테스=그 근본 사상은 덕德은 지知다.

2. 고대 그리스철학

이오니아학파

탈레스, 아낙시만드로스, 아낙시메네스 만물의 근원을 '물' '무한한 것' '공기'라고 하였다.

피타고라스는 만물의 근원을 수數라고 하면서도, 철학의 목적을 영혼의 정화에 두고 종교교단을 창설했다.

3. 중세철학

중세철학의 의의

철학이 '신학의 시녀'로서의 역할도 했지만, 오히려 그것 때문에 더 독자적이고 심원深遠해진것도 사실이다.

4. 근세철학

칸트와 독일 관념론의 시대 '서양 철학은 칸트 이전과 이후로 나뉜다.' 말이 있을 정도이다.

칸트는 그에 앞선 영국의 합리론과 경험론을 종합하고, 비판철학을 수립하고, 합리론은 내용이 없어 공허하고, 경험론은 개연성 밖에 없다는데서 필연성과 객관성을 갖는 비판철학을 추구했다.

칸트의 철학은, 주관의 선험적 형식을 추구하기 때문에 선험 철학 先驗哲學이라고 한다. 그는 '인간을 자연의 입법자'라고 부르고, 이것은 인간의 인식이 대상 중심에서 정반대로 주관 중심으로 바뀐 것을 의미한다.

칸트는 오성을 중시함과 동시에 이것을 제한하여 이성에의 전망을 열고 있다. 그 예로, 계몽주의 철학을 극복하고 관념론을 준비하였다.

서양 철학사 31

따라서 칸트는 역사적으로 호수에 비유되는데, 그 이전의 모든 사상이 그에게로 흘러들어가고 그 이후의 모든 사상이 그로부터 흘러나오기 때문이다.

칸트의 역사철학

만물의 종말

(1)이 세상은 어떤 수도승들이 바라보듯이, 여관(여인숙)이다.

(2)이 세상은 교도소이다.

(3)이 세상은 정신병원이다.

(4)이 세상은 다른 세상으로부터의 모든 오물이 집결되는 분뇨 통이다.

칸트철학 이해의 길

사변철학이 무참하게 무너진 1860년대에는, 모든 방면에서 "칸트로 돌아가라"라는 부르짖음이 강조되었다.

칸트입문

1장 순수이성의 아이덴티티

1. 칸트철학을 관통하는 것

이성이란 무엇인가, 이성을 신뢰해도 좋은가

칸트철학을 「비판철학」, 「이성철학」이라고 부르는 것은 적절하고, 특히, 철학은 사전적 어의로부터 「사물의 진리를 추구하는 학문」, 혹은 「근본진리를 탐구하는 학문」 등으로 간주된다.

2. 순수이성의 모순-안티노미(이율배반)

〔4개의 안티노미〕

제1안티노미

테제 : 세계는 공간·시간적으로 시작이 있다(유한하다.)

안티테제 : 세계는 공간·시간적으로 무한하다.

제2안티노미

테제 : 세계는 일체의 것은 단순한 부분으로 돼있다.

안티테제 : 세계에 있어서 단순한 것은 존재하지 않는다.

제3안티노미

테제 : 세계는 자유에 의한 인과성도 있다.

안티테제 : 모든 것이 자연 필연적 법칙에 의해 일어난다.

제4안티노미

테제 : 세계원인의 계열에는 절대적 필연적인 존재자가 있다.

안티테제 : 이 계열 중에는 절대적 필연적인 존재자는 없다. 거기에는
모든 것이 우연적이다.

2장 칸트철학의 토양과 뿌리

2. 철학자 칸트의 탄생

루소=체험·후회·회심·맹서

「루소의 고백」은 「후회」와 「회심」 혹은 「도덕적으로 살면서 변화하는
것」을 동시에 전해주었다.

칸트철학의 「걸림돌」-物自體

3장 미궁으로부터의 탈출- 제1안티노미의 해결

4장 진리의 논리학- 경험세계의 맥락

1, 유의미하고 필연적인 인식-아프리오리(선천 ?)적 총합판단

분석 판단을 단순한 「개명開明판단」으로도 부르고 있다.

한편 총합 판단의 경우, 술어는 주어 개념에서 유래하는 것으로, 확실
히 새로운 것이 부가되면, 인식내용은 증가 된다. 칸트는 이런 종의
판단을 「확장판단」이라고 불렀다.

예를 들어 「바다는 푸르다」라는 예문에서 「바다」에 「푸르다」라는 것
을 결합함으로서 개념과 직관의 총합을 실현하는 것이 되겠죠.

선험적(아프리오리) 종합판단은 있을까

칸트는 선험적인 총합판단의 실례로「직선은 두 점 간의 최단거리다」 (『순수이성비판』서언緒言)

2. 인간사고의 근본 틀-카테고리

카테고리는 생득적 개념일까-발견된「선험적」

「아프리오리」란「경험에 앞선」즉,「경험에 유래하지 않는」그런 의미 를 갖지 않는다. 그 표지는「보편타당 성」과「필연성」을 갖는 것이다. 사실, 그 반대로 경험을 아무리 축적해도 이들 두 개의 요건은 절대로 채워지지 않는다.「생득적」의 반대는「획득적」즉,「경험으로부터 획 득된」,「경험에서 유래하는」의미로, 극에서는「아포스테오리」로 부른 다.

3. 경험세계의 맥락-아프리오리 적 총합원칙

수학을 경험 계에 적용한 원칙-「직관의 공리直觀의 公理」「모든 것의 직관은 외연량[외적인 폭을 갖는 양量]이다」.

플라톤은 철학을「방향전환의 술術」로 불렀다. 이것은 확대해석은 아 니다. 칸트는 인간이성에 깃든 가상仮象을「원류原謬」(Erbfehler)라 고 불렀다. 근원적인 오류誤謬라는 의미다. "Erbfehler"는 분명히 "Erbsünde"와 패러랄 한(그런 만큼 필자는, "Erbfehler"에 있어서 「原謬」로 번역하고 있다.).

물론, 칸트가 근원악根源惡으로서 재해석한 한도에서의 원죄다. 칸 트는 이성 가상을, 그 정도까지 무겁게 받아들이고 있는 것이다. 따라 서 原謬는, 근원 악이 그런 것 같이 근절 불가능이다. 이성의 가상은, 그것이 가상이라는 것이 간파되어도, 멈추지 않는다. 단, 근원 악이 근 절불가능하기 때문에, 다시 더욱 극복 가능한 것 같이, 원류도 극복은 가능하다. 따라서 근절 불가능한 가상의 극복노력, 그것이 이성 비판에 틀림없다. 인간(인간 이성)이 인간에 있어 계속되는 한, 원류로부터 벗어날 수 없다고 하면, 비판철학은 틀림없이 인류사人類史 규모의 의미를 갖는 것으로 된다.

흔히 「~현대의 역사적 의미」, 「~주의의 현대적 의미」라는 것이 말해진다. 일단, 현대적 의미란 무엇일까? 어느 시대의 「현대」인, 「현대」란 자기들이 살고 있는 시대의 것이다. 따라서 현대적 의미를 운운하는 것은, 자기들의 경우에 부합되는 판정을 귀결하지 않으면 성립되지 않는다. 이런 판정은 「죽은 사람은 말이 없다」는 결석재판이 된다. 거기에, 자기들이 살고 있는 시대, 그것은 그것의 짧은 유동적인 타임스팬, 요컨대 정말 순식간의 일이다. 라고 말하는 것은, 현대적 의미가 있으면 있을수록, 순간의 의미밖에 없는 것으로 되어, 다음 시대에는 의미는 희박하지만 틀림없이 일어날 수밖에 없는 것으로 된다. 유행이란 그런 것이다. 현대적 의미를 묻는 것의 페러독스다. 따라서 만약, 어떤 철학이 시대의 제약을 받아도 어느 특정 시대에도 구애되지 않고 영위되는 것이라면, 그 의미를 묻는 자는 시대를 초월한 스케일(척도)을 갖지 않으면 안 된다. 칸트철학에 관해서도, 흔히 이런 스케일을 갖고 임하지 않으면, 우리들은 그런 지하수맥적 의미를 흡수할 수 없겠죠.

철학의 현실 문제들

사랑이란 무엇인가?

우리들은 사랑이라고 하면 주로 이성간의 관계로 생각한다. 어떤 사람들은 동성 간에 성적 호기심을 느끼기도 한다.

플라톤은 사랑을 마음과 영혼을 고무시키는 행위로 규정했다. 일명 '플라토닉 러브'는 육체적 욕망을 배제한 순수한 마음에 초점을 둔 것이다. 아리스토텔레스는 미의 실재보다 사람들 간의 유대라는 관점에서 사랑을 강조했으며, 로마의 실용주의자 오비디우스는 관능적 쾌락과 이상적 가치가 조화를 이루는 양가적 입장을 견지했다.

죽음에 이르는 존재로서의 인간은 영생불멸을 희망하고, 이것은 종족보존을 통해 후세에 유전자를 남기려는, 인간의 욕망이 생식현상을 통해 구체화된다.

영원불멸의 아름다움을 추구하는 철학적 정신이 에로스이다.

사랑은 이처럼 시대에 따라 다르게 정의되고 변모해왔다. 그러나 어떠한 사랑의 행태와 개념도, 부모의 자식에 대한 사랑만큼 위대하거나 숭고하지 않다. 신의 인간을 향한 거룩하고 무조건적인 사랑, 다시 말해 아가페적인 사랑이 부모의 마음이다.

사랑의 변증법(헤겔)

사랑이 가능하기 위해서는, 자기 자신에 대한 존재 긍정이 있어야
한다. 그와 동시에 사랑하는 대상이 있어야 한다.
사랑하는 자신의 정립 다른 사람에 대한 사랑 속에서 자신을 부정하는
반정립이 동시에 설정
헤겔은 사랑을 종교와 동일한 것이라고 생각, 사랑을 화해와 같은 것
으로 이해. 사랑은 전체현실의 개별화된 사건이 아니고, 오히려 현실
의 근본적인 진행과정이다. 사랑은 생명 그 자체인 것이다.

사랑의 존재론(에리히 프롬)

사랑은 합일을 추구한다. 프롬에 의하면 사랑은 본질적으로 '주는 것'
이다. 보다 원숙한 사랑은 주는 것 외에도 상대방에 대한 보살핌과 책
임 존경과 지식을 요구한다. 사랑이란 분열된 것을 다시 통합하는 변
증법적 제기라고 정의한다.

죄악이란 무엇인가?

창조론의 역설

첫째, 창조이후에 빚어지는 모든 행위결과들에 대한 책임은 하느님에
게 전가될 수밖에 없다는 사실
둘째, 어떻게 하느님을 닮은 인간이 사탄의 유혹에 빠질 수 있었는가
라는 의문
셋째, 인간에게 부여한 자유의지가 실제로 인간의 자유의지인가를 의

심하게 된다.

넷째, 하느님과 인간의 최초 약속은 공정하고 정당한 것이었는가에 대한 의문.

다섯째, 인류가 최초 인간의 실수로 지은 죄를 모두 둘러쓰는 것.

여섯째, 예수탄생을 정점으로 한 유아살해, 가롯 유다의 배신

아우구스티누스의 사랑은 근본적으로 플라톤 철학에 의한 기독교해석의 절정.

죄악의 기원에 대한 철학적 반성은 희랍적(플라톤적)창조 이해와 히브리 적(성서적)창조 이해.

민중 신학자 서남동 교수는, '죄는 지배자의 언어'라는 것이다. 현실속에서 더 큰 죄를 저지른 사람들은 버젓이 살아가지만, 힘이 없어서 잡혀오는 사람들만을 처벌하고 있지는 않은지에 대한 철학적 해명은 아직도 멀기만 하다.

희망에 대해서

희망의 철학자로 잘 알려진 에른스트 블로흐는 유태인으로 희망이란 우리에게 직접적인 모습을 보이지 않지만, 그럼에도 불구하고 그것은 항상 우리들을 새롭게 하고, 창조적이고, 개방적으로 "새로운 것 (Novum)"을 추구하게 해준다. 희망은 부정 가운데 어떤 성취가능성을 가지고 동시에 미래에 실패할지도 모른다는 불안과 공존해서 이를 극복해야한다

유태인들의 희망은 구약에서 나타난 하느님의 화해와 구원의 메시지로 나타난다.

허무주의

허무주의란 최상의 가치가 박탈당하는 것을 의미한다. 니체는 유럽의 허무주의를 "신은 죽었다"라고 한마디로 일갈했다.

허무주의란 '최상의 가치가 박탈당하는 것'

니체-유럽의 허무주의를 '신은 죽었다.'

종래의 도덕을 어떤 특정집단의 이익을 옹호하는 이데올로기에 지나지

않는다고 하고, 니체는 바로 '노예도덕'이라고 규정. 노예도덕이란 '군주도덕'에 반대되는 개념이다. 진정한 도덕은 신화적 영웅들의 이야기 속에 나오는 '군주도덕'이라고 했다.

차라투스트라는 이렇게 말했다.(초인의 철학)

초인은 전통적 기독교가 강조하는 가치를 부정하고 초인이 되는 데, 인간적 삶의 목표를 가지라고 한다. 초인이란, 자신의 뜻에 따라 가치를 창출하는 사람이다. 즉, 초인은 자가 운명을 긍정하고, 애착을 가지게 된다는 것이다. 자신의 운명을 사랑하고 언제나 나에게 새로운 삶이 주어지면, 다시 살아보겠다는 태도를 가지는 것이 중요하다는 것이다.

그리하여 초인은 권력에의 의지를 지상에서 구현하고자 한다. 힘을 추구하는 것이 바로 삶의 본질이고, 초인은 자신의 의지에 따라 가치를 창출하고, 자기에게 주어진 운명을 사랑하는 존재다.

카이로스

미륵은 '아직-아닌-부처님'

불교에 있어서의 희망의 철학은, 성불의 가능성을 위한 조건으로 주제화 되어야한다.

요정 철학

희랍인들의 희망 개념은 가치중립적이다.

영원한 반복

'모든 것은 흐른다.' 헤라클레이토스

자신의 운명에 대하여 사랑하라.
공산주의는 완성된 자연주의로서의 인간주의이며, 완성된 인간주의로서의 자연주의이다.

마르크스
종교는 '민중의 아편'
마르크스의 유토피아는 바로 '자연의 인간화'와 '인간의 자연화'에 있는 것이다.
'민주주의 없이는 사회주의도 없다.' 칼 카우츠키

로자 룩셈부르크
수정주의와 독일 사회민주주의에 대해 대단히 비판적인 여성혁명가.
카우츠키의 의견과 같이, 민주주의 없는 사회주의나, 사회주의 없는 민주주의는 생각할 수 없다고 주장.

국가철학
정의란 강자의 이익이다.-트라시마코스

토마스 홉스
'사회적 원자론' '만인에 대한 만인의 투쟁'
상호간에 계약을 체결하여 자신의 자유를 제한하는 동시에 자신의 권리와 이익을 보장받을 수 있는 국가를 형성하게 된다.
자신의 자연적 권리를 제한하고, 서로에게 소유권을 양도하는 것처럼, 자신에게 주어진 권리를 양도하는 것을 사회계약이라고 한다.

'거대한 레비아단' '가사적인 신'이라고 불리는 인격체로서의 국가.

루소

사회발달 과정에서 과장된 이기심과 분업에 의해 형성된 불평등을 해소하기 위해 사회계약이 필요하다고 역설한다. 계약을 통하여 인간은 일반 의지를 회복하고 주권을 가질 수 있게 된다.

로크

존 롤스는 거대 국가론을 지지하고, 이를 운영하기 위한 원칙으로서의 사회정의 론을 제시.

로버트 노직은 최소 국가론을 지지하고, 정의의 원칙은 절차적 정의에 관해서 상세하게 정의돼야 한다고 주장.

정의의 제1원칙은 '평등한 자유의 원칙'이다.

제2원칙은 분배적인 정의개념에 입각한 '차등의 원칙'

차등의 원칙은, 최소 수혜자에게 최대이익을 보장하고, 기회 균등의 원칙이 선행될 때에만 정당화될 수 있다.

다시 말하면, 차등의 원칙은 반드시 공정한 기회 균등의 원칙을 전제로 해야 된다는 것이다.

자유주의 국가사회에서도 소수의 사람들이 부 정의한 법의 준수를 강요받을 때, '시민불복종의 권리'를 부여한다.

핵 윤리

현대사회의 도덕 철학적 특징 중 하나는, 도덕적 행위 주체가 드러나지 않는 익명성과 , 기계 성으로 인해 정통적 규범들이 현저히 파괴

서양 철학사 43

된다는 점이다.

인류 전체의 생존을 위협하는 일이 많아지면서, 양심이나 도덕적 기준보다는 행위 결과에 대한 책임이 보다 중시된다. 그러나 핵 문제 만큼은, 사후에 책임을 묻는다는 것은 무의미할 것이다.

야스퍼스는 원폭에 대한 물음은 인류의 생존과 절멸가능에 대한 물음이고, 인류 전체의 구원을 위해서는 사고방식의 혁명적 변화를 이뤄야 한다고 강조했다.

환경윤리

슈마허는 과학기술 우위로부터 이제는 인간을 보다 중요시하는 가치 체계를 확립하면, 절제와 금욕을 바탕으로 자연 파괴를 최소화할 수 있는 불교경제학(Buddhist economics)이 가능하다고 봤다.

기술은 비록 처음에는 인간이 만들었다고 할지라도, 자기 스스로의 법칙과 원리에 의해 발전해가는 경향이 있다. 자연의 성장은, 자연적 성장 중지라는 신비한 자기 통제력을 가지고 적절하게 조화와 균형을 유지한다. 그러나 기술은, 스스로 제한하는 원리를 터득하지 못한다.

인간이 현대기술로 인한 세 가지 치명적 위기에 노출돼있다. 첫 번째 위기는, 인간성을 질식시키고 약화시키는 비인간적 기술이나 조직, 두 번째 위기는 환경이 병들어서 부분적으로 붕괴의 조짐을 보인다는 사실, 세 번째 위기는, 화석연료의 급격한 잠식과 고갈 우려다.

이에 슈마허는 '인간에게 적절한 현실적 크기(the actual size of man)'로 돌아갈 것을 권고하고 있다. "인간은 작은 것이며, 그러므로 작은 것은 아름답다. 거대 주의로 나아가는 것은 자기 파괴로 가는 것이다."

44 우리들 인생의 철학적 나침반

생태학적 위기와 책임의 원리/ (한스 요나스)

한스 요나스는, 고대 영지주의와 생태학적 과학철학을 연구하여 현대 윤리학의 책임 문제를 천착한 유태계 철학자.

존재론적 책임은 생명체로서 존재하는 모든 자연 존재자의 존재 권리에 대한 성찰에서 비롯된다. 인간은 인간이 아닌 모든 자연적 존재자, 또는 자연 생명체가 그 고유한 권리를 요구하고 있다는 사실을 인식해야 하는 것이다. 인간은 환경세계에 대한 책임을 져야 하는 것이다. 책임은 전체성, 계속성, 미래라는 세 가지 특성을 함유.

담론윤리란 무엇인가?

하버마스는 '의사소통 능력'과 연관해서 우리들이 다른 사람을 이해시키고 설득시킬 때, 기초적인 원칙을 지키는 것을 제시했다. 네 가지의 일반적인 대화 원칙은 바로 이해성, 진리, 정확성, 진실성이다.
참된 의미가 있는 대화가 되기 위해서는 최소한 네 가지의 조건들이 만족되어야 한다. 그렇지 않으면 그 명제는 거짓이거나 무의미하게 된다.

하버마스는 정신분석학과 이데올로기 비판에서, 왜곡된 의사소통의 구조를 서술하고 이를 극복하고 치료할 수 있는 비판적-해방적 담론구조를 제시한다. 이상적인 대화 상황 아래서만 완전한 의미에서의 이상적 합의가 가능하다고 예견할 수 있다.

칼-오토 아펠과 칸트 철학의 변형

아펠 '철학의 변형'시도

칸트는 경험을 가능하게 하는 조건들을 철학의 중요한 물음으로 설정하면서, 우리가 밖으로부터 들어오는 감각 자료들을 논리적으로 구성할 수 있는 힘을 미리부터 가지고 있다고 주장하였다. 그것이 바로 오성의 범주적 기능이다. 갠트의 인식론은, 한 인간 또는 유(類)의 개념으로서의 인간이 어떻게 경험을 산출할 수 있는가를 문제 삼고 있다.

그러나 아펠은, 경험내용의 타당성이나 진리는 하나의 고립된 인간의 논리구조 속에서 형성되는 것이 아니고, 다른 사람들과의 논의과정을 거쳐서 이른바 상호 주관적으로 창출된다는 사실을 지적하려고 했다.

아펠은, 의사소통 공동체를 매개로하여 칸트의 유아론적인 진리 론을 역사적, 또는 사회적인 차원으로 확대하고자 하였으며, 그것이 바로 그가 목표하고 있는 칸트철학의 '변형'이다.

아펠은, 경험의 가능성 조건들을 다루고 있는 갠트의 선험철학을 언어 분석학적, 상호 주관적 담론의 가능성 조건들에 대한 물음으로 확장하는 이른바 철학의 변형을 시도 한다.

46 우리들 인생의 철학적 나침반

철학이란 무엇인가?

철학은 교수가 가르쳐서 될 일이 아니고, 스스로 터득해야 한다고 자위하기도 한다. 철학은 철학에 대한 물음으로부터 시작된다. 철학이란 무엇인가라는 물음 자체가 철학의 대상인 것이다. 철학은 바로 묻는 행위이다. 누구든지 물어볼 수 있는 능력을 가지고 있으므로, 철학은 철학자들의 전유물이 될 수 없으며, 물어볼 수 있는 능력만 가지면 누구든지 철학을 할 수 있다.

철학은 생각하는 것이다. 사유는 넘어서는 것이다. 생각하는 것은 바로 기존의 것을 뒤집어엎고 넘어서는 것, 전복하는 것을 뜻한다. 철학은 생각해볼만한 것이 무엇인가를 다시 반성하게 한다. 생각하는 것은, 기존의 것을 뒤집어엎고 넘어서는 것을 의미한다. 생각해 볼만한 것이 무엇인가를 생각하는 것은, 인간에게만 고유하게 주어진 힘이다. 우리는 생각을 통하여 자신의 궁극적 관심을 개진하게 된다.

철학은 본질에 관하여 묻는다. 철학은 '본질에 관한 철학' 어떤 것을 바로 그것이도록 규정하는 것이, 무엇인가를 해명하는 것이, 바로 본질철학의 과제이다. 철학은 원인과 이유에 관하여 묻는다. 어떻게 진리에 접근해야 하는가의 문제는 가장 기초적이고, 근본적인 물음이다. 방법의 규정은, 그것에 의하여 규정되는 지식의 한계를 결정하게 된다.

진리란 무엇인가?

의심과 믿음, 그리고 확실성

우리는 모든 것에 관하여 모든 것을 의심하지 않을 수가 없게 된다. 그런데 데카르트는, 이제 더 이상 의심할 수 없는 어떤 사실을 발견하게 된다. 모든 것을 의심할 수 있지만, 그것만은 의심할 수 없는 것, 바로 그것은 의심하고 있는 나의 존재에 관해서는 더 이상 의심할 수 없게 된다. 그리하여 의심하고 생각하고 있는 나의 존재는 명석하고 분명한 사실로 드러나게 된다. 만일, 우리가 명증 적으로 확실한 어떤 지식체계를 가질 수 있다면, 그것은 언제나 더 이상 의심될 수 없는 '사유하는 존재'를 출발점으로 해서만 비로소 가능하게 된다는 것이다.

회의주의와 절대주의

헤라클레이토스는 자연계에 속하는 모든 것들은 끊임없이 변화한다고 주장했다. 다시 말하면, '만물은 흐른다.'는 것이다. 그러므로 우리는 같은 물에 두 번 들어갈 수 없게 된다.

전통적으로 철학에서는 세 가지 유형의 진리 론이 있다. 진리의 대응설과 정합설, 그리고 합의 설이 바로 그것이다. 물론, 이와 같은 진리 설은 그 나름대로의 한계를 가지고 있으며, 가장 이상적인 진리기준과 척도를 마련하기 위하여 아직도 많은 철학자들이 고심하고 있다. 진리 문제는, 인류와 철학이 존재하는 한 계속하여 물어지지 않으면 안 될 것이다.

진리의 대응설

진리의 대응설이 비판되는 것은 근본적으로 두 가지 어려움 때문이다. 첫째로 대응설의 자체적 모순이 바로 대응설을 비판하게 만든다. 다

48 우리들 인생의 철학적 나침반

시 말하면 대응설이란 대상과 판단, 그리고 사물과 지성의 일치여부를 비교하여 어떤 판단의 진위를 결정하는 진리 론이다. 그런데 실제로 이와 같은 비교는 사실상 전혀 불가능하다. 왜냐하면 두 개의 사실을 비교하기 위해서는 우리는 먼저 실재와 대상을 알아야하고, 그다음에 그 실재와 대상에 관한 판단의 일치 여부를 결정해야 한다.

그런데 여기서 직접 비교되는 것은 대상과 판단이 아니라, 실제로 비교되는 것은 판단과 판단인 것이다. 실제로 있는 대상과 감각기관을 통하여 보고된 사실과, 이성적인 판단 활동의 일치 여부를 가리는 작업이 간단할 수 없다는 사실을 단적으로 드러내준다.

둘째로 대응설은 자신이 설정하고 있는 작업영역과 방법에 의한 한계를 노출하고 있다. 다시 말하면, 대상과 판단, 사물과 지성이 비교될 수 있기 위해서는, 판단 내용은 반드시 감각적인 인식에 의한 것이어야 할 것이다.

예를 들면 '모든 사람은 죽는다.'라는 전칭 판단을 실재 사실과 비교할 수 있는 방법은, 현실적으로 불가능하다. 이와 같이 진리 대응설은 지식의 과거 적 성향을 단적으로 나타내고 있다.

진리의 정합설

진리의 대응설이 가지고 있는 자체적인 결함을 보완하려는 철학자들의 노력은, 진리의 정합성으로 결실을 보게 되었다. 진리 정합설이란 판단과 사물의 일치 여부보다는, 오히려 어떤 판단이 이미 존재하고 있는 기존의 판단체계에 부합되고 있는가의 여부에 의하여 그 진위를 결정하는 것을 말한다. 그러므로 여기에서는 이미 완성된 하나의 이론 체계가 전개되고 있다.

서양 철학사 49

그리하여 진리의 정합설은, 어떤 특정한 명제가 기존의 이론체제와 논리적인 모순 없이 잘 부합되는가의 여부에 의하여, 참과 거짓을 가름하게 된다. 여기에서 어떤 특정한 명제의 진술을 판단하는 진리기준은 이론체계이다. 그러나 우리는 그 이론체계가 참된 것인지, 그릇된 것인지를 판단할 수 있는 아무런 근거도 확보하지 못한다. 따라서 최종적인 이론체계의 진위 문제는 언제나 해결되지 않고 남게 된다는 약점이 있다.

진리의 합의설

진리의 합의 설은 실용주의와 의사소통의 철학에서 주로 논의되는 방식으로서, 논의 공동체에서 구성원들의 이성적인 토의와 담론과정에 의하여 합리적으로 도출되는 의사결정을 참된 것으로 받아들이는 학설이다. 여기에서는 왜곡된 의사소통의 구조가 존재할 수 있다는 사실과, 다수결의 방식으로 결정할 수 없는 진리사실이 있을 수 있다는 점들이 지적될 수 있다.

철학적 방법론-마르크스와 철학의 변형

근세철학에서 우리는 두 혁명을 경험하게 된다. 칸트의 코페르니쿠스적인 전회와, 마르크스의 변증법적 유물론이 그것이다. 칸트는 인식주관이 객관적 대상을 규정하게 되면서, 경험내용을 산출하게 된다는 선험철학을 확립.

마르크스는 칸트와는 반대로, 객관적 대상구조가 인간의 의식구조를 규정한다고 주장. 마르크스에 있어서의 철학은 이론이나 처계가 아니고, 실천과 혁명으로 변형.

50 우리들 인생의 철학적 나침반

실증주의 논쟁

사회비판 이론가들은 혁명정신이나 부정성의 힘을 통하여 현행체제를 비판하였으나, 그들은 참으로 인간해방이 실현될 수 있는 이상적인 사회가 어떤 것인지에 관하여 적극적으로 제시하지 못했다.

현상학에서의 두 전회

현상학에 있어서의 두 전회는, 후설의 전회와 하이데거의 전회를 의미한다. 현대철학에 있어서도 비트겐슈타인의 전회는 유명하다. 전회는 방법론적인 방향 수정이나, 철학활동의 이념과 목표를 수정하는 것을 의미한다.

후설의 현상학은, 확실성과 명증성을 추구하는 데카르트의 철학과 칸트의 선험철학을 계승하고 있다. 그는 여기서 다시 브렌타노에 의해 발굴된 '지향성' 개념을 도입한다.

후설의 제자였던 하이데거는, 그의 스승이 독아론 적으로 추상화한 선험적 자아 론에 반대하여, 세계 안에 구체적으로 존재하면서 그것과 긴밀한 관계를 맺고 있는(세계내 존재로서) 현존재를 철학적 물음의 대상으로 한다.

해석학에서의 보편성에 관한 논쟁

(가다머와 하버마스)

해석학은 삶의 복잡성과 구조연관을 포착할 수 있는 이해의 지평을 전제로 하고 있다. 가다마는 해석학이란 '진리의 경험'이라고 말한다. 진리의 경험은 과학적 영역을 넘어서서 어디에서나 가능하며, 이러한 해석학적 경험은 보편적이라는 것이다. 해석학적 경험은 이해의 역사성 안에서 이루어지며, 바로 여기에서 해석학적 순환(하이데거), 이해의 선 구조, 영향사의 원리가 주제화된다.

하버마스는 해석학의 과제는 바로 '이데올로기 비판'에 있다고 보았다. 또한, 하버마스는 해석학적 과정에 있어서 언어의 중요성을 인정한다.

현대과학 철학에서의 방법론 논쟁

오늘날의 과학철학 러셀과 비트겐슈타인의 논리적 원자론 포퍼의 비판적 합리주의, 쿤의 비합리주의 등에까지 이르고 있다.

비트겐슈타인은 철학을 하나의 '활동,' 즉, 말할 수 있는 자연과학적 명제들에 대한 '언어비판'의 활동으로 생각하였다. 그러므로 철학의 목표는, 생각들을 논리적으로 명료화하는 데 있다.

비엔나 학단, 비트겐슈타인의 입장을 수용하여 철학은 명제의 명료화를 매개로한 의미 발견의 활동이라고 규정. 그리고 이와 같은 정신 속에서 즉, 논리 실증주의가 성립된다.

제3의 길은 가능한가?

데리다, 라캉, 리오타르, 들뢰즈 등 프랑스 철학자들은 후기 현상학과 해석학, 언어분석철학과 후기 구조주의 그리고 니체의 비합리주의와 프로이드의 정신분석학 등이 어우러져 지금까지의 모든 합리성 체계를 해체하려는 시도를 주도하였다. 그들은 합리성 대신에 비합리성을 불일치와 차이를 보다 중요하게 생각한다.

철학과 종교

종교는, 자기 교의를 이것이 진리이니까 따라서 믿으세요. 라고 가르치는 데 있다. 종교도 상대를 설득하기 위해서, 이치를 세워 이해를 도모하는 요소를 포함하고 있다.

어느 종교 종파에서 주어진 기준을 그대로 믿지 않고, 추측한대로 원래의 기준일까를 의심하고, 타종교 종파의 주어진 기준과 비교하지 않으면 안 되기 때문에, 그렇게 믿으면 그런 신앙의 입장은 버려지고, 의심하는 그런 종교에 있어서는 죄가 깊다고 비난 받는 태도에 처하게 된다.

과학적 세계관

마르크스주의는, 자본주의 적 사회제제가 필연적으로 붕괴해서, 사회주의적인 체제에 대신하는, 그런 것을 과학적으로 설명했다. 따라서 과학적 인식이 객관적인 진리인 것을 인정하면, 사회주의의 태도는 필연적이다. 라는 마르크스주의의 주장도 또 객관적인 진리라고 인정하지 않으면 안 된다. 그런 마르크스주의의 성립이래, 마르크스주의의 세계관(이것은 변증법적 유물론으로 불리고 있다)을 인정할까, 부정할까가 철학의 중심 문제로 돼왔다는 것도 말하기 쉽지 않을까.

마르크스주의와 싸우는 諸 哲學 派

제국주의 시대에 들어서면서, 또 1917년의 러시아 혁명에 의해 지구상에는 사회주의 국이 출연한 이래, 자본주의 체재를 옹호하려는 사람들은, 마르크스주의 사상을 더욱더 위협으로 느끼기 시작했다. 이런 입장을 대변하는 철학자들은, 언제나 마르크스주의의 세계관을 논파할까에 고심하고 있다. 그 시행방법은 두 개로 나뉜다.

그 하나는 마르크스주의가 과학적 세계관이라는 것에 있고, 그것은 철학도 과학도 아닌, 교조教祖 마르크스의 지극히 일면적인 단언斷言

서양 철학사 **53**

에 관한 신앙이라는, 그런 주장을 증명하려는 시도이다. 그렇지만 또 하나의 그런 철학적인 수행법은, 마르크스주의가 과학적 세계관이라는 것을 승인한 위에서, 오히려 과학 일반에 공격을 가해, 과학은 객관적 진리로서의 의의를 갖지 않는 것을 증명하고, 그것에 의해, 과학과 함께, 마르크스주의로부터 사회의 진로를 예견하는 그런 힘을 부인해 가려는 시도다.

철학의 진짜 「얼굴」

그럼, 이상으로 철학의 주요한 3개의 「얼굴」에 관해서 각각 간단히 서술한 것이지만, 이들 중에서, 이 자체가 철학의 진짜 「얼굴」이다. 라고 우리들이 생각하는 것은 제3의 사회에 향한 「얼굴」이다. 라는 이유는, 이 제3의 「얼굴」은, 처음의 두 개의 「얼굴」을 배제하는 것이 아니고, 대신에 그것을 포함하는, 그 의미에서 3개의 「얼굴」의 모든 것을 대표하는 것이 가능한 「얼굴」이기 때문이다.

철학의 권장

「철학이란 무엇인가」라는 질문에의 우리들의 답변. 「철학이란 무엇인가」라는 물음에 대한 답은 이렇다. 철학이란, 과학적 세계관에 관한 학문이다.

철학은 무슨 소용이 있을까. 철학은 복잡한 오늘의 사회를 살아가는 데 있어서, 우리들은 확실히 세계관을 갖고 있는 경우에 처음으로 흔들리지 않고, 소위 문제에 대해서 일관된 태도를 갖고, 확신을 갖고 사는 것이 가능하다. 이자체가 무엇보다도 우선 철학이 가져다주는 효용이겠죠.

가슴을 펴고 사는 것은 우리들은 이 세상에 태어나서 한번 밖에 없는, 다시 고쳐할 수도 없는, 이 생명을 태어났기 때문에, 비틀거리지 않고, 이것이 우리가 선택한 삶의 방식이라고 자기 납득의 생활방식을 이어가기도 한다. 설사, 그것이 타인에 있어서 하찮은 것으로 보일지라도, 적어도 자기 자신에 관해서는, 이것이 자기의 생존방식이라고 자신을 갖고 말하는 것 같은 삶을 살고 있는 것이다. 거기에 있어서 처음으로, 투명 인간같이 머뭇거리지 않고, 당당하게 가슴을 펴고 사는 것이 가능하다는 것은 아닐까.

그렇지만 이런 것 자체가 마치 각 사람이 자기 자신의 세계관을 갖고, 그것에 의해 실현되는 것이다. 소위 행동의 시비를, 자기 세계관에 따라서 판단하는 것에 의해 시작된 그 사람의 생활은, 일관성을 갖는 것으로 된다.

철학사상의 흐름/최대의 교부教父 아우구스티누스

그는, 한마디로 플라톤 파의 철학에 그리스도교를 설명하려고 했다. 인간적 자아의 자립성을 주장하는 것이 아니라, 아우구스티누스에 있어서는, 진리를 구하는 자아, 즉 「신에의 갈망」을 갖는 자아의 확인을 의미했다.

教父 철학에서 스콜라철학

教父 철학시대의 종언과, 스콜라철학의 시작과의 사이에 400~500년의 공백이 있다. 새로운 문화의 서광은, 프랑크 국왕 칼 대제(742—814)를 중심으로 하는, 소위 「카로린카·르네상스」운동에 의해, 겨우 마주앉기 시작했다. 스콜라철학은, 이 운동을 기반으로 해서 배태胚胎되

었다.

스콜라철학은, 이전에 확립된 교회의 제교의諸敎義를 상호 모순되지 않게 조정하고, 그것들이 어떻게 해서 진리일까를 논증하는 것을 임무로 하는 것이었다. 사색의 자유의 범위는, 교부철학의 경우보다도 다시 좁고 제한된 것이라고 말할 수 있겠죠. 이 시대에 철학은 「신학神學의 하녀下女」이었다고 말해지지만, 더욱 더 중요한 것이다.

최성기最盛期의 스콜라철학

토마스·아퀴나스(1225~74)에 의한 스콜라철학의 완성은, 아랍세계로부터 지적공격에 대항해 방어와 공격이라는 의미를 갖었다. 토마스는, 이성과 신앙을 구별하면서 양자를 대립하지 않고, 상호 보완하는 것으로서 총합했다. 그것은 소위, 옛날에 적대시했기 때문에, 자기에 있어서 이질적인 것을 자기 내에서 이해하고, 자기 일부분으로 하는 것에 의해서, 정복한 것이다.

토마스의 사상은 위대한 총합總合이었다. 중세철학의 도대체 최초부터의 문제—이성과 신앙과의 문—는 토마스의 체계 중에서, 양자 각각이 하나의 계층적인 질서 중에 위치하는 것에 의해서 화해되었다.

그렇지만 본래 이질적인 것의 이런 화해는, 마치 일시적인 것밖에 아니었다. 토마스의 총합은, 마치 그중에 해체의 맹아萌芽를 포함하고 있었다. 이 총합이 무너지는 곳에 근대사상이 시작된 것이다.

스콜라철학의 해체

이중진리설二重眞理說과 유명론唯名論의 진출에 의해, 스콜라철학은, 해체로 향했다.

르네상스기의 철학사상

상업자본이 발달하고, 봉건경제는 내부로부터 해체되기 시작했다. 상업자본의 발달로 봉건적 사회체재는 해체되기 시작했지만, 그 혼란 중에 특히, 이태리에서는 레오나르도·다·빈치(1452~1519), 체자르·보루지아(1475~1507), 지오르다노·브르노(1548~1600) 같은 예술적, 정치적, 학문적 개성이 풍부한 괴물, 천재들이 등장했다.

개성의 해방과 인문주의

르네상스가 이태리에서 꽃핀 것은, 예날 로마제국의 중심지로 거기서 또다시 고대의 학예가 연구되고, 신과 내세 중심의 중세에서 인간과 현세가 중심으로 되었다. 이렇게 해서 페트라루카(Franesco Petrarca 1304~74), 보카치오(Giovanni Boccaccio1313~75)등 일련의 휴매니스트 들이 등장했다.

니콜라우스와 레오나르도

독일태생의 니콜라우스·쿠자네스(Nicholaus Cusanus1401~64)는, 진리의 인식은 경험에 기초해 선택된다고 주장한 반면에, 신비적 직관을 중시하고 이것에 의해 「반대의 일치」(Coincidentia oppositorum)가 인식된다고 말했다.

레오나르도·다·빈치는, 화가, 자연과학자, 기술자도 되는 「보통 사람」(l'uomo universale)이었다. 그는 신학과 미신을 비판하고 기본적으로는 유물론의 입장에 있었다.

서양 철학사 57

새로운 유형의 사회 사상가의 출현

마키아벨리(Niccolo Machiavelli 1469~1527)는, 정치적 합리주의자였다. 소국이 분립해서 제후가 싸우는 전란이 계속되는 당시의 시대 상황을, 지금은 하여튼 르네상스라는 언어로 연상되기 쉬운 장미색의 것이 아닌, 피비린내가 나는 전국시대의 그것이었다.

인민의 행복을 위해서는 국가적 통일이 되지 않으면 안 되고, 그를 위해서는 정치적으로 강력한 군주가 나와야 되는데, 이 군주는 제후에 대해서는 개인 도덕적 선악을 배려할 필요가 없다. 이 최후의 점이 그 자신은 현실정치를 냉정히 과학적으로 분석하고, 인민의 행복을 현실적으로 추구한 애국자였다.

유토피아 사상가 칸파넬라/영국의 유토피아 사상가 모어

공상적 사회주의 이야기 『유토피아』를 썼다. 이것은 사유재산이 없는, 모든 사람이 일하는 사회다. 그의 저서 『유토피아』는 유명해져서, 공상적 사회주의를 지칭하는 일반적 명칭으로 전화轉化되었다.

시민사회市民社會 성립기成立期의 철학사상哲學思想

영국의 사회 정세

봉건적 귀족계급이 몰락하고, 화폐의 가치를 이해하고 있는 「신 지주新 地主 귀족貴族」이 진출했다.

한편, 이 나라의 사상적 풍토 가운데는, 옥캄의 윌리암 이래로 경험을 중시하는 전통이 있었다. 이 사회정서와 그 전통위에 베이컨(Francis Bacon 1561~1626)의 경험철학이 생겼다.

베이컨과 홉스

베이컨은 「아는 것이 힘이다」(Scientiaest potentia) 라는 그의 모토는, 마치 신시대의 슬로건이 되었다.

베이컨 사후, 영국에서는 토마스·홉스(Thomas Hobbes1588~1679)는 베이컨에게 결핍된 수학적 요청을 보완해서 유물론적 체계를 건설했다.

데카르트의 생득 관념 生得觀念

원래 이데아 개념은, 플라톤으로 거슬러 올라가는 것으로, 플라톤의 이데아는 빗물체적천상적인 것으로, 인간의식 가운데만 있는 사고내용은 아니었다. 그것이 프로티노스에서는 그 독립성을 잃고, 신의 사고의 소산, 신의 사고내용을 의미하는 것으로 됐다.

그 근세 적 의미에서의 이데아를, 데카르트는 ①생득관념 ②외래관념 ③나 자신에 의해 만들어진 관념의 3개로 분류했다.

데카르트의 이원론二元論

정신과 육체를 엄밀히 구분하고 다른 실체로서 분리한 것은, 물체 중에 정신적 요소를 잠입시키는 중세적·스콜라적인 사고에 반대해서, 물체 즉, 자연의 영역을, 순전히 과학적 고찰의 대상으로 인정하는 것으로서, 당시로서는 진보적인 의미로 되었다. 그렇지만 인간에 관해서 마음(정신)과, 신체(물체)가 어떻게 관계가 있을까라는 성가신 문제를 남겼다.

스피노자의 일원론一元論

화란의 철학자, 베네딕투스스피노자()는, 데카르트의 정신과 물체라

서양 철학사 **59**

는 두 개의 실체로 가르는 사고와 연장이라는 두 개의 속성을, 그저 하나의 실체의 두 개의 속성이라고 인정하는 것에 의해 철저한 일원론의 체계를 만들었다. 이는 다만 하나의 실체를 그는 「신, 즉, 자연」이라고 설파했다. 생득관념生得觀念의 비판批判. 영국의 철학자 죤·록크(John Locke1632~1704)는 데카르트가 주장한 생득관념 등은 존재하지 않고, 모든 관념은 외래관념이라고 주장했다.

버클리와 흄

두 사람은 주관적 관념론의 방향에 철저한 길로 전진된다. 이 노선을 나아가는 것이, 죠지·버클리(George Berkeley1685~1753)와, 데이빗·흄(David Hume1711~76)이었다.

버클리는 물체란 「관념의 집합」에 다름 아니라고 주장하고, 더욱이 인간의 마음에 관념을 생기게 하는 원인은 신의 정신이라고 설파했다.

흄은, 일체는 인상과 관념에 지나지 않고, 이들 제 관념은 관념연합(연상)의 제 법칙에 불구하고, 계기가 되거나 거기 있는 것에 지나지 않는다. 그럼에도 불구하고 흄에 의하면, 인과율도 또 관념연합의 법칙의 하나인 것이다.

라이프니츠

고드프리드·빌헬름·라이프니츠(Gottfried Wilhelm Leibniz,1646~1716)는, 관념론의 입장에서 반격하는 그런 자세로, 록크의 영향을 받아들였다. 그는 「이전에 감각 가운데 생긴 것은, 뭐 하나라도 오성悟性 가운데 없다」라는 록크의 명제에 다만, 「오성 그 자체를 제거하는」 것이라고 덧붙이지 않으면 안 된다고 주장했다.

또, 라이프니츠는, 비물체적인, 불가분한, 그렇지만 다수의 정신적

60 우리들 인생의 철학적 나침반

실체가 존재한다고 생각하고, 이것을 단자單子(모나드)로 불렀다.

프랑스의 사회정세社會情勢

절대왕정의 번영은 루이14세의 죽음(1715년)을 맞아 끝났다. 자본주의적 기업의 확대와 봉건귀족과 성직자들의 본격적 축적蓄積과, 지주地主의 수탈收奪에 의해 궁핍해진 노동자농민의 파업과 폭동이 연이어 일어나, 요컨대 18세기의 프랑스는 혁명의 조건이 성숙해갔다.

계몽사상가啓蒙思想家들과 유물론자唯物論者들

불란서에서는 정열적인 록크의 영향을 받아, 그것을 혁명으로 준비하는 사상으로 자기 손으로 만들어갔다. 우선 볼테르(Voltaire1694~1788)는, 다방면의 문필활동을 통해서 『영국편지』(별명『철학편지』)에 의해 뉴턴이랑, 록크의 사상을 프랑스에 소개했다. 몽테스(Monte-squieu1689~1755)도 록크의 정치학의 영향을 받아 유명한『법의 정신』에 의해 삼권분립을 설파했다.

18세기 프랑스의 유물론은 두 개의 사상적 원천이 있는 데, 그 하나는 데카르트의 자연학이고, 다른 하나는 록크의 철학이었다.

루소와 불란서 혁명

뛰어난 계몽사상가, 쟝·쟉크·루소(Jean Jacques Rousseau1712~78)는, 저서『인간 불평등 기원론』(1753년)에서 절대주의적 봉건체제에 예리한 비판과 공격을 가했지만, 그의 이 사상 중에는, 그 당시의 소小 부르주아의 이데올로기가 대표돼 있다. 그는, 과학적·유물론적 세계관에까지 높이는 것은 불가능했지만, 사유재산제도를 불평등의 기원

서양 철학사 **61**

으로 하는 그의 설에는, 사회생활에 있어서 경제의 역할에 관한 깊은 통찰이 포함돼 있다.

그는, 신의 존재와 영혼의 불멸을 믿는 이신론자지만, 신에 의한 자연의 창조라는 사상을 인정하지 않았다. 루소의 사회이론은, 쟈코뱅파의 이상적인 기치로서 돼, 프랑스혁명에 있어서 큰 역할을 담당했다. 로베스·피에르는 사상적으로는 루소의 제자였던 것이다. 19세기世紀에 있어서 자본주의資本主義 제국諸國의 철학사상哲學思想

독일 관념론철학觀念論哲學

독일에서는 18세기말에서 19세기 초에 걸쳐서 칸트(Immanuel Kant1724~1804), 피히테(Johann Gdttlieb Fichte1762~1824), 쉐링(Friedrich Wilhelm Joseph von Schelling1775~1854),헤겔(Friedrich Hegel1770~1831)등이 차례로 나타나서, 연이어 큰 철학체계를 형성했다. 그들의 철학은 독일 관념철학이라고 불린다.

이 명칭으로부터 알 수 있듯이, 그들은 모두 관념론자들이었다. 전술한 것같이, 당시의 독일은 정치적으로도 경제적으로도, 부르주아 민주주의 혁명을 수행할 조건은 아직 없었다. 독일의 부르주아는, 선진국의 부르주아혁명의 경험을 관념적으로 받아들여, 군주와의 타협의 토대로 성립하는 온화한 개량을 자기 진보에의 길이라고 생각했다.

칸트의 자리매김/피히테, 쉐링, 헤겔

근세 전기의 철학사를 데카르트⇒마르브랑슈⇒스피노자⇒라이프니츠로 연결되는 대륙합리론의 계보와, 베이컨⇒홉스⇒록크⇒버클리⇒흄으로 연결되는 영국 경험론의 계보로 나누고, 칸트에게 이 양자를 총합한, 그런 위치를 부여하는 것은, 철학사가들 사이에는 상당히 널리 퍼진 방식이다.

칸트는, 라이프니츠=볼프의 철학에서 출발했는데, 여기서 볼프는, 크리스챤·볼프(Christian Wolff1679~1754)를 말하는데, 그는 라이프니츠 철학을 조직화하는 동시에 비속화卑俗化했다.

그러나 18세기 독일은, 마치 이 라이프니츠=볼프의 철학이 아카데믹한 철학으로 간주돼, 독일철학의 전통 중에 육성된 사람이 있어, 옛날의 영국 경험론을 부정하고, 라이프니츠=볼프 류流의 낡은 형이상학을 개조해서, 새로운 형이상학의 길을 열어서, 이성비판理性批判의 작업에 몰두해간 것이다.

피히테, 쉐링, 헤겔

피히테는 자기 체계를 「지식학知識學」이라고 부르고, 현재 혹은 장래의 소위 과학의 더욱더 일반적인 원리를 기초로 하는 것을 그 임무로 했다.

쉐링은 존재와 사고, 물질과 정신의 절대적 동일이라는 원리에서 출발한 「동일철학同一哲學」의 입장에 섰다는 데, 그의 자아의 철학과 자기의 자연철학과의 대립을 자기 자신으로 통일하고, 극복하려고 했다.

그러나 이런 절대적 동일이란, 의식적·맹목적인 의욕·활동에 있어서, 물질의 기초에 힘을 두고, 힘에서 물질을 「구성」하려고 하는 역동설을 전제로 하는 것이었다. 만년의 쉐링은 신비주의자로 돼, 반동적인 「계시啓示의 철학」을 설파했다.

독일관념 철학의 완성 자, 그 최대의 대표자인, 변증법의 체계적인 서술을 한 것은 헤겔이지만, 유럽각지에서 청강자가 쇄도한 베를린대학에서의 강의는 유명했지만, 그가 사후, 그 학파는 종교철학의 문제

서양 철학사 **63**

를 둘러싸고 우파, 중간파, 좌파로 분열됐다.

헤겔 우파는, 교회의 전통적 신앙을 파괴하고, 봉건적 신분제 질서를 지키는 반동 사상가의 집합으로, 중간파는, 헤겔선생의 일언반구라도 충실히 지키는 무기력한 해석학자 군이었던 데 대해, 좌파는, 또 청년 헤겔파로도 불리고, 부르주아 급진주의의 입장에서 독일의 부르주아 적 개혁을 모색하고, 봉건적 이데올로기에 대해서 활발한 비판을 행했다.

청년헤겔 파/포이에르바하

청년헤겔파의 기독교비판은, 슈트라우스(David Friedrich Strauss 1808~74)의 『예수의 탄생』에서 시작돼, 포이에르바하(Ludwig Feuerbach1804~72)의 『기독교의 본질』에 의해 완성되었다.

포이에르바하는 헤겔의 관념론을 모두 유물론의 입장으로 바꾸고, 인간을 이성의 소유주로서만이 아니고, 감성의 소유주로서 이해할 것을 요구했다. 그래서 그런 인간관의 입장에서 종교를 비판하고, 신의 관념은, 결국 지상의 인간만의 참혹함을 애써서 발버둥 쳐도 천상에 반영된 것에 다름 아닌, 인간이 만든 것을 명확히 해서 「신학의 비밀은 인간학이고, 신학의 본질의 비밀은 인간의 본질이다」라고 주장했다.

그렇지만 포이에르바하는, 이 인간의 본질을 자연주의화해서 사회의 역사적 발전 외에 고정적인 것으로서 이해하기 위해서, 신학의 비판을 정치의 비판으로까지 나아가는 것이 불가능해 인간의 사회역사를 추론적으로 이해하는 것이 불가능 했다.

마르크스와 엥겔스

그들은 포이에르바하와 같이 유물론의 입장이었지만, 그러나 포이에르바하와는 달리, 헤겔의 변증법을 버리지 않고, 그것을 받들어 그것을 유물론적으로 개작改作했다. 변증법을 바르게 계승한 것에 의해 그들은 인간을 혁명적 실천의 주체로서 보고, 자연만이 아닌 사회·역사도 유물론적으로 이해하는 것이 가능했다.

이런 자연사회 인간의 사고의 모든 것을 포괄하는 일관된 사상체계—변증법적 유물론으로 부르는 과학적 세계관이 그들에 의해 마무리되었다.

콩트의 실증주의實證主義

오그스트·콩트(Auguste Comte1798~1857)는, 인간의 지성의 발전에 제 현상을 초경험적인 신의 힘에 의해 설명하는 신학적 상태와, 관찰된 제 현상에 기초한 것으로 된 형이상학적 본질 즉, 「자연의 힘」에 의해 설명하는 형이상학적 상태와, 제 현상중에 법칙을 구하는 실증적 상태의 세 개가 있고, 이 방향으로 나아가고 있다고, 주장했다. 여기서 주의할 것은, 객관적 진실 즉, 물질적 세계를 인정하는 유물론을 콩트는 형이상학적 상태에 속한다고 배격하고 있는 것이었다.

벤담의 공리주의功利主義/ 진화론進化論과 스펜서
러시아의 혁명적革命的 민주주의자民主主義者들

공리주의란, 법이랑 도덕의 기초는 쾌락을 가져오고 고통을 멀리하는 것이다. 비도덕적 행위란, 개인적 이해의 결산을 틀림없이 행하는 것에 지나지 않는다. 벤담은, 당시 영국의 속물을 표준적 인간으로 보지 않고, 당시의 부르주아적 질서를 이상적 사회질서라고 생각했다.

진화론進化論과 스펜서

찰스 다윈의 진화론을 받아들이면서, 실증주의 철학체계를 만든 것
이 허버트·스펜서(Herbert Spencer, 1820~1903)였다. 그는 다윈학
설을 사회에 적용해, 더욱 뛰어난 인종이 보존된다는 악명 높은 소샬·
다위니즘을 주장했다. 그의 생각에 의하면, 사회적 유기체의 성장은
자본주의의 단계에서 완료되고, 그 이후의 발전은 무의미하다.

키엘케골

덴마크의 쇠렌·키엘케골(Soren Kierkegaard1813~55)은, 고독하고
특이한 사상가였다. 그의 사상은, 동시대 사람들 간에는 거의 어떤 이
해도 지지도 받지 못했지만, 20세기가 되면서 흥미를 갖고 연구하는
사람들이 늘어, 실존주의 사상의 시조로 간주되고 있다.

독일의 반동철학反動哲學/쇼펜하우어

한편, 부르주아의 반동적 계층의 기분을 반영한 것은, 쇼펜하우어
(Arthu Schopenhauer
1788·~1860)의 주의설主意說 철학이었다. 그 설에 의하면, 세계에
내재하는 「맹목적 의지」가 있어, 물질적세계의 전체는 이 의지의 발현
이다. 모든 것이 의지의 우연적인 발상이기 때문에, 인간의 생활은 고
난의 길이고, 인생의 비애는 인간의 업業이라고 그는 말한다.

새로운 관념론 철학의 제 류파諸 流派

제국주의帝國主義와 사회주의社會主義 혁명시대에 있어서 철학사상

哲學思想 신칸트주의의 초기 대표자는 리버만(Otto Liebermann1840
~1912)과, 랑게(Friedlich Albert Lange1828~75)가 있고, 70년대에
두 개의 주요한 방향 코헨(Hermann Cohen1842~1918)으로 대표되
는 마르브르크 학파와, 빈델반트(Wilhelm Winderlband1848~1915)로
대표되는 바덴학파가 성립됐다. 신칸트학파의 공통적인 특징은, 유물론
에 대한 격심한 적의다. 그들 중에는, 마르크스주의로부터 유물론을 제
거하고, 이것에 칸트철학을 접목하는 번스타인(EdwardBernstein 1850
~1923)이랑, 포르란더(Karl Vorlander1860~1928)가 포함돼있다.

비슷하게 비 합리주의자였던 니체(Friedrich Nietzsche1844~1900)
는, 권력에의 의지를 더욱 기본적인 사실이라고 설파하고, 강자의 지
배를 정당화하려고 했다. 강자의 지배를 정당화하려는 것이었다. 그의
사상은 키엘케골이 취해 실존주의 사상의 원류로 되어, 또 옛날의 히
틀러주의 등으로도 연결되었다.

제국주의와 사회주의 혁명시대에 있어서 철학사상
현상학파現象學派
인식론주의 유파 중에, 신칸트학파로 새롭게 현상학파가 생겼다. 이
학파의 대표자는, 에드먼드·훗써얼()이다. 그는, 데카르트의 직관주의에
공통되는 일면을 가지면서, 객관적인 실재에 연결된 자연적 입장에서
추상된 「체험의 흐름」이라는 순수하게 주관적인 것을 중요시하고, 여
기에 연관된 입장을 현상학적 입장으로 불렀다. 일견해서 보면 논리주
의적인 요구를 내걸면서, 진리의 성립 장을 이런 「체험의 흐름」이라고
인식한 그의 철학은 주관적 관념론의 한 변종이다.

서양 철학사 **67**

베르그송

프랑스의 앙리 베르그송(Henri Bergson1859~1941)이 과학비판으로부터 출발해서, 독특한 「생生의 철학哲學」을 전개했다. 그는, 외적세계, 자연, 오성에 관해서 내적세계, 의식, 직관을 중시하고, 의식은 순수 지속한다고 설파했다. 그것은 끊을 수 없이 계속되는 시간이고, 공간화 되는 것이 불가능한 것이라고 그는 말했다. 그래서 그 지속을 자기가 그 흐름 중에 들어가 직관하는 것에 과학에 관해 부여잡을 수 없고, 진정한 철학적 인식이 성립한다는 것이라고 말했다.

독일의 실존주의實存主義

마틴·하이덱거(Martin Heidegger1889~1976), 칼·야스퍼스(Karl Jaspers1883~1969)

프랑스의 실존주의

쟝·폴·싸르트르(Jean Paul Sartre1905~80)

논리 실증주의論理 實證主義

이 사조思潮는 원래, 나치스에 의해 박해받은 그 유파의 사람들이 미국으로 이주해, 현재는 영미 양국에서 유행하는 철학사조로 됐다. 지금은, 그들은 철학의 임무는 언어의 분석, 언어의 사용규칙의 확립에 있다고 주장하고, 자기의 철학을 「분석 철학」으로 부르고 있지만, 그중에는 기호논리학을 중시하고, 기호에 의해 구성된, 논리적으로 엄밀한 일종의 인공언어를 만드는 것에 중점을 두는 사람들과, 일상 언어의 분석을 보다 중시하는 일상 언어 학파가 있다.

프래그마티즘과 신실재론新 實在論과 논리 실증주의 간에는, 상호논쟁하고 영향을 주고 타협하면서 나아가는 데, 현재는 그 대표자들로서 영국의 유명한 에아―(Alfred Jules Ayer1910~89)로, 미국은 모리스(Charles William Morris1901~79)와, 퀸(Willard van Orman Quine, 1908~2000) 등이 있다.

이 시대 부르주아 철학의 일반적 특색

러시아에서의 마르크스철학의 발전 : 프레하―노프와 레닌.

러시아에서는 이전에 19세기경에 프레하―노프(Georgii Valentinovich Plekhanov1856~1918)에 의해 마르크스주의 사상이 이식돼, 레닌(Vladimir Ilich Lenin1870~1924)에 의해 노동운동과 견고하게 연결되었다. 그런데 1905년의 혁명이 실패로 끝난 뒤의 퇴조기에 일부 마르크스주의자들 사이에, 마르크스주의의 체계로부터 유물론 철학을 제거하고, 이것을 마하의 경험비판론에서 치환된 것 같은 움직임이 일어났다. 이때 레닌은, 그들을 비판할 목적으로『유물론唯物論과 경험비판론經驗批判論』을 썼지만, 공격이 오로지 인식론의 문제를 더했기 때문에, 이 저서에서 레닌은 오로지 인식론의 문제를 전개하고, 그런 면에서 마르크스주의 철학을 발전시켰다.

그 후 레닌은, 스위스로 망명한 시기(1914~16년)에 헤겔의『논리학論理學』을 시작으로, 많은 철학서를 연구하고『철학노트』를 썼다. 이것은 마르크스주의철학의 그 후의 발전에 많은 교시를 주었다.

10월 혁명 이후

중국에 있어서 마르크스주의 철학의 발전 모택동毛澤東

1917년 10월 사회주의 대 혁명 이후, 소련연방은 마르크스주의 철학의 중심지로 됐다. 여기서는 사회주의 공산주의를 건설하는 것이라는 실천적 과제와 결부해서 제기된 새로운 이론적 문제를 해결하기 위해서, 누차 대규모 학자의 토론이 조직돼, 논쟁과 그 총괄을 통해 마르크스주의 철학이 발전해온 것이 특징적이다.

한편, 스탈린(Iosiph Vissarionovich Stalin1879~1953)에 관해서 한마디 하지 않으면 안 되는데, 그의 철학적 저작은 짧지만, 소위 「개인숭배」의 풍조 위에 그의 일언반구까지 금과옥조로 받아들인 결과 철학의 발전에 악영향을 미쳤다.

태평양 전쟁전의 일본철학-서전西田과 삼목三木

제국주의 시대에 접어들면서 「西田철학」의 이름으로 西田幾多郞의 사상이 지식층으로부터 영향력을 가졌다. 西田은 베르그송과 피히테의 영향을 기초로 출발했지만, 동양의 종교적 신비주의와, 서양의 철학사상과를 결합해, 「절대 무絶對 無의 자기 동일自己 同一」이라는 (일견해서는 영문 모를) 표현의 위에 신비화한 형태에 있는 변증법을 전개했다. 西田의 문하에서 나온 三木淸은, 마르크스주의 철학에 관심을 갖고, 일련의 논문을 발표해서 주목을 받았다.

三木은, 마르크스주의 철학을 정확하게 소화하기 전에, 그것을 자기류로 해석해, 그 인간학 화人間學 化를 시험했지만, 三木의 후배인 戶坂潤은, 三木에 의해 유물론에의 눈을 뜬 후에, 우리나라에 있어서 변증법적 유물론의 더욱더 좋은 이해 자理解 者, 연구 자硏究 者, 보급자普及 者로 됐다. 戶坂을 선두로, 古在由重, 水田廣志 등이 昭和 초년의 일본에 있어서 마르크스주의 철학의 대표자였다.

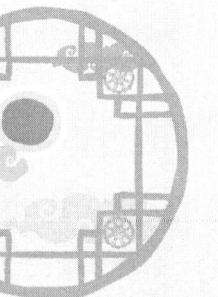

C
世界 哲學의
큰 주류

Ⅰ. 소크라테스 / 생애生涯

소크라테스는 성자聖者일까 기인奇人일까. 소크라테스는 종종 「성철聖哲」로 불리는 석가, 공자, 그리스도의 3인과 나란히 「세계의 4성」으로 불린다. 그는, 기행에 가득 찬 기인으로 단 하나의 저서도 남기지 않았다. 서재에 있지 않고, 거리街頭에 있었다. 다시 그는, 같은 나라 사람인 아테네인들에 의해 고발돼 재판에서 사형을 선고받은 후에 도망갈 기회를 물리치고, 독배를 마시는 형에 복종했다. 이런 것들이 무엇보다도 그를 학자보다도 교조敎祖라고 부르는 쪽이 더 어울린다.

문헌학적文獻學的 연구研究의 성과成果
3개의 근본사료
오늘날 직접적인 사료로 볼 수 있는 것은 다음의 3종류의 문헌이다.
⑴기원전 423년에 상연된 아리스토파네스의 희극 『운雲』
⑵소크라테스의 제자 플라톤(B.C.427~B.C.347)의 다수의 대화편對話篇.
⑶소크라테스의 제자, 크세노폰의 저서 『소크라테스의 생각』
역사적歷史的 소크라테스의 像/신탁사건神託事件

그가 40세가 되기 조금 전에 어느 날, 그의 친구 중 한사람인 카이레폰이라는 사람이, 델피의 아포론 신전에 가서 「누가 소크라테스보다 더 현명한 남자일까요」라고 묻자, 여기에 대해서 무녀가 「누가 소크라테스보다도 현명한 남자는 아무도 없다」라는 신탁을 알렸다고 말하고 있다. 이 사건은 역사적 사실이었다고 생각된다.

이것을 듣고 소크라테스는, 신탁의 의미는 도대체 무엇일까라고 생각하고 의심했다. 그 끝에 그는, 유명한 정치가, 군인, 시인, 소피스트 등을 방문해 그들과 문답하고, 실제로 자기보다도 현명한 사람을 발견하고, 사실을 갖고 신탁에 반발하려고 했다. 그러나 이들 사람들은 자기들은 지혜가 있다고 생각해 오면서, 더욱 중요한 것 즉, 자기의 혼의 선함에 관해서는 아무것도 모르는 것이라는 것을 알았다. 그들은, 그것을 알지 못하는 데도 불구하고, 자기는 알고 있다고 할 작정이었다. 그럼에도 불구하고, 소크라테스 자신은 자기가 그 더욱더 중요한 것을 모른다는 것을 알고 있었다. 자기가 무지라는 것을 알고 있는(무지無知의 지知)이라는 점에서, 그들보다도 소크라테스가 보다 현명하고, 따라서 신탁은 옳았던 것이었다. 신탁을 논발論駁하려든 소크라테스는, 역으로 그것이 바른 것을 찾아냈던 것이었다.

인간적人間的인 것에의 관심關心

소크라테스의 관심은, 주로 인간에 향한 것이었다. 인간으로서 일정한 행위, 실천을 이루는 또는 이루어지지 않는 원인—그런 원인에 관한 지식이, 소크라테스가 추구한 것이었다. 따라서 그는, 이런 인간으로서 일정한 실천을 이루는 마치 그 원인에 따라서 전 자연全 自然도 또, 인간을 모델로 해서 자연을 이해하려고 하는 사고방식(의인관)이 나타난다. 이것은 물론, 자연관으로서는 유치한 것이다. 그렇지만 여기

74 우리들 인생의 철학적 나침반

서 중요한 것은, 인간도 자연과 같은 방식으로 설명하려는 자연학의 태도에 분명하지 않고, 소크라테스는 인간으로서 인간답게 하는 특질을, 마치 인간이 자기의 행위-실천을 자기의 의지 결정에 따라 좌우될 수 있다는 마치 노모스(nomos)에 향해 돌아가는, 그런 점에서는 인간에 관한 것에서부터 소피스트들도 또, 소크라테스와 같았다.

자기 혼魂의 선善함에 신경 쓰는 것

직업적職業的인 「선善함」과 혼魂의 「선善함」

소크라테스는, 일반인이 지금 다시 배우지 않아도 자명한 것으로 생각되는 정의, 용기, 절도, 경건등과 같은 일정한 실천을과 같은 「선함」에 관해서, 대저 그것은 무엇일까라고 묻는다.

이렇게 제덕의 근본원리로서의 혼의 선함에 관해서 지식을 구하는 것을 그는 「자기 자신을 신경 쓰는 것」이라든가, 「혼의 보살핌을 하는 것」이라고 불렀다.

무지無知의 치장治裝

그러나 소크라테스는, 문답을 시작하는 데 있어서 자기는 모른다, 라는 것을 전제로 하고 그 답을 구했다. 노모스의 근본원리로도 말할 수 있는, 혼의 선함이 대저 무엇일까라는 것을 자기는 말하지 않았다. 상대에 대해서 꼬치꼬치 묻고 다만, 상대의 답을 혼내주지만, 그러나 자기는 모른다고 말하고 답할 수 없는 그런 소크라테스의 문답방식은, 질문 받은 상대로서는 교활한 처사라고 생각할 수도 있겠죠.

산파술産婆術

소크라테스는, 청년들과 문답하는 자기의 작업을 산파의 업무에 비유했다. 자기로서는 이미 노인으로 아이를 낳는 것이 불가하지만, 청년들을 도와서 그들의 혼으로부터 진리라는 아이를 탄생시키는 것이다, 라고 이렇게 그는 문답에 의해 청년들에게 자신을 탐구하는 능력을 몸에 배게 해서 그들 자신이 스스로 탐구에 의해 그 혼의 선함을 자각하는 것으로 했다.

그의 생각에 의하면, 자기의 혼의 선함을 아는 것은 즉, 자기 자신이 선하게 있는 데 있다. 그의 이런 학설은, 후세사람들에 의해 「지행합일론知行 合一論」으로 불러지고 있다.

철학사상사哲學思想史에 있어서 소크라테스의 위치位置

과학科學으로부터 구별區別된 의미意味의 철학哲學의 확립確立

이전에 서술한 것같이, 소크라테스는 이 자연학에 관한 불만에서 그 독자獨自의 탐구의 도를 걸었다. 따라서 자기의 이 새로운 탐구활동을 「필로소피아」로 불렀지만, 서주西周에 의해 「철학」으로 번역된 단어의 어원으로 됐던 것이다.

Ⅱ. 플라톤의 철학哲學

플라톤의 생애生涯와 저작著作

「플라토닉·러브」라고 말할 정도로, 플라톤은 소크라테스 최대의 제자이고, 그의 사상의 정통의 후계자였다. 플라톤이 그의 저작에 의해 전해주지 않았다면, 후세사람들은 소크라테스의 사상에 접하는 것이 불가했겠죠. 다시 플라톤은, 은사의 사상을 발전시켜, 독자의 사상(플라토니즘)을 건설하고, 또 900년이나 계속된 학교의 창립자·지도자이기도 했다.

오늘날도 「플라토닉·러브」라는 단어가 사용되는 것같이 플라톤의 이름은 고결한 것, 이상주의적인 것, 관념적인 것의 상징으로 간주되고 있다.

통설通說에 의하면/초기初期의 저작활동著作活動

초기의 대화편도, 소크라테스적 대화편으로도 부르고 있는 것으로 『소크라테스의 변명』, 『클리돈』, 『프로타고라스』, 『이온』, 『라케스』, 『국가』 제1권, 『류시즈』, 『카르미데스』, 『에우튜프론』, 『골기아스』, 『메논』, 『에우튜데몬스』, 『히피아스 소편小篇』, 『쿠라튜로스』 등이 있다고 추정되고 있다. 아카데미아 플라톤은 아테네 교외에 학교「아카데미아」를 창설했다. 플라톤은 아카데미아에서 가르치면서 그 후 약 20년간에 중기의 대화편 즉 『메넥크세네스』, 『향연』, 『파이돈』, 『국가』 제2~10권, 『파이드로스』, 『테아이테토스』 등을 저술했다고 추정된다.

플라톤의 만년晩年의 저작著作

우선 『법률』과 『에피노미스』가 플라톤의 최후의 저작이라는 것은 누구나 인정하는 것이지만, 『소피스테스』, 『포리추코스』 등은, 이 최후의 저작과 명료한 문체상의 공통점을 갖고 있다.

플라톤의 학설學說

1. 이데아 론

「이데아」라는 개념槪念의 기원起源idea라고 쓰면, 그것은 오늘날의 영어는 관념을 의미하는 말과 같은 철자이다. 그러나 플라톤 시대에는 이데아라는 단어에는 관념이라는 의미는 확실히 아니고, 그것은 「형形」 혹은, 「자姿」를 의미했다. 이 개념이 퓨타고라스 파派에 의해 수학 상의 문제에 관해 사용되기 시작했다, 라는 것은 거의 의심이 없다.

예를 들면, 수학자가 모래위에 삼각형을 그리고 「내각의 합이 2직각이다」라는 것을 논할 때, 그는 그 감각적으로 주어진 삼각형에 관한 것이 아니고, 그것을 통해서 「삼각형 자체」를 보고, 여기에 관해 논하고 있는 것이다. 어떤 「삼각형 자체」는 ①시간과 공간에 존재하는 것은 아니고, ②다른 어떤 것보다도 실제적이다. 라고 생각된다. 이것이 「삼각형의 형」 즉 「삼각형의 이데아」인 것이다.

이데아와 개물個物

어떤 얼굴이 아름답다고 말해지는 것은, 그 얼굴이 「미美의 이데아」에 「관계 된다」는 한에서 「아름다운」 것이고, 여기에 해당하지 않는 것은, 아름답지 않은 것이다. 또, 개물個物의 이데아에의 관여방법은, 항상 불완전하기 때문에, 감각적 개물 중에는, 완전히 아름다운 것, 결점이 없는 미인 등은 존재하지 않는다. 이렇게, 이데아는 「원형原型」 혹은, 「전형典型」이고, 감각적 개물은 「모사模寫」 혹은 「영影」에 지나지 않는다. 이런 의미에서 idea는 개물에 대해서 ideal한 것도 된다.

이데아의 범위範圍

그렇다면, 이데아의 범위는 어디까지 확장할 수 있을까. 감각적인 인간, 개, 책상 등에 대해서 「인간의 이데아」, 「개의 이데아」, 「책상의 이데아」가 있을까. 통설은, 플라톤은 그들의 이데아를 인정하고 있다. 그럼 진흙이랑, 오물에도 그들의 이데아를 인정할 수밖에 없을까. 그것에 관해서는, 통설도 의문시하고 있다.

2. 『국가國家』편篇에 있어서 국가 론國家 論

최초最初의 유토피아 이야기

『국가國家』편은, 10권에 이르는 대저大著로, 그 중심은 이상국가론이다. 세계에서 최초로 유토피아 이야기를 한 것이라고 볼 수 있겠죠, 다만, 유토피아 이야기라는 의미는 결코 꿈만이 아닌, 그 배후에는 현실의 국가에 대한 진지한 비판과, 이것을 개혁하려는 열렬한 실천적 의욕을 감추고 있다. 이것은 토마스·모어의 『유토피아』에 관해서도 같은 모양이다.

이상 국가理想國家의 계급구성階級構成

『국가』편에 묘사된 이상국은, 통치자統治者(국가의「완전한 수호자」), 보조자補助者(보조적 수호자, 즉 전사), 생산자生産者(농민과 수공업자)의 3개의 계급을 포함한다. 『국가』편에서는, 마치 국가가 선하게 존재하는 것을, 탐구하고 있지만, 우선 제1로, 국가의 「지혜」는 통치자에 의해 대표되고, 제2로 국가의 「용기」는 전사의 계급에 속한다.

따라서 제3으로 「자제自制」의 덕은, 개인에 있어서는 비합리적 요구가 이성적인 요구에 따르는 것을 강하게 갖는 현인철인에 따르는 것,

게다가 그런 조직이 정당한 것을 일반국민이 승인하는 것에 존재한다.

철인 왕哲人 王과 선善의 이데아

통치자는 국가의 「지혜」를 대표하는 것으로 간주되기 때문에, 진정한 철학자가 되지 않으면 안 된다. 그것은 최고의 이데아인 「선善의 이데아」를 보는 것이 되지 않으면 안 된다. 거기서 「선의 이데아」란 대저 무엇일까, 라는 것이 문제로 된다.

여기에 대해서 소크라테스는 「태양의 비유」를 갖고 말한다. 감각적 개물을 보는 것은 태양의 빛이 그 대상을 비추는 것이 필요한 것같이, 혼이 가지가지의 이데아를 보는 것은 「선의 이데아」에 의해 비추지 않으면 안 된다는, 그런 것이다. 따라서 그것은 지식과 진실과의 원인이라고도, 말할 수 있다.

동굴洞窟의 비유比喩

감각적인 경험만 의존해 이것을 진실이라고 생각하는 사람들은, 어두운 동굴에 유폐돼 진정한 실재의 영影만을 보고 있는 불쌍한 자이기도하다. 진정한 이데아를 보는 철학자는, 자기 동굴에 지나가는, 경험적 판단이 단순한 억측에 지나지 않는다는 것을 자각해서, 그의 혼을 「광光의 야野」에 구해내어 이데아를 보는 것이 가능한 것으로 인도하지 않으면 안 된다.

노령老齡의 플라톤이 재삼再三 시실리 섬에 건너간 것은, 이 철인哲人의 의무를 수행하지 않으면 안 된다, 라는 생각이었다라고 말해지고 있다.

80 우리들 인생의 철학적 나침반

3, 법률론法律論/아카데미아의 법률法律 연구研究

그리스의 많은 포리스가 그 헌법을 개정하기 위해 입법 전문가를 아카데미아에 요청했다라고 푸르타코스(소위 『푸르타크 영웅전』의 저자)가 전하고 있다.

플라톤이 법률은 간단할수록 좋다고 생각하는 소위 「법삼조주의자法三条主義者」는 아니고, 상당히 자세한 것까지 성문법을 만드는 방침의 입법 사상을 갖고 있는 것을 나타내고 있다. 베넷트는, 오늘날 「로마법」이라고 부르는 것의 특징이, 전부 플라톤으로 거슬러 올라가는 것을 지적하고 있다.

플라톤의 입법론立法論의 특색特色

그러나 『법률』편에서는, 입법자는 항상 그의 법률의 동기를 설명하는 일종의 서설을 붙이지 않으면 안 된다고 기술하고 있다. 또, 그 법률이 행해질 수밖에 없는 포리스의 어떤 지방의 지리적 조건, 자연적 특성을 연구하고, 그 지식을 입법의 근저根底에 놓는다는, 그런 사상을 볼 수 있다.

4, 수학數學과 신학神學

아카데미아의 수학數學 연구研究

플라톤의 가장 우수한 제자 중 일인인 테아이테토스는, 젊은 시절에 평방근에 관한 이론을 성취하고, 또 이전에 알려진 정육면체, 정사면체, 정십이면체에 더해, 정팔면체와 정20면체를 새롭게 발견하고 5개의 정다면체에 관한 이론을 마무리했다.

도덕道德의 견지見地로부터의 종교론宗敎論

소크라테스적 대화론 편에서는, 신과 영혼에 관해서 말해지는 경우에는, 신화적 형식이 적용되는 것이 상례다. 이것이 이 주제에 있어서 소크라테스가 말하는 방식이었겠죠. 그러나 『법률』편에서는 이 주제에 관해서 직접적인 토론이 보여, 플라톤이 당장 이것을 학學의 대상으로 인정하는 것이 추정된다.

우선, 신의 신앙의 유해한 3개의 형식가운데 ①단순한 무신론은 가장 해악이 적고, ②신은 존재하지만 인사人事에는 관여하지 않는다, 라는 것은 무신론 보다 나쁘고, ③신은 인사에 관여하지만 비싼 공물供物로 신들의 환심을 사는 것이 가능한 것이라는 설은, 순연純然한 도덕적 타락을 신들에게 돌리는 것이고, 가장 나쁘다고 간주된다.

Ⅲ. 아리스토텔레스의 철학哲學

S1아리스토텔레스의 생애生涯와 저작著作

학자學者 유형의 철학자哲學者의 출현出現

젊은 시절에는 「책벌레」이었고, 늙어서는 연구와 교수에 몰두한 다름 아닌 학자선생 이었다. 이런 그는, 아마도 세계 최초의 학자타입 철학자였다고 말할 수 있겠죠. 그러나 또, 아리스토텔레스에 의해 철학은 서제적인書齊的 성격으로 엄숙한 것으로 되었다고 말할 수 있겠죠.

1. 아카데미아로 부터 류케이온에

아리스토텔레스의 성장

그의 가계는 대대로 의사집안으로 부친 니코마코스는, 마케도니아 왕 아민타스(알렉산더의 조부祖父)의 친구로 시의侍醫였다.

알렉산더와 아리스토텔레스

기원전 338년에 카이로네이아의 전투에서 그리스 제도시의 연합군이 알렉산더 군에게 패해, 기원전 336년에 필립포스 왕이 암살당하면서, 20세의 알렉산더는 홀연히 그리스 본토를 평정하고, 군을 동방으로 진격했다. 아테네는 마케도니아의 총독 안티파토로스의 지배하에 있었지만, 아리스토텔레스는 그 아테네에서 나와 총독의 원조를 바탕으로 아테네 서방 교외에 있던 아카데미아와는 반대로, 그 동북방의 교외에 자기의 학교 '류케이온'을 창립했다. 이 학교는 그의 힘에 의해 아카데미아를 능가해 발전을 이뤘다.

2. 아리스토텔레스의 저작著作

3. 종류種類의 구분區分

아리스토텔레스의 저작에는 다음의 3종류가 있다.

(1)일반을 위해 쓴 공간公刊된 것, 주로 대화편.

(2)연구자료, 회고록 류.

(3)학술적 논문이랑 강의를 위한 노트.

그 1 : 공간公刊된 대화편對話篇

(1)에 알렉산더의 교사시대에, 그를 위해 썼다고 전해지는 『군주정치

에 관해서』, 『식민에 관해서』 등이 여기에 포함된다. 오늘날은 겨우 『영혼에 관해서』, 『철학에 관해서』, 『프로토레프티코스(철학의 권유)』, 의 3편이 단편적으로 알려졌을 뿐이다.

그 2 : 연구硏究 자료資料

(2)에 거슬러 올라가면, 오늘날까지 보존된 것은 19세기말에 이집트에서 발견된 『아테네인의 국가제도』만이 있다. 원래 류케이온의 서고는 각지로부터 수집된 문헌, 표본, 지도 등을 갖고 연구실, 도서관, 박물관 같은 것으로 기원전 3세기에 알렉산드리아에 건설된 대박물관은 이것을 모방해서 설계된 것이었다.

그 3 : 강의講義 노트

(3)에 거슬러 올라가면 거의 완전히 보존되어 오늘날 우리들이 아리스토텔레스의 사상, 학설을 아는 것은 이 종류의 문헌을 통해서이다. 기원전 1세기에 류케이온의 최후의 학두學頭로 알려진 로도스의 안드로니코스가, 이것을 편집 공간한 것이 중세의 사본가寫本家들을 거쳐 《아리스토텔레스전전全典》(『Corpus Aristotelicum』)으로 전해져 온 것이었다. 이 편집의 순서에 의하면 1.논리학 관계의 저작 2.자연학 관계의 저작 ⓐ물리학적 저작 ⓑ심리학적 저작 ⓒ생물학적 저작, 3.형이상학, 4.실천학 관계의 저작 ⓐ윤리학적 저작 ⓑ정치학적 저작, 5.제작 술製作術 관계의 저작이 포함돼 있다.

S2 아리스토텔레스의 학설學說

1. 학문學問과 그 방법方法/아리스토텔레스의 논리학論理學

논리학에 관한 연구는, 아리스토텔레스의 업무 중에서 중요한 한 부분으로 돼 있다. 그는 「각각의 문제를 각각 어떻게 논할까에 관해, 사람은 우선 학습하지 않으면 안 된다. 지식을 탐구하는 것과 동시에, 그것을 획득하는 방법을 탐구하는 것이라는 것은 불가능한 상담이기 때문에」(『형이상학形而上學』)이라고 쓰고 있다.

연역법演繹法과 귀납법歸納法

아리스토텔레스의 논리학적 연구의 중심은, 삼단 논법에 있어서 연구한 『분석론』에 있다. 그는 그것을 정의해 「삼단논법은 전제에 무엇인가가 주어져 이들 조정措定된 것과 다른 것이지만, 이들을 중개로 해서 필연적으로 나오는 논법이다.」(『토피카』)라고 기술하고 있다. 여기서 「전제에 무언가 주어져 있는」것이라고 기술된 것이 있지만, 이 전제에 주어져 있는 것은 「보편적인 것」이고, 거기로부터 나온 것은 「특수한 것」 또는 「개별적인 것」이다. 즉, 삼단논법은 보편으로부터 특수, 또는 개별을 도출하는 논법 즉, 연역법이다.

귀납법에 있어서는 「논법에 삼단논법(연역법)과 귀납법 등이 있다. 귀납법이라는 것은, 개개個個 (특수한 것) 으로부터 전반(보편적인 것)에 이르는 통로다. 」

2. 형이상학形而上學 또는, 제1철학第1哲學

「형이상학形而上學」이라는 단어單語의 유래由來

아리스토텔레스는, 학문을 ①이론 학 ②실천학 ③제작 술의 3개로 나눴다. 그리고 다시 제1의 이론학중에, 수학과 자연학과 제1철학 등이 포함되는 걸로 했다. 더욱이 그 자신은 수학이 부실했기 때문에, 그의 저작 중에는 수학에 관한 것은 눈에 띄지 않는다.

3. 실천철학實踐哲學

윤리학倫理學은 정치학政治學의 일부분이다. 아리스토텔레스는, 인간을 폴리스적인 동물이라고 인정했다. 그로부터 그의 실천철학 전체는, 폴리치케(보통은 정치학으로 번역되는 것이 폴리스의 학學 즉, 국가학이라는 의미이다)이고, 사람들로 하여금 관계된 국가의 좋은 국민답게 하는 성격에 관한 윤리학은, 폴리치케의 일부분이라고 보여 진다.

윤리학倫理學

막상 대저大著『니코마코스 윤리학』은, 그의 가장 만년의 저작으로 간주되지만, 이것은 윤리에 관한 원리론 적인 노작勞作이라기 보다는, 여러 가지 덕德에 관해 연관되는 상식적인 기술이 많은 부분을 점하는 경험주의적인 도덕론이다.

아리스토텔레스는 여기서 인생경험이 풍부한 현자로서 나타나고, 중용의 덕을 설파하고 있다. 그는, 최고선은 행복이지만, 그것은 전 생애를 통해서 실현되는 것으로 「한 마리의 제비는 봄을 나지 못하고, 또 하루 밖에 봄을 이루지 못하네, 그렇게 불과 일일이란 단시일에 사람을 축복받은 운 좋은 자로 될 수 없다」(『니코마코스 윤리학』)라고 서술하고 있다.

정치학政治學

저서 『정치학』도, 8권 가량 되는 대저다. 여기서는 여러 가지 국가체제에 관해 기술하고, 최선의 국제國制가 탐구되지만, 그 수행방법은 역시 경험적·귀납적이다.

다시 제작 술에 관해서도, 『변론술』, 『시학』의 저서가 있고, 특히 후자는 문학·예술론·미학의 고전적 저작으로서 중요한 것이지만, 여기서는 자세히 다루지 않겠다.

4. 플라톤과 아리스토텔레스 철학哲學의 현대적現代的 의의意義
이데아와 개물個物

만년의 플라톤이, 만약 「이데아」라는 표현을 버렸다고 해도 감각적 개물로부터 떨어져 존재하는 보편을, 진정한 실재로 생각한 것은 의심의 여지가 없다. 여기에 대해서 아리스토텔레스는, 감각적 개물이야말로 진정한 실재라고 주장했다. 이 다툼은, 현대의 우리들에 있어서 어떤 의의를 갖을까요.

양자兩者의 변증법적辨證法的 통일統一

우리들은 직접적인 의미에서는, 감각적 개물個物이 진정한 실재라고 말한 아리스토텔레스의 친구가 될 수밖에 없다. 그러나 그 개물을 우리의 이성이 인식할 때 이해되는 것은, 항상 무언가의 일반 자一般 者(보통적인 것)이다.

「포체는 개다.」라는 경우에 개란 어떤 개에도 공통되는 일반자로 「하얀 입이 뾰족하고, 꼬리가 긴 개」등으로 말해 봐도 그런 개는 여전히 많겠죠. 이렇게 개물은 무언가 일반자로서의 측면, 굳이 말하자면, 「이데아적인」 측면을 갖고 있는 것을 의미한다.

Ⅳ. 토마스·아퀴나스의 철학哲學

S1토마스·아퀴나스의 생애生涯와 저작著作

공동적 박사, 천사 적 박사, 스콜라 학의 두頭 등으로 칭해진다. 「사물은 그것이 되는 한 존재한다.」「일반적인 선은 개인의 선에 이긴 다.」「사람이 태어나서 노동하는 것은, 새가 하늘을 나는 것과 같다」 『신학대전 神學大全』

가톨릭교회敎會 공인公認의 최대학자最大學者.오늘날도 가톨릭교회 에 속하는 정통파학자들은, 자신을 도미니스트(토마스 주의자)로 칭하 고 있다. 토마스는 성자로서 예배되고, 최대의 철학자 더욱이 신학자 로서 존경받고 있다. 그의 철학은 한마디로 말하면, 아리스토텔레스의 철학과, 그리스도교의 교의를 결합한 것이었다.

토마스의 저작著作

토마스의 저서는 4종류로 분류할 수 있다.

그 제1은, 아리스토텔레스에 관한 것으로 『분석 론 후서』, 『니코마 코스 윤리학』, 『형이상학』, 『영혼 론』 등에 관한 주해가 있다. 그 제2 는, 성서에 관한 것으로, 구약성서에 관해서는 『욥기』, 『시편』 등의 주해, 신약에 관해서는, 『마태전』, 『요한전』,의 주해, 혹은 바오로의 서간에 관한 강의가 있다.

그 제3은, 그의 체계적인 저작으로 이것이 가장 중요한 것이다. 여 기에는 페트로스·론바르도우스의 신학명제집의 주해(1254~56년), 『호 교대전護敎大典』(1259~64년) 『신학대전』, (제Ⅰ,Ⅱ부, 1266~72년, 제Ⅲ부, 1272~73년, 미완성)이 있다. 『호교대전』은, 토마스 자신의

88 우리들 인생의 철학적 나침반

사상체계를 전면적으로 전개한 것이고, 팽대膨大한 저서이다.

그 제4는, 약 50편에 달하는 논문이지만, 그중에서도 『존재와 본질에 관해서』(1254~56년)는, 존재의 형이상학을 서술한 것으로, 토마스의 철학을 아는 데 있어서는 중요한 문헌이다.

S2토마스·아퀴나스의 학설學說

1. 존재론/이중二重 진리설眞理說과의 대결對決

토마스의 철학은 한마디로 말하면, 그리스도교의 교의를 아리스토텔레스의 철학을 사용해서 체계화하려고 시도한 것이다. 거기서 최초로 문제되는 것은, 철학과 신학과의 관계문제다. 초기의 스콜라철학자, 예를 들면 안셀무스는 신학과 철학과를 직접적으로 일치하게 하는 것으로 했다. 그런데 그 후 아리스토텔레스주의의 입장에서 아베로에스에 의해 「이성의 진리와 신앙의 진리」든가 가 모순되고, 배척하는 경우가 있는 것이 날카롭게 지적되어 이중진리설이 설파되었다. 이런 예리한 공격에 직면해서 토마스는, 이미 옛날에 안셀무스 같은 소박한 형의 이성과 신앙과의 일치를 설파하는 것이 불가능했다.

토마스는, 철학의 영역과 신학의 영역인가가 각기, 이성의 진리와 신앙의 진리라든가 제 각각 어느 정도까지 인정했다. 그러나 토마스에 의하면 양자사이에 있는 것은 모순과 대립이 아니고, 차이에 지나지 않는다.

Ⅴ. 데카르트의 철학

「학교에서 가르치는 사변적인 철학의 대신에 실천적인 철학. 이것에 의해 우리들은 나 자신, 자연계의 주인으로 소유자 같은 것으로 되는 것이 가능하겠죠.」『방법서설方法序說』「진실한 것을 알면 언젠가 한번은, 모든 것에 관해서 의심하는 것만 의심해 볼 수밖에 없다.」

철학의 원리

S1데카르트의 생애生涯와 저작著作

반동사상에 관한 투사 다만, 가면을 쓰다. 데카르트는 영국 경험론의 개조로 칭하는 프란시스 베이컨과 나란히 근세철학의 조祖라고 불린다. 그는, 처음에 게링크스, 마르브란슈, 스피노자, 라이프찌히를 잇는 학파는 프랑스·화란·독일에서 계승 발전된 것으로 대륙합리론으로 부른다.

데카르트라면「나는 생각한다, 고로 나는 존재한다.」라는 말을 생각하는 사람들이 많겠죠. 모든 물체의 존재를 의심하고, 자기의 육체까지를 존재할까, 어쩔까를 의심한다고 생각한 끝에, 그렇게 생각하고 있는 우리(즉 자기 의식)만은 의심할 여지없이 존재한다, 라고 결론지었다, 라는 이야기를 듣고, 서재 중에 눈살을 찌푸리는 회의에 빠진 창백한 인텔리를 상상하는 사람이 많을지도 모른다. 그러나 역사적으로 실재한 데카르트는 그런 인물은 아니었다.

1.데카르트가 살았던 시대時代

복잡複雜한 시대時代를 산 복잡複雜한 성격性格

반동사상에 대하는 가면을 쓴 투사로 부르는 데카르트의 성격은, 철

90 우리들 인생의 철학적 나침반

학사상사에서는 드물게 복잡한 성격이다. 법복귀족法服貴族으로 불린 특수特殊한 사회 층社會 層.

프랑스는 관직 매매의 제도가 널리 퍼져있었다. 부유한 부르주아는, 정치적 진출의 수단으로서 이것을 이용했다. 고등의 관직에는 귀족의 직함이 붙어있어 관직을 산 부르주아는, 동시에 귀족의 직함을 갖는 것으로 됐다.

2.데카르트의 생애生涯/최후의 르네상스인人

그는, 주지하는 바와 같이 해석기하학과 굴절광학의 창시자였던 것만 아니라, 건축학·조원학·동식물학·해부학·수력학·천문학·수로학·항해술에 통해서, 펌프·해시계·자석·렌즈 등등의 기술적 개량에 흥미를 가졌다. 정치를 주의 깊게 피하는 것에도 불구하고, 선제후 프리드리히 5세의 딸 엘리자베스는 그의 좋은 친구이자, 좋은 제자였고, 또 1648년 루이14세 궁정의 칙서를 받들어 프롱드의 난 직전에 고국을 여행한 때, 분명히 그는 무언가의 정치적 목적을 품고 있었다.

데카르트는 일생 결혼하지 않았다.

이런 인간상, 그것은 레오나르도·다빈치에서 전형적으로 보는 것으로 르네상스 적 인간도 보통사람으로도 부르고 있지만, 때마침 르네상스의 황혼기를 맞아 그 최후의 일인으로 섰다.

S1데카르트의 학설學說
1.역학적力學的 자연관自然觀
데카르트의 선구자先驅者들

코페르니쿠스의 지동설은 성서와 아리스토텔레스의 권위에 따르는 중세 의 그리스도교신학=스콜라철학의 세계관에 결정적인 제1타를 날렸다.

데카르트가 발견發見한 정신지도精神指導의 규칙規則이란 무엇인가

방법으로서의 수학을 데카르트는 보편수학이라고 불렀다.

데카르트의 방법方法의 의의意義

데카르트는 그『방법 서설』의 시작에서「바르게 판단하고, 진위를 구별하는 능력—그것이 마치 양식 아니면 이성으로 부르는 것이기도 하지만—은, 살아가면서 모든 사람에게 평등하다」고 말하고, 다시「그러나 건전한 정신을 갖고 있는 것만으로는 충분치 않고, 요컨대 그것을 바르게 적용하는 것이다.」라고 서술하고, 거기서 이 건전한 정신을 바르게 적용하는 방법에 관한 고찰을 시작하고 있다.

2,회의懷疑와 사고思考하는 정신精神

모든 것을 의심疑心하라.

이런 방법에 지도받는 한, 인간의 이성은「모든 사물의 인식에 도달」가능하다. 이런 자연과 인생에 관해 완전한 과학의 체계를 만들어 인간을「자연계의 주인으로 소유자 같은 것」으로 하는 것—이것이 데카르트의 목표였다.

이를 위해서는 우선, 용서 없이 현존하는 일체의 것을 의심하지 않으면 안 된다. clear and distinct 한 것인가 아닌가. 혹은, clear and distinct 한 것에서 윤리적으로 인도되는 것인가 아닌가. —이 비판에 앞서 모든 것이 노출되지 않으면 안 된다. 이것이 본래의 데카르트의「회의懷疑」이었다.

데카르트의 후퇴後退

그러나 이런 데카르트의 투쟁 앞에 막아서고 있는 것이, 르네상스를 뭉개버리고 밤의 행진을 계속하는 절대왕정—최후의 봉건세력이었다는 것은, 전에 본대로다. 따라서 데카르트는, 이 구 사회舊 社會에 대해서 유효한 투쟁을 위해 가면을 썼다. 즉, 자기의 새로운 세계관을 형이상학적으로 기초한, 이성의 힘의 기초를 신에게 행하려고 했다. 이렇게 해서 유명한 「나는 생각한다, 고로 나는 존재한다.」(cogito, ergo sum)이라는 말이 그의 철학체계의 출발점으로 산출되었다.

Cogito, ergo sum의 적극적積極的인 면面

포이에르 바하가 말한 것 같이, 중세의 그리스도교가 「신은 영(정신)이고」라고 시작된다고 하면, 근세철학은 「나는 정신이다 」로 시작한다. 그것은 「신」을 원리로 하는 중세에 대해서 「사고思考하는 나의 정신」을 원리로 하는 것이다.

Cogito, ergo sum의 소극적消極的인 면面

그렇지만 그것은 또 하나의 면을 갖고 있다는 것은, 데카르트는 이 cogito(나는 생각한다)를 매개로해서 신에의 신앙을 재차 세우고, 거기에 합리적 질서를 기초를 놓는 그런 길을 갔던 것이기 때문이다.

3.형이상학形而上學
원인原因은 결과結果보다 적지 않다

나는 생각한다, 고로 나는 존재 한다—이것은 clear and distinct 한 진리다. 마찬가지로, 인과因果의 원리 즉, 무無로부터는 아무것도 생기지 않는다. 따라서 또, 원인이 결과보다 적지 않은 실재성과 완전성이 있는 것은 있을 수 없다는 그런 원인의 원리도 또, clear and distinct 하다고 데카르트는 말한다.

관념觀念의 분류分類와 신神의 관념觀念

다음으로 데카르트는, 우리들의 관념을 분류해서, 인간이 갖고 있는 관념(idea)에는 우리들의 밖으로부터 온 것의(예를 들면 소리든가 태양이든가 열이든가 의 관념)이랑, 우리들의 공간적 창작에 의한 것(예를 들면 인어라는 것 같은 관념) 외에 우리들이 태어나면서 갖고 있는 관념(생득관념生得觀念)이 있다고 말한다.

정작—라고 데카르트는 말하고—우리들은 신이라는 관념을 갖고 있다. 그런데 그때, 신이란 무한한 더욱더 완전한 존재를 의미하고 있다. 그런데 그런 신의 관념을 갖고 있는 우리들 자신은 유한한-불완전한 존재다. 라고 한다면, 인과의 원리에 의해 우리들이, 우리들이 갖고 있는 신의 관념의 원인에 있는 것은 있을 수 없다. 따라서 신의 관념은 신 자신에 의해 우리들에게 해당되는 것에 다름 아니다. 이것으로부터 신이 존재하는 것이라고 말하는 것은 분명하다.

이것이 데카르트의 「생득 관념 설」 혹은, 신의「인성론적 증명」이다.

정신精神과 물체物體—이원론二元論

좌우간 이런 정신과 물체라는, 상호 대립하는 두개의 실체가 확인되었다(이원론). 실체란 「그것이 존재하기 위해서 무언가를 필요로 하는 것」이다. 더욱이 엄밀한 의미에서 말하면, 이런 실체는 신밖에 없는 것으로 된다. 그러나 데카르트에 있어서는, 원래 이 신은 첫 번째로 나온 것 즉, 정신과 두 번째로 나온 것 즉, 물체와의 사이를 연결하는 미친 소리 같은 것이었다.

데카르트 철학哲學에 있어서 신神의 의의意義

신에 관한 의론은 데카르트에 있어서는, 적의 공격을 피하기 위한, 소위 어쩔 수 없는 가면이었겠죠. 동시대인 파스칼은 「데카르트는 가능하다면 신 없이 살 수 있었겠죠.」라고 쓰고 있다. 그 자신도 『서설』의 공간 후에 친구에게 신의 존재에 관해서 수 數페지는 그 책안에서 「가장 중요한 부분」이지만, 그러나 「전편全篇 중에 가장 숙련되지 않은 부분」으로 「최후에 책방에서 독촉하기 전까지는 보탤 결심이 없다는 것」을 「고백」하고 있다.

데카르트 철학哲學에서 나온 두 개의 노선路線

이렇게 데카르트의 철학을 같은 조선祖先으로 하면서 한편으로는, 대혁명을 준비한 프랑스 계몽사상에 발전해가는 유물론의 흐름이, 한편으로는, 라이프찌히(1646~1716)를 둘러 싼 독일고전철학의 발전에 이르는 관념론의 흐름이, 유럽 근세 철학 가운데 대립하는 이면을 형성하고 있었던 것이다.

4.데카르트 철학哲學의 이면 성二面 性
소안素顔과 가면假面, 혹은 그 배경背景

그러나 데카르트에 있어서 이두개의 면은 실은, 원래 무연한 것은 아니었다. 여기까지는 오히려 데카르트의 철학이 갖는 모순을 데카르트에 있어서 소안과 가면의 모순으로서 설명해온 것이지만, 이 구별은 어디까지나 상대적인 것으로, 이 두개는 데카르트의 의식에 있어서 필시 여러 번 알 수 없었던 것에 다름 아니다.

후자에 관해서 말하면, 데카르트의 역학적·기계론적 유물론은, 모든 기계론적 유물론과 같은 물질과 운동과를 끊는 것이 가능하고, 따라서 근본에 있어서는 운동은 이 세계 어딘가, 특정 면으로부터—세계 밖에 선 신으로부터, 해당되는 것에 다름 아닌 것이다.

VI. 록크의 철학哲學

「명예혁명」의 철학자. 노동가치설의 제창자.

「소위 물체의 차등을 결정하는 것은, 사실상 노동이다. 인간의 생활에 관해 유용한 토지생산물 가운에,99%는 틀림없이 노동의 산물로 볼 수 밖에 없다.」『가치』란, 그러나 『사용 가치』에 있는 것이었다.

S1개요槪要

록크의 철학에는 중요한 측면이 두 개있다.

(1)감각 주의적 인식론 「생득관념」(innate ideas) 설이라고 부르는, 중세에 지배적인 인식론에 반대해 모든 「관념」은 감각으로부터 시작된다는 것, 또 감각의 결합으로서 형성된 것을 강조했다.

(2)자연법에 기초한 사회계약의 학설—인간의 사회는, 각인의 계약에 의해 성립된 것으로, 정부는 각인이 자연으로부터 주어진 권리를 제3자에게 맡기는 것에 의해 만들어진 것이다. 이 학설은 근대 민주주의에 있어서 특히, 프랑스혁명에 대해서 영향을 미쳤다.

96 우리들 인생의 철학적 나침반

S2명예혁명名譽革命과 록크의 생애生涯

명예혁명名譽革命

영국은 17세기에 두 번의 혁명을 경험했다. 그 하나는 1642년에 일어난 퓨리턴(청교도)혁명이고, 다른 하나는, 1688년의 명예혁명이다. 이들 혁명은 둘 다 자본주의의 발달을 법률적으로 나란히 국가적으로 보장하는 것을 목적으로 하는 것으로, 소위 부르주아혁명이었다.

퓨리턴혁명의 결과 영국에는 공화국이 성립됐지만, 혁명의 지도자 크롬웰(Cromwell1599~1658)은, 신흥 제 세력을 통괄하는데 실패했다. 그 결과 한번 무너진 스튜어드 왕조가 1660년에 다시 부흥했다. 그러나 부흥한 스튜어드 왕조의 왕들은, 혁명이전의 왕들보다도 한층 더 광폭하고, 불란서 왕조의 지원을 받으면서 의회 내에 있어서 부르주아 세력을 탄압했다.

그래서 이 의회 내에 있는 부르주아 세력은, 화란에 있는 오렌지공 公 윌리암(William)을 새로운 영국 왕에 옹립했다. 이 신왕 윌리암 3세는 "권리선언"에 서명했다. 이것에 의해 징세권, 징병권, 군사지출의 권리는 의회가 쥐는 것으로 됐다.

철학자의 정치와 경제 哲學者의 政治와 經濟

「명예혁명」의 철학자로 불리고 있는 록크는, 퓨리턴 가家에서 태어났다. 퓨리턴주의는 당시에는, 반중세적인 진보적 사상이었다. 록크는 옥스퍼드 대학에서 철학, 자연과학, 의학을 배우고 특히, 데카르트 철학과 실험과학에 흥미를 가졌다.

世界 哲學의 큰 주류 97

S3 새로운 과학科學에는 새로운 인식론認識論

자연과학自然科學의 흥융興隆

록크 보다도 10세가 젊은 록크의 친구인 뉴턴은, 세계 사상 제1급 자연과학자지만, 실은 16~17세기에는, 뉴턴 외에도 위대한 자연과학자가 배출되었다. 당시의 시대정신은 봉건적 중세에서는 인간의 관심이 신에게 집중되고, 신에 의해 점령된 것에 대해서 이 시대에는 인간의 정신이 자연으로 향해 해방되고, 자연으로 향해 전전한 점에 특징이 있다. 즉, 이것은 르네상스에 의해 시작된 것의 인간정신에 새로운 양상이었다.

자연인식自然認識과 귀납법歸納法

인간의 관심을 직접적으로 자연에 향해, 자연에 관해 확실한 지식을 부여한 것은 데카르트도 이전에 가졌지만, 이런 노력을 철학 상에 최초로 실현한 사람은, 영국의 후란시스·베이컨(Francis Bacon1561~1626)이었다.

베이컨이 자연을 인식하기 위해 적극적인 방법으로서 제창한 「귀납법」(inducive method) 은, 아리스토텔레스 이래로 행해져온 「연역법」(deducive method)에 반대해서 또, 플라톤 이래 신봉돼온 「생득관념」(innate ideas) 설을 부정하는 것이었다.

경험론經驗論의 본령本領은 유물론唯物論

베이컨에 의해 언급된 이 사상은, 토마스·홉스(Thomas Hobbes 1588~1679)에 의해 발전되고 정리 되었다.

홉스는, 감각이 모든 사고의 근원이고 즉, 머리에서 생각하는 것은, 대저 옥스퍼드 외부로부터 받아들이는 것으로부터 시작된다. 홉스의 이런 생각은 단순한 경험론만이 아니고, 다시 유물론이다.

1. 인간의 마음은 「백지白紙」다

뉴턴 베이컨 홉스의 출현은, 록크의 사상의 배경을 이 위에 잘 다잡고 있다. 록크의 연구는 『인간 오성론』(An Essay Concerning Human Understanding, 1690년)에 상세하게 나와 있다. 이 저서 자체는, 근대에 있어서 수많이 전개된 인식론상의 저작 중에서도 최초의 체계적인 저서였다.

데카르트 반대反對

데카르트는 인간의 마음에 태어나서부터 새겨진 「관념」이 있다고 생각했다. 이것은 「생득관념」으로 부르고, 중세에는 신으로부터 주어진 「관념」이라고 간주되었다. 록크는 그러나 이 「생득관념」이라는 데카르트의 학설에 반대했다. 록크에 의하면, 만약 「생득관념」이 있다고 한다면, 그것은 어떤 특수한 인간만이 아니고, 모든 사람들에게 갖춰져 있는 것이 틀림없다. 그러나 신흥 심리학이랑, 인류학 등의 과학은, 모든 사람들이 상술한 것 같은 「생득관념」을 갖고 있다는 주장을 뒤집고 있는 것이다.

「관념觀念」의 기원起源

록크에 의하면 인간의 마음은 원래 「백지」이다. 이 「백지」 위에 옛날의 「관념」의 문자가 써져있는 것이다. 즉, 이런 태어날 때는 「백지」이었던 마음에는 「경험」에 의해 「관념」이라는 문자가 거기로부터 써져 있는 것이다. 이것은 데카르트의 「생득 관념」 설과 정반대의 학설이었다.

2, 감각感覺과 반성反省

록크의 선배인 홉스는, 모든 경험은 외부에 있는 사물의 감관感官에 해당하는 영향에 있다고 생각했다. 그것에 의해 그는, 철저하게 유물론적인 경험론을 세우는 것이 가능했다.

「경험經驗」의 두 개의 의미意味

그러나 록크는 「경험」이라는 단어에 두 개의 단어를 더했다. 즉, 록크는 우선 첫째로, 감관을 통해 외부로부터 일어나는 「감각」이 더욱더 근원적인 경험에 있는 것을 인정했다. 그는, 또 마음의 내적 움직임에 관한 관찰도 또 「관념」의 또 하나의 원천이다. 라는 것이다. 이 마음 (오성) 그 자체의 움직임의 관찰은 「반성」으로 부른다.

애매曖昧한 논점論點

록크는, 내적 경험인 「반성」이 외적 경험 즉, 「감각」의 계속으로서 일어나지만, 그것도 「반성」은 「감각」과는 확실히 다른 독자의 경험으로서 「관념」의 원천으로 되지만, 애매하게 밖에 설명되지 않는다. 이 문제는 후세에 까지 남은 문제로, 근대 인식론의 중심문제의 하나로 돼있다.

3, 단순관념單純觀念에서 복합관념複合觀念에

「복합관념複合觀念」과 실체實體

록크는, 실체를 「복합관념」에 있다고 생각했다. 즉, 실체라는 관념도

일반의 「복합관념」과 같이 「단순관념」의 결합에 의해 가능한 것으로
보고 있었다.

S4 사회계약설社會契約說

록크는, 명예혁명의 철학자로 불리는데 어울리게, 그의 사회관에 있
어서도 큰 시대적 역할을 했다.

자연법自然法이란

부르주아혁명 이전에 살았던 부르주아혁명을 준비한 사상가들은, 어
떤 하나의 공통된 사회관이 있었다. 그것은 자연법사상이다. 이 자연
법사상은 유물사관이 오늘날 대표적인 혁명적 사회관인 것같이 대표적
이었다. 이 자연 법사상은 대략 다음과 같은 구성으로 돼있었다.
⑴인간은 예전부터 자연 상태이었다.
⑵이 자연 상태에는 자연법이 지배하고 있다.
⑶이 자연법은 오늘날도 지키지 않으면 안 되는 이상적인 법이다.

주의하지 않으면 안 될 것은 이「자연법」은, 오늘날 종종 그렇게 해
석되는 것 같이, 신비적인 법이 아니다. 오히려 「자연법」은 중세에 있
어서 최고의 법인 것으로 간주된 「신의 법」과는 달리, 또 이「신의 법」
의 사상을 부정하기 위해 생각해낸 것이었다.

Ⅶ. 디드로의 철학哲學

『백과전서百科全書』의 편집자.

「그 사람의 가치는 직업의 가치이다. 반대로, 직업의 가치가 결국 사람의 가치이다. 따라서 사람은 가능한 한 장사를 자랑스럽게 여겨야 한다.」

「나, 그런 모든 도피구 위에 내가 확실히 아는 것은 성실히 행하는 직업이 거의 없지만, 그래도 자기의 직업에 있어서 성실한 인간은 거의 없다는 말이다.」『라모의 甥姪 』

S1 개요概要

혁명革命의 사상적思想的인 의의意義

프랑스혁명을 사상적으로 준비한 칸트, 피히테, 헤겔 등의 사상가들은, 자연과학자·의사·경제학자·정치사상가·철학자 등 모든 전문분야의 사람들이 다수가 있다. 따라서, 이들 다수는 『백과전서百科全書』의 집필에 참가한 『백과전서百科全書』가로도 불렸다. 혁명이란 단순히 정치적인 사건에 한정되는 것이 아닌, 광범위한 학문-사상의 영역에 대한 준비를 필요로 하는 것을 이것은 잘 가리키고 있다.

혁명革命과 유물론唯物論

이들 혁명적인 사상가들의 특징을 한마디로 말하면, 철학적으로는 기계론적 유물론의 입장에 서는 것이라고 말할 수 있겠죠. 이들 중에서도 유물론의 입장에서 봐도 가장 철저하게 사회관에 있어서도 극히 급진적인 견해를 나타낸 사람은, 디드로였다. 게다가 그는 『백과전서』의 가장 중심적인 편집자였다.

S2 인물人物과『백과전서百科全書』

인물人物

디드로는, 30세까지 여러 가지 직업을 전전하고 어지간히 분방한 생활을 보냈다고 간주된다. 그가 집필활동을 시작하면서 루소(Rousseau)와 달랑베르(d'Alembert)등의 교우가 있었는데, 주지하는 것같이, 루소는 프랑스혁명의 직접적인 영향을 가장 강하게 미친 사상가로서 달랑베르는『백과전서』의 공로자였다.

『백과전서百科全書』

『백과전서』의 사상적 고무자는 베이컨이었다. 베이컨은, 신시대에 전개되고 있는 인류의 제 경험을 제 부문별로 분류하고, 더욱이 그것을 계통적으로 통일하는 것을 생각했다. 프랑스의『백과전서』는 이런 구상을 받아들였다. 후세에는 헤겔이 자기의 철학체계를『백과전서』라고 명명하고, 프랑스의 유업을 받으려고 시도했다.

S3물질관物質觀

물질物質과 운동運動은 분리分離될 수 없다.

디드로는, 모든 유물론자와 같이 따라서 프랑스의 다른 유물론자와 같이, 우선 자연 혹은 물질이 모든 것의 기초이고, 원천이라고 주장한다. 이 생각은 전통적인 데카르트의 자연학으로부터 받아들인 것이다. 즉, 데카르트에 의하면, 세계는 물질이라는 실체에 의해 통일되고 있는 것이라고 말하고 있다.

혼魂의 문제問題

디드로에 의하면, 생명이란 정확히는 감성과 자극성의 합치이다. 따라서 감성도 자극성도 운동이다. 특히, 감성은 생물의 특수한 운동 형태이다. 따라서 생물에 있어서는 감성은, 자기와 그 환경과의 제 관계에 관해서 분명히 아는 것이라는 점에서 의의를 갖고 있다. 여기서 디드로는 혼의 문제를 생각하고, 혼은 생물과 같이 성장하고, 신체와 함께 늙고, 따라서 죽는다. 혼은 생물의 통일이고, 그 전체의 산물이다. 사고는, 그들 인상을 상호 연락해 결합하는 것에서 생긴다.

기계론적機械論的 유물론唯物論의 한계限界

프랑스의 당시의 유물론에는, 일반적으로 발전의 개념은 없었다. 따라서 기계론적 유물론이라고 불렀다.

디드로에 있어서도 죽은 것으로부터 살아있는 것에로, 따라서 동시에, 살아있는 것으로부터 죽은 것에로 라고 말하는 상호이행, 혹은, 순환의 생각이 두드러진다. 또, 디드로는 분자에는 동질적인 것이 아니고, 그것들은 모두 이질적이고, 따라서 이들의 결합과 분리에 의해 모든 현상이 일어난다. 따라서 세계는 틀림없이 다양하다, 라고 말하고 있지만, 세계 전체에 관해서는 순환적으로 생각하고 있는 것이다.

S4「실험實驗」의 의의意義
감각주의 적感覺主義 的 인식론認識論

디드로에 있어서는 감각은, 그 외부에 존재하는 객관적인 물체의 영상이다, 라는 생각이 전면에 머무르고 있다. 디드로는, 개념이나 판단 등의 사고의 과정이 어떻게 감각으로부터 생기는가를 고찰했다. 즉, 감각은 일정한 연속성을 갖는 것이다. 감각의 후에 또 감각이 일어난다. 그것이 쌓여서 서로 뒤얽혀, 감각의 묶음이 가능하다. 여기에 사고가 생긴다고 했다.

Ⅷ. 칸트의 哲學/임마누엘 칸트

비판철학을 통해 서양 근대철학을 종합한 철학자

칸트는, 마구(馬具) 장인인 아버지 요한 게오르그 칸트와, 독실한 경건주의 기독교인 어머니 안나 레기나 도로테아 로이터 사이의 열 한 자녀들 중 넷째로 태어났다. 성인이 될 때까지 살아남은 자녀는, 칸트를 포함해 4명이었다. 칸트의 할아버지는 스코틀랜드에서 동(東)프러시아로 이주한 사람이어서, 칸트의 아버지는 영어식 발음과 억양이 섞인 독일어를 구사했다. 칸트는, '엠마누엘'이라는 이름으로 유아세례를 받았지만, 나중에 히브리어를 배운 뒤 스스로 '임마누엘'로 바꾸었다. 칸트는 평생 독신으로 살았고, 고향 쾨니히스베르크(오늘날 러시아 칼리닌그라드)에서 150킬로미터 이상 바깥으로 벗어난 적이 없었다.

가정교사, 시간강사, 도서관 사서로 일하며 철학을 연구하다.

칸트는 32살 때인 1756년부터 46살인 1770년까지 사(私)강사로 지냈다. 사 강사는 오늘날 대학의 시간강사와 비슷하지만, 대학에서 강사료를 받지 않고 수강생들에게 강의료를 받았다. 사 강사 수입만으로 생계를 유지하기 어려워 칸트는, 왕립도서관 사서로 일하며 수입을 보충했다. 그리고 1770년 46살 때 쾨니히스베르크대학 논리학, 형이상

世界 哲學의 큰 주류 105

학 강좌 담당 정식교수로 임용됐다. 1781년 57살 때 『순수 이성 비판』을 내놓았지만, '해괴망측한 나머지 도저히 이해할 수 없는 글'이라는 혹평을 받기도 하고 내용에 대한 오해도 많이 받았다.

칸트는 오해를 불식시키기 위해 『순수 이성 비판』 입문서에 해당하는 『형이상학 서설』(1783)을 내놓았고, 1784년에는 역사철학 『세계 시민적 관점에서 본 보편사의 이념』, 1785년 『도덕형이상학 원론』, 1786년 『자연과학의 형이상학적 기초』를 내놓았다. 그리고 1788년 『실천 이성 비판』, 1790년 『판단력 비판』을 내놓음으로써 칸트의 이른바 삼대 비판철학서가 완결되었다.

합리론과 경험론을 비판하며 종합 하다.

근대 서양철학의 합리론은, 인간의 이성이 태어날 때부터 지식(본유관념)을 갖고 있으며, 경험의 역할은 이성이 본래부터 갖고 있던 지식을 일깨우는 데 머무른다고 본다. 반면, 경험론은, 모든 지식은 경험을 통해 얻는 것이라 본다. 경험론은 상식에 부합되지만, 끝까지 밀고 나가면 보편적 진리를 부정하는 회의주의로 흐르기 쉽다. 같은 것을 놓고서도 나의 경험과 너의 경험이 얼마든지 다를 수 있고, 같은 것에 대한 나의 경험이라는 것도 때에 따라 다를 수 있기 때문이다.

칸트를 가리켜 합리론과 경험론을 비판하고 종합한 철학자라 일컫는 것은, 그가 인식의 형식(또는 능력)은 본래부터 갖고 있지만 인식의 내용(또는 재료)은 경험으로 얻을 수밖에 없다고 보았기 때문이다.

『순수 이성 비판』의 1781년 초판
인간은 인식에서나 행위에서나 처음부터 끝까지 능동적 존재
칼리닌그라드의 칸트대학 교정에 서 있는 칸트 동상. 제2차 세계대전

106 우리들 인생의 철학적 나침반

종전 이후, 쾨니히스베르크는 러시아의 칼리닌그라드가 되었다. 쾨니히스베르크 대학도 칼리닌그라드 대학이 되었지만, 2005년 당시 푸틴 러시아 대통령과 슈뢰더 독일총리가 참석한 행사에서 교명이 칸트대학으로 바뀌었다.

칸트에게 인식의 형식 또는 능력이란 시간과 공간(직관형식 또는 감성형식), 그리고 지성의 능동적인 작용에 바탕을 둔 범주(개념형식)다. 시간과 공간은 경험을 통해 인식 대상을 담는 틀이고, 범주는 개념을 통해 지성이 사고할 수 있게 해주는 틀이다. 직관은 수동적, 수용적이고 개념은 능동적, 자발적, 구성적이다. '직관 없는 사유는 공허하고, 개념 없는 직관은 맹목적'이라는 말에서 직관은 쉽게 말해 경험에 해당한다. 요컨대 경험에 바탕을 두지 않은 사유는 내용이 없어 공허하고, 지성의 능동적 활동에 따른 개념이 없는 경험은 틀과 형식이 없어 맹목적이라는 것.

칸트철학을 흔히 비판철학이라 일컫는 데, 여기에서 비판이란 가능 근거를 따져 묻는 것 즉, '그것이 어떻게 가능한가?'를 되묻는 것이다. 『순수 이성비판』의 문제의식은 '인간은 보편적인 진리를 도대체 어떻게 알 수 있는가?'였다. 그에 대한 대답은 바로 위와 같이 경험을 재료 삼아 인간 지성의 능동적이고, 자발적인 능력 또는, 형식을 통해 가능하다는 것이다. 인식 주체의 능동적, 자발적 능력을 강조한다는 점에서 칸트철학은 그 어느 것에도 의지하지 않고, '감히 스스로 생각하는'(Sapere Aude) 계몽주의적 주체의 철학적 완성이다.

지식의 대상이 아니라 선한 삶을 위해 요청되는 신(神)

'인간의 이성은 자신이 거부할 수도 없고, 그렇다고 해서 대답할 수도 없는 문제로 괴로워하는 운명이다. 거부할 수 없음은, 문제가 이성 자체의 본성에 의해 이성에 부여되어 있기 때문이며, 대답할 수 없음은, 그 문제가 이성의 능력 바깥에 있기 때문이다.'(『순수이성비판』)) 그러나 인간의 이성은 위와 같이 스스로는 대답할 수 없는 문제를 끈질기게 던진다. 예컨대 전통적인 형이상학적 질문인 신(神)의 존재, 영혼의 존재에 관한 질문이 있다. 신이나 영혼의 존재 여부는 경험을 통해 알 수 없기 때문에, 칸트의 비판철학에 따른다면 학문의 주제나 지식의 대상이 결코 될 수 없다. 요컨대, 그것은 시간과 공간이라는 직관형식의 틀에 들어오지 않는다.

학문과 지식의 영역에서 신과 영혼의 문제를 추방해버린 칸트지만, 앎의 영역이 아니라, 삶의 희망과 행복의 영역에서 신과 영혼을 부활시킨다. 칸트에게 신은 선한 삶을 위해 '요청되는' 신이다.

칸트를 위한 조종(弔鐘) '지식을 통한 인간해방을 가르친 스승'

칼리닌그라드에 있는 칸트 묘석. 『실천이성비판』의 유명한 구절이 나와 있다. "내 마음을 늘 새롭고 더 한층 감탄과 경외심으로 가득 채우는 두 가지가 있다. 그것은 내 위에 있는 별이 빛나는 하늘과 내 속에 있는 도덕법칙이다."

"1804년 프리드리히 빌헬름의 절대왕정 치하에서 칸트의 죽음을 애도한 그 많은 교회의 종소리는, 미국혁명(1776)과 프랑스혁명(1789)의 이념이 남긴 메아리였다. 칸트는, 고향 사람들에게 그 이념의 화신이었다. 인간의 권리와 법 앞의 평등, 세계 시민권과 지상의 평화, 그리고 무엇보다도 지식을 통한 인간해방을 가르친 스승에게 고향 사람들은 고마움을 전하기 위해 몰려왔다."

계몽의 꽃을 피우다.

그야말로, 순수 이성비판은 진정한 이성의 사유란 어떻게 하는지를 너무도 명백히 보여주고 있다. BEST칸트의 철학을 이해하는 척하는 사람은 많아도, 완벽히 이해하고 있는 사람은 거의 없을 듯.

18세기부터 19세기에 걸쳐 세계는 3대혁명을 수행했다. 프랑스의 정치혁명과, 영국의 산업혁명과, 독일의 정신혁명과 칸트는 이 정신혁명의 창업자이다. 일생 독신으로, 율의律儀로, 근면으로, 탐욕스런 부르주아는 이런 금욕의 철학자를 필요로 했다.

「내용이 없는 사고는 공허하고, 개념이 없는 직관은 맹목적이다」「그의 인격에 있어서, 또 다른 모든 사람의 인격에 있어서, 인간성을 그는 동시에 목적으로 취급하고, 결코 단순히 수단으로서만 취급하는 것 같이 행동하라.」

독일고전 철학의 저명한 성과의 하나는 변증법적 방법의 확립이고, 이 방법은 19세기 이래 새로운 과학적 방법으로서 발전을 성취했지만, 칸트는 이 방법 수립의 착수 자이었다. 그래서 칸트에 있어서는 이 방법의 수립은 인식론의 확립, 윤리학의 갱신과 합쳐서 시도된 것이다.

S2 생애生涯와 사상思想의 변천變遷

그의 일일 생활은 시간적으로 지극히 정확히 움직여서, 케니히스베르그 마을 사람들은 칸트의 산책 모습을 보고 시각을 맞추었다고 알려져 있다. 또, 그의 질서 있는 생활은 그의 근면함의 보증이었다. 그러나 칸트는 생애 독신이었고, 생전 고향 케니히스베르그를 떠나 한 발짝도 밖으로 나가지 않았다고 전해졌다.

칸트는, 1770년에 『감성계 혹은 예지계의 형식의 원리에 관해서』라

世界 哲學의 큰 주류 **109**

는 논문을 갖고, 케니히스베르그 대학의 정교수로 승격하는 것이 가능
했다.

S3 칸트는 우주로부터 신을 추출追出했다─성운설星雲說

「비판」 전기에 있어서 칸트의 업적 가운데 가장 중요한 것은 우주
생성에 관한 성운설이다. 이것은 칸트=라프라스의 학설로도 불리는
데, 우주론의 진보에 관한 결정적인 중요한 공헌으로 되었다.

태양계太陽系

칸트에 의하면, 우주는 광대 무한해 측정이 불가능하고, 그 우주에
있어서는 태양은 혹성 궤도의 중심점이고, 그 강력힌 인력을 움직여
그것에 의해 혹성체내의 제 천체諸 天體 즉, 토성·목성·지구 등을 영
원한 궤도상에 올려놓았다. 그렇지만, 밤하늘에 하늘 높이 보이는 행
성은 모두 우리들의 태양계와 마찬가지로 혹성계의 중심이다. 우주에
는 이들 제 태양諸 太陽을 중심으로 하는 무수한 혹성계가 퍼져있다.
그러나 인력이 무제한으로 보편적인 것과 마찬가지로 (물리칠 척, 방
자할 탁, 성씨 자)력力도 보편적으로 움직이고 있어, 큰 혹성 계나 작
은 혹성계도 각각 하나의 조직체를 이루면서 서로 짜여 져서, 연쇄적
으로 구성돼 결합하고 있다. 칸트는 우주를 이렇게 구상했다.

그에 의하면, 이 우주는 지금 나타나고 있는 혹성계가 운동하고 있
는 그것은, 언제부턴가 영원한 옛날부터 운동하고 있어서, 또 금후에도
영원히 운동을 계속하겠죠. 우주에는 언제부터인지는 알 수 없지만, 그
광대한 공간에, 세계물질의 근본인 미립자가 충만해 있다. 그래서 거기
에는 밀도의 차가있어, 그래서 그 미립자간에는 인력引力과 척력斥力
이라는 것이 작용하고 있어서, 이 우주공간 구석구석에는 응축이 일어

110 우리들 인생의 철학적 나침반

나고, 그것이 이윽고 뭉쳐져서 다양한 물질 괴物質 塊가 나왔다.

천체天體와 신神의 창조創造

이상의 우주 미립자微粒子는 성운星雲으로 불렀다. 이런 설명은, 칸트가 뉴턴의 학설을 계승하면서 뉴턴의 결함을 보충해서 남음이 있는 점이다.

뉴턴은 태양의 자전과, 혹성의 자전 혹은 공전에 관해서는, 최초로 무언가 외부(神)로부터의 힘이 작용하는 것에 의해 천체의 운동이 일어난다고 설명하지 않으면 안됐다. 이것에 관해서 칸트는, 그 외부로부터의 힘이라는 가설은 문제되지 않았다. 그러나 칸트로서도, 신의 세계창조가 완전히 부정될 수는 없었다. 당시의 통념으로서 그것은 가능한 일이 아니었다. 칸트는 그것을 차례차례로 해결했다.

칸트는, 신의 계시는 이런 무한한 세계제패의 과정을 통하여 행해지는 것이라고 말한다. 그럼에도 불구하고, 여기서는 신은 우주의 운동 그 자체로 되고 말았겠죠. 이것은 범신론汎神論 아니면, 이신론理神論의 신 관념神 觀念이다.

S4 인식론認識論과 변증법辨證法

「순수이성비판純粹理性批判」

「비판」기에 있어서 칸트의 최초의 관심은, 새로운 인식론을 수립하는 것이었다. 이전에 자연과학의 발전은 나날이 성대해졌지만, 칸트는 이들 자연과학의 발달에 응해서, 새로운 철학을 확립하려고 생각했다. 이때 칸트는, 경험에 의해 지식이 확대돼 간다는 사실을 솔직히 인정하고, 다시 그 지식이 확실성을 갖지 않으면 안 되는 그런 요구에 답하기 위해서는 어떤 인식론을 세우면 좋을까라는 것을 탐구했다. 칸트

世界 哲學의 큰 주류 111

는, 물론 이런 인식론은 가능하다고 생각했다.

여기에 있어서 칸트는, 확대를 계속해, 그러나 필연적인 확실한 지식은 어떻게 가능할까 라는 문제를 제기했다.

선천적 총합판단先天的 總合判斷

그것을 가능하게 한 것이 「선천적 총합판단」이다. 칸트에 의하면, 우선 분석판단이 주어 중에 이전에 술어로 말해질 수밖에 없는 것이 포함돼 있는 것이라고 판단했지만, 이것에 반해서 총합판단이란, 주어 중에 포함돼 있지 않은 것이 새로운 술어로서 주어에 부가되는 것의 판단이다.

이렇게 보면, 경험은 내용을 끊임없이 확대해가는 총합판단에 있지만, 거기에는 필연성이 결여돼있다. 또, 분석판단은, 인간에 생득적生得的인 것 즉 「선험적」(a priori)인 것이고, 그 점에서 필연성을 갖고 있지만, 내용상으로는 무無에 동등하다, 그래서 칸트는, 「선험적 총합판단」이야말로 새로운 자연과학의 인식으로서는 가장 적당한 판단이라고 생각한다.

물자체物自體와 감각感覺

칸트의 인식론에서는 확대하는 측과, 총괄하는 측 경험과, 「선험적」인 것 이 두개의 요소가 있는 것을 알 수 있죠. 이 두 개의 요소는, 칸트의 철학을 특징짓는 중요한 점이다.

거기서는 경험이 차례로 확대해가는 것은 어떻게 해서 있을까. 그것은, 우리들이 외부에 무한한 세계가 있어서 이것이 우리들의 감관을 끝없이 자극하는 것에 의한다. 따라서 경험은 고갈되지 않는다. 그러나 칸트는, 이 외부세계를 ≪물자체物自體≫라고 부르고 있다. 그러나

112 우리들 인생의 철학적 나침반

칸트는, 이「물자체」를 다음과 같이 생각하는 데, 그것은 칸트의 철학에 의해 최후까지 귀찮은 것으로 영향을 주었다.

⑴칸트는「물자체」에 정신적인 것과, 물질적인 것과의 두 종류를 인정했지만, 그러나 그 구별을 충분히 명료하게 행하지 않았다.

⑵칸트는「물자체」를 경험에 향하는 측에 있는 것으로서 인정하고 있지만, 그 진상은 아는 것이 불가능하다고 주장한다. 칸트에 의하면, 인간의 인식(지식)이 모두 경험으로부터 온 것은 아닐까, 그러나 그것은 경험과 같이 시작된다. 여기서 경험이라는 것은 말할 것도 없이, 인간의 감관에 의해 밖으로부터 해당하는 감각이다.

인식認識이란

그러나 칸트의 인식론의 중심문제는「오성悟性」, 이성의 낮은 움직임이 감각으로서 주어진 경험을 처리하는 방법에 관한 문제다. 앞서 말한 것 같은 경험은, 우선 감관感官에 의해 주어진 감각이 기본으로 된다. 그렇지만 감각만으로는 순간적인, 개별적인, 우연적인 인식에 지나지 않는다. 그러나 인간에게는 본래 즉,「선천적」으로 순수오성 개념, 환언하면「범주範疇」가 갖춰져 있다.

선험적先驗的 통각統覺

그런데 소재인 감각을 12개의 범주(틀, 형식)를 사용해 정리하면, 12통로의 판단(인식)이 성립되는 것은 분명해진다. 칸트는, 이 12개의 범주의 상호관계에 관해서는 잘 생각하지 않고, 이 12개의 범주를 다시 그 깊이 있는 통일된 것을 생각했다.

칸트이전의 합리론 자들은, 우선「물자체」—실체로도 말해진 것이 객관적으로 존재하고 있는 이「물자체」에 대해서 그것과 일치한 인식

世界 哲學의 큰 주류 113

을 행하는 것이 학문의 객관성이라고 생각했다. 여기서는 「객관성」의
근거는 「물자체」에 놓여있다.

이념理念

그러나 칸트의 인식론이 여기서 끝났다면, 흄과 같은 감각에도 기반
한 주관주의의 대신으로, 칸트는 통각에 기반 한 주관주의를 세운데
지나지 않는 것으로 됐다. 통각이란 자아에 있기 때문에, 그것은 즉,
눈에 의한 주관주의로부터 머리에 의한 주관주의로 변한 것에 지나지
않는 것으로 된다. 그러나 칸트에 있어서는, 감각이란 「물자체」로부터
감관이 단순히 수동적으로 받는 것에 지나지 않기 때문에, 이 머리에
의한 주관주의에 있어서도 감각의 샘(泉)의 바닥은 얕고, 경험은 확대
하는 것은 있어도 그것은 우연에 지나지 않는다. 따라서 선천적 종합
판단에 있어서 경험을 확대해서, 총합의 움직임을 성대하게 하기 위해
서는 지금까지는 의심스럽다.

이율배반二律背反

칸트는, 이성의 「모순」을 「이율배반」이라고 불렀다. 그래서 칸트는,
신이랑 영혼 같은 정신적인 것의 경우를 제외하고, 「세계」에 관해서만
그 「이율배반」을 논하고 있다. 왜 그럴 까는 칸트철학의 성격을 판정
하는 것에는 중요한 점이지만, 지금 여기서는 서술하지 않는다.

「이율배반」이란 「세계」에 관해서는 동시에 정반대의 의미의 설명을
하는 것이 가능한 것이라고 말하는 것이다. 칸트는, 이성이 「세계」에
관해서 단순히 머릿속에서 그것을 「이념」으로서 「생각하는」 즉, 공상
하는 것이 아닌 「세계」를 객관적으로 실재하는 것으로서 취급하는 경
우에는, 마지못해 이 「이율배반」에 빠진다고 지적했다.

S5 실천철학實踐哲學과 자유自由

「실천이성비판實踐理性批判」

칸트는, 인간이 「물자체」를 인식하는 것으로 하면 즉, 「이율배반」에 빠진다고 했다. 그러나 그는 「물자체」의 존재를 부정하지 않았다. 거기서 칸트는, 「물자체」를 인식의 문제로서 처리하지 않고, 「실천」의 문제로서 처리하는 것을 기도企圖했다. 여기서 칸트의 소위 실천철학이 성립됐다.

용어用語에 관한 주의注意

이 실천철학에 쓰인 칸트의 술어를 정확히 할 필요가 있다.

제1로 칸트가 여기서 말하는 「실천」이란, 도덕적 행위, 혹은 도덕에 관한 것이다. 도덕은 말할 것도 없이 하나의 관념상의 사정이지만, 칸트는, 이것을 유일한 「실천」으로서 생산하는 행위로서의 노동을 「실천」 가운데 가르치는 것을 하지 않았다.

제2로 칸트는, 이 「실천」에 있어서도 이성이 움직이지 않고, 이것을 「실천이성」이라고 불렀다. 따라서 여기에 대해서 「인식」하는 능력으로서의 이성을 칸트는 「이론이성」이라고 불렀다.

실천實踐이란

칸트에서는 「실천實踐」은, 이전에 말한 것같이 본질적인 관념상의 상태다. 이것은 「실천이성」에도 「인식」이라는 움직임이 포함돼 있는 것을 의미하고 있다. 거기서 칸트는, 「이론이성」의 움직임을 「이론적 인식」으로 부르고 이 두개를 구별했다.

그러나 칸트는, 「실천이성」이 「이론적 이성」과 같은 의미로 「인식」하는 것은 아니었다. 「실천이성의 경우에는 「요청」하는 것으로 부른

世界 哲學의 큰 주류 115

것이다. 따라서 이「요청」된 것이야말로 즉,「요청」의 대상으로 되는 것이「물자체」의 영역에 속하는 것이다.

따라서 칸트는, 이「물자체」에 있어서「요청」된 것은「의지의 자유」와,「영혼의 불멸」과,「신의 존재」에 있다고 말했다. 이들 세 개는, 또「이념」으로도 부른다. 여기서 명확히 할 것은, 이들 세 개는 모두 정신적인 것이고,「이론이성」때에「물자체」로서 배운 물질적인 것 즉, 세계라든지 자연이라든지 여기에서부터는 줄어들고 있다.

도덕률道德律

칸트는,「실천이성」은 도덕 율에 쫓아서 움직이는 것이라고 말했다. 칸트에 의하면, 이 도덕 율은 선천적인, 보편적인 법칙이고, 인간의 욕구하는 것의 성질을 초월해서, 또 쾌든가, 불쾌든가, 행복일까, 불행일까라는 행위의 결과가 물어지기 이전에 존재한다. 이 도덕 율은 따라서 행위의 내용과는 무관하게, 어떤 행위에도 꼭 맞지 않으면 안 된다.

자유自由

그렇지만, 칸트의 이 자유론은 좋든 나쁘든 프랑스혁명, 혹은, 루소의 사상으로부터 영향 받았다. 프랑스혁명의 사상은, 인간에 있어서 권리상의 평등과, 자유는 일치하는 것으로 인정하고 있다. 칸트는 실은, 이 프랑스혁명의 사상을 왜소화해서 독일의 사정에 적응시켰다. 라는 것은 칸트와 같이「자유」를 형식화하고, 공허하게 하고 말았다. 무엇이「자유」인가를 구체적으로 문제시하지 않으면「자유」란 누구에게나 있는 권리로서, 그것은「평등」과 일치할 수밖에 없다. 칸트는 이 방법을 취했다. 따라서 이「자유」는 모든 내용 있는 행위를 지배하는

116 우리들 인생의 철학적 나침반

자유가 아닌, 오히려 모든 내용 있는 행위로부터 도피할 자유인 것이다.

S6 자연自然의 합목적성合目的性

「판단력비판判斷力批判」

『순수 이성비판』에 있어서는 감성의 세계에서는 제 법칙, 특히 인과의 법칙이 어떻게 행해지고 있는가가 연구돼있다. 따라서 이 인과의 법칙을 인식하는 것은 「이성이론」이다. 또 『실천 이성비판』에 있어서는, 「물자체」의 세계에서는, 「의지의 자유」가 어떻게 해서 행해지고 있을까가 연구되었다. 따라서 이 「의지의 자유」를 취급하는 것은 「실천이성」이다.

칸트는 다음으로 이들 두 개의 세계에 있어서 문제를 통일할 필요를 강하게 느꼈다. 즉, 칸트는, 이것을 『자연의 합목적성』이라는 개념으로 이해했다. 자연에는 인과의 법칙이 행해지는 것만 아니라, 목적과 수단이라는 관계도 보는 것이 가능하다. 즉, 자연은 그 근원에 있어서는 초 감성적인 것에 근접하고, 여기서 그 목적을 주어지고 있다.

IX. 빌헬름·헤겔

이성적인 것은 현실적이고, 현실적인 것은 이성적이다.

S1 개관槪觀

철학哲學 사상史上의 이대二大 산맥山脈과 헤겔

오늘날 철학 상에서 어떤 입장에 서있는 사람이라도, 공통적으로 인정하지 않으면 안 되는 철학사상의 거대한 산계山系가 두 개있다. 하나는 고대그리스에 있어서 소크라테스, 플라톤, 아리스토텔레스로 이어지는 산계다. 또 하나는, 칸트부터 헤겔에 이르는 독일고전철학의 산계다. 그러나 독일고전 철학에서는 헤겔은 최대의 거봉이다. 칸트는 이전에 언급한 것 같이, 대륙의 합리론의 철학과, 영국의 경험론의 철학 상의 유산을 섭취해서, 프랑스혁명이라는 역사적인 세계사적 전환기 시점에 응해서 신시대에 걸 맞는 문제점을 발견했다.

현대現代에의 의의意義

예를 들면 전후 일본의 철학 계에 있어서 주된 사조로서, 사람들은 마르크스주의, 실존주의, 프래그마티즘의 3개를 배우겠죠. 그중 헤겔과 마르크스주의와의 관계에 관해서는 지나치게 유명해, 또 그것에 관해서 우리들은 여기까지도 상세하게 설명하겠죠. 실존주의에 관해서는, 이 철학의 본질이 헤겔에 닮은 것은 절대로 말할 수 없지만, 그러나 이 철학의 창시자인 키엘케골이 헤겔과 심하게 대결한 것에서도 추찰할 수 있듯이, 실존주의는 헤겔의 봉우리를 넘는다는 사상적인 자각위에 자기의 입장을 쌓은 것이다.

철학체계哲學體系

이상과 같은 역사적 의의를 갖는 헤겔의 철학은, 아주 장대한 체계를 이루고 있다. 따라서 이 장대한 체계를 변증법적 방법을 이용해 설명하고 있는 수법은, 지극히 정교하다. 따라서 헤겔의 저작은 그 유고를 포함해 다수가 있지만, 우리들은 여기서는 그중에 다음 것만을 취급하려고 한다.

118 우리들 인생의 철학적 나침반

(1)『정신현상학』 이것은 보통 헤겔의 인식론이라고 부르지만, 헤겔 자신은 다음의 『논리학』이 성립되기 위한 이론적인 준비작업 이라고 부른다,

(2)『논리학』 이것도 또 다음에 계속되는 제2부문 『자연철학』이랑, 제3부문 『정신철학』의 준비적인 노작이지만, 그러나 여기서는 그의 철학 체계의 골조가 올라가고, 또 그의 변증법적 방법 자체가 구체적으로 형성되고 있다.

(3)『자연철학』 『논리학』으로 완성된 변증법적 방법을 갖는, 자연을 연구한 작품이다.

(4)『정신철학』 헤겔에 있어서 소위 문화과학, 혹은 사회과학으로도 부르는 것. 이것과 연관해서 우리들은 특히, 헤겔의 국가관을 취급해보자.

S2 헤겔의 생애生涯/두 사람의 학우學友

헤겔은 1770년에 베르텐부르크 공국의 수도 슈트트가르트에서 태어났다. 18세 때 헤겔은, 튜빙겐 대학의 신학과에 입학했다. 동급생에는 시인이었던 헬타린이 있고, 2년 늦은, 헤겔의 선험적 철학자인 쉐링이 이과에 입학해왔다. 헤겔은 대학의 교사로부터는 별로 영향은 받지 못했지만, 프랑스혁명에 강하게 촉발돼, 또 칸트랑 루소에 경도됐다.

예나시대時代

1793년 대학을 졸업한 헤겔은, 칸트랑 피히테 등의 선배철학자와 같이, 우선 가정교사로 생활자금으로 조달했다. 1799년에는 헤겔은 부친의 유산을 받았는데, 가정교사를 그만두고 철학연구의 중심지 예나로 가서 연구에 전념할 것을 결의했다. 결국, 1801년에 예나를 떠나

거기서 『혹성의 궤도에 관해서』라는 자연철학의 논문을 취직논문으로서 예나대학의 사강사로 됐다. 또 같은 해에 『피히테 철학체계와 쉐링 철학체계의 차이』라는 논문을 처음으로 공간公刊했다. 당시 피히테는 지도적인 철학자였고, 또 연하의 쉐링은, 예나대학 조교수로서 신진철학자였다. 1807년 헤겔은, 다년간 사색의 결실인 『정신 현상학』을 공간하고, 그의 체계화에 첫발을 내디뎠다.

최성기最盛期

1812~16년 사이에 대저大著 『논리학』을 쓴 헤겔은, 이것에 의해 그의 철학체계의 기본을 구성하고, 동시에 철학사상에 있어서 획기적인 사업을 이루었다. 그것은 『변증법적 방법』의 완성이다. 동시에 16년에는 하이델베르그 대학교수에 초빙돼, 17년에는 『앤티크로배티』를 공간했다. 다시 18년에는, 베를린대학에 피히테의 후계자로서 추대되었다. 21년에는 『법철학』을 공간했다.

S3 진리眞理에의 지향志向 『정신현상학』『精神現象學』
근대적近代的 지知

록크는, 확실한 지식은 어디로부터 오고, 또 어떤 조건에서 가능할까를 연구하는 것을 철학의 과제로 했다. 이런 의도는 독일고전철학에도 받아들여졌다. 근대철학의 주된 특징이 인식론에 있다는 것으로 말해지는 것은 이것을 가리키고 있다.

헤겔에서도 『정신현상학』은 특히, 이 과제를 추구한 것이다. 「철학」이라는 단어는 「지知에의 애愛」라는 의미를 갖고 있다. 여기에는 「지」에 관해서 호기심을 좋아하는 그런 기분이 포함된 것으로 헤겔은, 은자隱者와 같은 이런 기분을 「철학」 가운데서 내쫓으려고 시도했다. 그

120 우리들 인생의 철학적 나침반

래서 헤겔은 「철학」은 진리에 관해서 체계적인 「지」가 아니면 안 된다고, 주장했다. 이것은 헤겔이 급격히 성장했던, 근대사회의 젊은 지적욕구에 대해서 「철학」을 즉응하는 것 같은 것을 의미한다.

감성적感性的 확실성確實性

헤겔은 여기서 우선 「감성적 확실성」으로부터 출발한다. 이것은 매우 빈약한 진리만 포함하지 않는 「지」지만, 그러나 이 「지」를 출발점으로 하지 않으면 어떤 진리에도 도달하는 것이 불가능하다. 이 「감성적 확실성」에는 또 개발되지 않았지만, 무한히 풍부한 진리 내용이 계획돼있다.

「지知」의 발전단계發展段階

헤겔에 의하면, 「지」는 「감성적 확실성」→「자기의식」→「이성」의 제단계를 통해서 발전한다. 「감성적 확실성」에서 시작되는 최초의 단계는, 주관과 객관이 분리되지 않는 단계에 있기 때문에, 그것은 직접적인 의식으로도 부른다. 「자기의식」에 있어서는 주관과 객관과의 대립은 명료하고, 객관과 대립하는 것에 의해 주관이 변해서 주관으로서 자각한다.

헤겔은 『정신현상학』 전체를 통해서 주관과 객관과의 대립의 방식, 그들 상호연관해서 합한 쪽을 설명하고 있는 것이 이 「자기의식」에 있어서는 주관과 객관과의 대립은 가장 격렬한 긴장관계에 서있다 라고 말할 수 있다. 그러나 「이성」에 있어서는 지금까지 주관의 옆에 있다고 생각된 객관이 실은, 주관과 동일한 것이라는 것이 이해된다. 즉, 여기서는 주관과 객관과의 분열이 극복돼 ≪절대적인 지≫가 성립한다.

世界 哲學의 큰 주류 121

절대적絶對的인「지知」

　헤겔에 의하면, 이 「절대적인 지」란 「이성」의 단계로, 전 세계(객관)를 전부 전체로서, 체계적으로 아는 것이 가능한 단계다. 그러나 실은, 이것은 전능자로서 신의 「지」에 다름 아니겠죠. 신이 전 세계를 아는 것, 게다가 신과 세계와 일치하는 것으로서 신이 전 세계를 아는 것, 이것이 「절대적인 지」다.

S4 논리학論理學—세계창조世界創造의 청사진靑寫眞/구상構想과 구분區分

　헤겔에 있어서 이 『정신현상학』에 도착한 곳은, 『논리학』의 전개되는 휠드가 되는 것으로 말했다. 이 휠드에서는 천지창조 이전의 신이, 자기의 세계계획을 넓게 캔버스 위에 제도하는 것이다. 이것이 『논리학』의 내용을 나타낸다. 이렇게 착상을 마무리한 신이 우선, 자연을 창조했지만, 그 모양은 『자연철학』에서 묘사되고, 자연으로부터 인간이 태어나, 인간의 정신이 성숙해가는 과정은 『정신철학』에 묘사돼 있다.

유(존재Sein) 객관적 논리학, 논리학 본질(Wesen), 개념 (Bergriff) 주관적 논리학

철학적 사고思考의 심화과정深化過程

　헤겔의 논리학의 구상은, 이상과 같이 일견 과대망상으로 보이는 것이다. 따라서 헤겔은, 상술한 신의 두뇌 가운데 세계(개념)를 삼분법을 이용해온 것을 딱 잘라 서술하고 있다. 그러나 헤겔의 논리학의 서술은, 이것을 상세하게 읽어보면, 인간의 철학적-논리적인 사고가 차례대로 심화돼가는 과정을 묘사한 것이라는 것이 나온다. 따라서 이 논리학의 서술은, 철학사의 발전에 따라서 행해지고 있다. 따라서 논리학의 진행과정은 철학적 사고의 심화에 따른다.

논리학에 있어서 「개념」의 성숙 과정 즉, 철학적 사고의 심화과정은 전 세계에 있어서 가장 단순한 규정(정의) 즉, 가장 추상적인 「개념」으로부터 출발해서 보다 복잡한 규정보, 구체적인 「개념」에로 나아간다. 유(존재)→본질→개념이란 이것이다. 유란 「무언가 있다」는 그런 것이다.

第1部 有(存在)

質,量,度量

제1부 「有」는 質→量→度量으로 區分된다. 「質」이란, 원래 「어떤 것」이란 의미다. 「質」은 사물이(세계) 「어떻게 있는가?」라는 규정성(정의)이다. 따라서 「質」은 우선「있다」로 시작되고, 다음으로 「있다」에 연관된 술어 일반이다. 즉, 「質」이란 「어떻게+에 있다」라고 말하는 것이다.

예를 들면 「꽃은」이라는 주어에 「빨갛게+있다」혹은 「빨강+에 있다」라는 술어가 붙으면, 이 술어가 「質」이다. 그렇지만 사물은 그 「質」면에서 다른 사물과 다른 것이다. 따라서 「質」이 다르면, 그 「質」을 갖는 사물(주어)이 「변화하는」것을 나타내고 있는 것은 당연하다. 이렇게 「質」이란, 사물의 한계를 나타내고, 유한성을 나타내고 변화를 나타낸다.

「빨갛다.」라는 이런 한계는, 「꽃」이 그러(빨간)지 않기 때문에 「꽃」

이 아니라는 것을 의미하고 있다. 즉, 「꽃은 빨갛다.」라는 것은 「꽃은 빨갛지 않은 것은 아니다」라는 것을 의미하고 있다.

양量

헤겔은 「質」로부터 「量」에로 옮아간다. 「量」은 「얼마만큼」이라는 의미다. 「量」은 다음과 같은 특징을 갖고 있다 .

(1)「量」은 「크기」이고, 그것은 증가하고, 혹은 감소하는 것이라는 변화(「質」)를 일으킨다. 「量」(크기)는 즉, 「質」의 일종인 것이다. 「量」은, 더 정확히는 수자를 갖는 표현이라는 것이다.

(2)「量」은 일종의 「質」이기 때문에, 「量」도 또 「변화」라는 성격을 초래하는 것이 가능하다. 그러나 ,그것은 「연속성」에 있어서만이 변화한다. 이런 일은 「質」이 변화에 있어서 인식된 경우에는, 일반적으로 「비연속성」 혹은, 「비약」인 것에 비해서, 「量」의 두드러진 특징을 하고 있다. 「量」에 이행하지 않은 이전의 「質」에 있어서는 예를 들면, 「빨강」→「하얀」→「파랑」이라는 우연한-무관한 변화가 행해질 뿐이지만 「量」에 있어서는 「1」→「2」→「3」이라는 필연적인 연관된 변화(연속성)가 행해진다. 이 의미에서 사물에 관한 규정성으로는 「量」은 「質」보다도 객관적이다.

(3)「量」은 「質」의 일종이라고 말하고, 「質」의 단순한 연장이 아닌, 더욱이 「質」의 부정이라는 것이 밝혀졌다. 즉, 「量」이란 「質」에 의한 우연한 한계를 불식하고, 또 우연히 변화하는 것을 의미하고 있다. 「量」에 있어서는, 처음으로 단순한 「質」에 있어서는, 다양화 한 제 사물에 공통성이 드러난다. 이상에 있어서 「量」에 관해 언급되는 점은 예를 들어보면 다음과 같다.

(1)「빨강」(質)에는, 농담濃淡이라는 「量」이 있고, 그것은 점차적인 변화

를 행하는 것이다. 「빨강」(質)을 단순한 「빨강」으로서가 아니고, 다시 「濃淡」(量)으로서 파악할 때, 그 「빨강」(質)은 확실한, 보다 규정된 「빨간」으로서 이해될 수 있다.

(2) 「빨강」(質)에도, 「파랑」(질)에도, 「하얀」(質)에도, 「濃淡」(量)은 공통으로 있다. 「濃淡」의 점으로부터 취해진 「빨강」, 「파랑」, 「하얀」은 공통으로, 그래서 진짜 색이라는 성질(質)로서 파악되는 것이 가능하다.

(3) 「빨강」, 「파랑」, 「하얀」은, 함께 색(質)으로서 그것들을 1,2,3.이라는 식으로 (양적으로)세는 것이 가능하다. 「量」의 변화는 반드시 일정한 「質」에 있어서 변화 (증감 增減)가 있다. 「濃淡」(量)은 「色」(質) 빨강, 파랑, 하얀-에 있는 것이고, 「온도의 증감」(量)은, 「水의 응집凝集 상태」(質) 기체, 액체, 고체에 있는 것으로, 「음량의 증감」(量)은 「음질」(質)에 있는 것이다. 「量」의 증감은, 일정 한도 내(質)에 있어서 행해지는 만큼, 그것은 점차적이고, 연속적이다.

그러나 「量」이란, 「質」의 부정否定 이다. 「質」의 부정은 우선은 다른 「質」이지만, 「量」 자체는, 일종의 「質」이면서, 그러나 최종적으로 「質」이다. 즉, 「質」의 최후의 부정이다.

도량度量

「量」의 변화가 일정 점에 있어서 「質」이 변화하는 것을 이은 반면에서 보면, 「質」의 변화는, 표면적으로는 우연히, 비약적으로 행해지는 것 같이 보여도, 그 실은 「量」의 변화라는 연속적인-필연적 변화의 이면에서 시작되고, 그것이 일어나는 것을 가르쳐주고 있다. 「量」의 변화와 「質」의 변화는 이렇게 연관해서 결부돼 있다. 그것은 본래부터 말하면 「量」과 「質」의 결합이다. 이렇게 「量」과 「質」을 결합한 것을 일체로 해서 「있는」것으로 해서 이해할 때, 그것은 「도량」이라고 부른다.

第2部 本質

구분

「본질」은 본질→현상 혹은, 실존→현실성의 3장으로 분리된다. 「본질」이란, 「무언가 있다」는 그런 의미로서의 「유」가 불안정한-가변적인 질(규정성) 밖에 없는 것에 대해서 「진짜로 있다」고 말하는 안정된 불변하는 「있다」를 의미하고 있다. 과학은 일반적으로 이「본질」에 대해서 「현상」이란 문자 그대로 「본질」이 「나타난」것이다.

직접성直接性과 매개媒介

상관관계를 분해해 보면, 그것은 직접성과 매개에 관한 것이다. 우선 「직접성」이란, 타인과의 관계를 포함하지 않는 단적인 「그것」이다. 이「직접성」은 자기 동일성으로도 부르지만, 그러나 자기가 자기에 동일하다는 그런 두 개의 자기의 동일성을 의미하고 있는 것은 아니다. 「직접성」에는 이면이 없고, 외겹이고, 따라서 추상적이다. 이런 「직접성」은 「본질」에 이행하기 이전에 「有」(무언가 있다)의 성격이다.

이것에 대해서 「매개」란 이전에 「유」를 거쳐 온 것의 「본질」(진짜로 있다. 거짓으로 있는 것이 아닌)의 성격이다. 「매개」란 「유」를 거쳐 온 것만이 아니고, 「유」의 부정(무)을 거친다. 아니면, 그것은 「무」를 포함하는 「유」인 고로, 타자와 관계하고 있는 점에서 라고 말하는 것이 가능하다. 따라서 이 「매개」란, 자기가 자기와 동일하다는 그런 에 둘러서 간접적인 자기동일성이다.

126 우리들 인생의 철학적 나침반

第3部 개념槪念

구분

「개념槪念」은, 주관성→객관성→이념으로 구분된다. 주관적 논리학으로 부르는 이부문은, 그 구분으로서는 가장 이해하기 어려운 부문이다. 즉, 이부문의 구분에는 논리적인 필요성이 적다. 그것은 무리해서 3분법으로 해서 구분을 할뿐이다.

방법으로서의 변증법

헤겔은 「방법」을 분석판단하고 동시에 총합 판단한 것이다. 분석판단이란, 주어 중에 이전에 술어가 내용적으로 포함돼 있는 것이라고 생각되는 판단이고. 또 총합 판단은 술어는 주어와는 별개로, 이 내용이 통합돼있는 것으로 판단되는 것이다. 이들 두 개의 판단의 구별은 특히, 칸트가 혹독하게 행하지 않은, 따라서 칸트는 선천적 총합 판단을 갖고, 양자의 통일을 기도한 것이었다. 헤겔은 또 「변증법적 방법」을 양자의 통일로서 파악했다.

「변증법」에 있어서는 「개념」의 시작은, 직접적인 것에 있다고 동시에 일반적인 것도 간주된다. 여기서 이 시작의 중에 「개념」의 그 후의 진행은 이 시작의 부정, 그것의 자기 분할에 의해서만 일어난다고 볼 수밖에는, 그 진행 과정에는 총합적 판단이 생겨나지 않기 때문은 아니다. 즉, 「변증법」에 의하면 사물 그 자체의 규정성(質)이 그 사물의 한계를 나타내고, 그 사물의 부정을 의미하는 데 있기 때문에, 그 사물이 그렇다고 해석한 때에는, 그 사물 자체 중에는 그 사물 자기 중에 그 사물과는 별개로 포함된 것이 밝혀졌다.

S5 자연철학 自然哲學

헤겔의 『자연철학』은, 『논리학』에서 완성된 이념 즉, 세계계획이 자연 중에 실현된 모양을 묘사하고 있다. 이 『자연철학』은, 헤겔의 작품 가운데 가장 빈약한 작품이다. 그러나 헤겔의 『자연철학』에는 몇 개의 천재적인 통찰이 있다. 여기 2,3개의 예를 들어보죠.

헤겔은, 「운동」의 본질을 「시간」과 「공간」과의 통일로서 파악하고 있다. 따라서 또 「시간」과 「공간」은 「물질」에 의해 채워져 있고, 「물질」이 없는 「운동」이 없는 것같이, 「운동」이 없는 「물질」도 없는 것이다. 또 헤겔은, 원소가 변화하는 것을 인정하고, 다시 화학상의 질적인 구별은 양적 변화에 의해 일어나는 것을 알고 있었다.

S6 정신철학 精神哲學

구분과 삼분법

헤겔은, 『자연철학』의 최후를 「내부적인 합목적적 관계」로 서술하고 끝내고, 그것을 가지고 『정신철학』의 전제로 했다. 따라서 『정신철학』은, 최초에는 신체에 걸친 정신이라는 점에서 「心」을 간주한다.

『정신철학』에는 이렇게 일단, 「자연」 중에 모습을 감춘 「이념」이 회복돼서 「정신」이라는 본래의 모습을 갖는 것이다. 그러나 『정신철학』은 『앤티크로바티』의 다른 점과 같은 모양으로 삼분법을 갖는데, 깨끗하게 정리된다. 헤겔의 삼분법은,

정正→반反→합合

긍정肯定→부정否定→否定의 否定

정립定立→반정립反定立→총합總合

즉자卽自→대자對自→卽自 동시에 對自

라는 시건방진 변증법적 방법에 의해 실행되는 것 같은-헤겔 자신은 생각하고 있다. 그러나 이 삼분법은 이것만을 이용하면, 변증법적 방법의 단순한 형식적 외면적 이해에 지나지 않는다. 삼분법에 의한 체

계화의 요구는, 어디까지나 대상의 내적 운동을 추구하는 것이라는 변증법적 방법의 주지主旨를 배반하고, 대신에 외적-우연적인 이유를 들어 상황에 따라서 여유 있는 설명을 갖고 보족을 하지 않으면 안 되는 궁지에 헤겔을 빠뜨린 경우가 많다. 이점을 주의해서 간주해야 만하는 상태다. 『정신철학』을 대충 말하면 다음과 같이 구분된다.

제1부

  A 인간학—心

  B 정신현상학—意識

  C 심리학—정신

제2부 객관적 정신

  A 법

  B 도덕성

  C 人倫

제3부 절대적 정신

  A 예술

  B 계시된 종교

  C 철학

주관적 정신

  이전에 서술한바 같이 「정신」은 최초에는 신체를 가진 「心」으로서 출현했지만, 이것을 연구하는 것이 인간학이다. 인간학의 다음에는 정신현상학이 나오지만, 이것은 헤겔이 쫓은 「학의 체계」의 제1부로서 썼다. 정신현상학은 「의식」을 대상으로 한다. 「심」이 신체의 속박을 벗어나지 못하는 것에 대해서 「의식」에서는 주관과 객관이라든가 일정한 상대적인 관계를 맺고 있다. 헤겔은, 여기서는 「의식」의 발전단계를 다음 세 개로 구분한다.

(1)의식 일반—자아가 자아에 의해 외적인 대상을 대상으로 한다.

(2)자기 의식—자아 그 자체가 대상으로 된다.

(3)이성—주관과 객관과의 대립을 극복하고, 보편적으로 됐기 때문에, 그것은 자아를 자기 가운데 포괄한 객관이라는 의미를 갖는 동시에, 객관을 초월한 자아라는 의미를 갖는 것이다.

다음의 심리학은 「정신」을 취급하고 있다. 여기서는,

(1)「이론적 정신」 혹은 「지성」

(2)「실천적 정신」 혹은 「의지」

(3)「자유로운 정신」으로 구분이 돼있다.

객관적 정신

이상의 「주관적 정신」은 소위 개인의 「정신」의 의미다. 여기에 대해서 다음 제2부의 「객관적 정신」은, 사회의 「정신」이라는 것이 가능하겠죠. 여기서 취급되는 것의 내용은 앞서 출판된 『법철학』의 내용과 거의 같다. 이 「객관적 정신」은, 앞에 「자유로운 정신」으로 부르는 것의 「자유의지」보다 이상의 전개로서 취급되고 있다. 이 「자유의지」는 「법」「도덕성」「인륜」으로 돼서 출현한다.

전자에 관해서는 앞서 이미 한번 새삼스럽게 설명했지만, 여기서는 세계사에 관해서 한마디 하려고 한다. 특히, 세계사에 관해서 헤겔의 유명한 명제는, 「이성적인 것은 현실적이고, 현실적인 것은 이성적이다.」

생각하는 신

『정신철학』의 최후의 부部인 제3부에서는, 「절대적 정신」에 관해 서술하고 있다. 「절대적 정신」이란, 무조건 신을 가리킨다. 그러나 최종적으로는 신이 말하는 것이 종교에 관한 것이 아닌, 철학에 있어서 있다는 것은 주목할 만하다. 즉, 헤겔은 신을 아리스토텔레스와 같이 「사고思考의 사고思考」로서 어디까지나 「이성」적인 것으로서 생각했다.

국가관

헤겔은 『정신 철학』의 제2부(객관적 정신)의 「인륜」에서와, 『법철학』의 「인륜」에서 국가에 관한 중요한 것을 말하고 있다. 앞서의 헤겔 이전에는 「국가」는 「사회」 혹은, 「시민사회」와 구별되지 않는다고 논의돼왔다. 개인의 집합은 「국가」로 부르고 「사회」로도 불려왔다. 그러나 헤겔에 의하면, 「시민사회」는 개인적 소유를 기본으로 해서 나온 「욕망의 체계」다. 여기서는 개인은 상호 수단이고, 각자는 다만 자기 목적을 추구하는 것에 지나지 않는다. 그러나 타인을 수단으로 하지 않으면, 자기의 목적을 달성하는 것이 불가능하다. 따라서 「시민사회」는 상호의존의 체계다.

여기에 대해서 「국가」는 이 「시민사회」보다도 고차적 존재고, 그 이상 이성적 인데 가깝고, 보편적이다. 따라서 「국가」는 소위 국가 유기체설로 부르고, 관념론적인 동시에 또, 반동적인 것으로도 평가된다.

X. 키엘케골의 철학

S1키엘케골의 생애와 저작

1. 키엘케골의 생애

100년 후에 공감을 해본 고립된 사상가

그 자신은 코펜하겐의 소크라테스가 되길 희망했다.

감화와 「대지진」의 체험

방탕한 부친의 생활의 체험과 자살미수

레기네 와의 약혼과 파혼

2. 키엘케골의 저작

『이것이냐, 저것이냐』, 『반복』, 『두려움과 떨림』, 『불안의 개념』, 『인생행로의 제 단계』, 『철학적 단편』, 『사랑에 관해서』, 『죽음에 이르는 병』, 『순간』, 『내 저작활동의 시점』.

S2키엘케골의 학설

3. 그가 놓인 정신적 상황

당시 덴마크의 문화 상황

　당시 덴마크는 문화적으로는 완전히 독일의 식민지 같았다. 덴마크어는 하층계급만 쓰고, 모국어보다도 독일어가 위세를 떨칠 정도로, 그것은 압도적이었다. 따라서 덴마크의 학계 랑 종교계도, 대충 말하면 헤겔 일색에 뭉개졌다고 말해도 과언은 아니다.

　그것은 다시 한정해서 말하면, 헤겔우파의 철학이었다.　그들은 모

132 우리들 인생의 철학적 나침반

두를 헤겔적인 「체계」내에 싸서 안에 넣어 거기서 모든 것을 해결하려고 생각했다.

헤겔 체계의 지배

헤겔이 베를린대학에서 강의할 때, 헤겔철학은 철학 상의 논적을 하나하나 격파하고, 누구의 눈에도 논파되지 않는 것으로 생각되는 천하무적의 위력을 나타냈다. 그것은 세계의 성립을 진실로, 절대적으로 해결한 것으로서, 마치 집정관과 같은 위령을 갖고 통요 하는, 누구도 그것을 주제넘게 뒤엎지 않고, 진리로서 인정했던 그런 시대였다.

그것은 하나의 개선 행렬 같은 것으로 헤겔이 죽은 후에도 조용해지지 않았다. 조용해진 것은 역으로, 1830년부터 1840년까지라는 것은 「헤겔 방식」이 일세를 풍미하고, 그 반대자들조차 다소간에 감염시킬 정도였다.

4. 헤겔과의 격투格鬪

헤겔에 관한 존경과 불만

그러나 「체계」는 결코 모든 것을 해결할 수 있을까? 「모든 것」이 아니라면 「체계」가 간과한 것은 무엇일까? 키엘케골은, 『철학적 단편 후서』를 위한 각서에서 이렇게 말하고 있다. "나는 때로는 헤겔에 대해서 불가해한 존경을 품고 있다. 나는, 그로부터 많은 것을 배웠다. 따라서 다시 그에게 돌아갈 때, 다시 점점 많은 것을 배우는 것이 가능한 것이라는 것을 실로 잘 알고 있다. 나는 살았다. 따라서 아마도 인생의망網 가운데 남다른 시도를 했다. 사상에 관해서 발견한 길이 남겨진 것에 틀림없다고 믿어 와서 나는 철학자의 저서, 그 중에서도 헤겔의 저서에 의지하고 있다."

世界 哲學의 큰 주류 **133**

그러나 그는 계속해서 쓰고 있다. 「그렇지만 마치 여기서 헤겔은 사람을 버린다. 그의 철학적 지식, 그의 놀랄만한 박학, 그의 천재적 통견, 따라서 보통 철학자에 있어서 말해지는 소위 장점을 나는 어떤 제자에게도 뒤떨어지지 않고 인정했다고 생각한다. 아니다, 라고 생각하기는커녕, 극구 칭찬하는 것이라고 생각했다. 가르칠 수 있는 것으로 생각했다.

키엘케골의 문제―자기의 혼

자기의 혼, 자기의 생명―이것이 키엘케골의 문제였다. 철학체계는 확실히 모든 것을 설명한다. 역사를, 인생을, 삶을, 죽음을, 설명한다. 그러나 그것이 이 「나의 문제」와 당장 무슨 연관이 있을까? 체계는 확실히 삶을 설파하고, 죽음을 설파한다.

주체성―실존

그는 22세 때 일기에 「나에게 있어서 진리다운 진리를 발견하고, 내가 그것을 위해 살고 죽는 것이 중요한 것이다. 말하자면 객관적 진리를 찾아보니, 그것이 나에게는 무슨 소용이 있을까」 나에게 있어서 의미가 있는 것, 그것은 다름 아닌 「나 자신」이었다. 그것만이 현실적인 것이다.

5. 절망絶望의 철학哲學

「현실성은 주체성이다」「진리는 주체성이다」
이것이 헤겔의 「체계」와의 격투의 결과 얻어진 키엘케골의 원칙적 입장이다.

감성적·미적 실존—향락자의 생활방식

「이 나」에 관련된 하나의 삶의 방식으로서, 자기의 향락만을 추구하는 생활방식이 있다. 「삶을 즐기세요, 쾌락을 구해서 사세요!」가 그 모토로 돈환, 아니면 화우스트를 그 전형으로 한다. 그렇지만 돈환은, 또 파우스트는 끝내 행복했을까? 아니, 그들은 차례차례로 새로운 향락의 대상을 구해 갈지자걸음을 계속하는 게다가 영원히 만족한 적이 없다.

윤리적倫理的 실존實存—영靈과 육肉과의 싸움

여기서 「이 나」에 관련된 제2의 생활방식이 언급된다. 그것은 윤리적인 실존이다. 감성적·미적 실존이 끊임없이 자기의 옆에 것을 추구하는 것에 비틀거리거나, 윤리적 실존은, 다만 오로지 자기 내에 마주보는 자기 자신을 선택한다. 그들의 정신은 진정한 자기 자신에 도달하는 것 같은 기아와 목마름이, 본래 영원의 자기에 휴식하기까지는 소홀히 하는 것을 사는 것과 다르다.

절망絶望으로부터의 구원救援—그리스도

인간의 현실은 실존이고, 실존은 절망이다, 절망은 죽음에 이르는 병이다. 따라서 절망은 죄라고 키엘케골은 말한다. 그렇다면 죄란 대체 무엇일까? 인간이 신으로부터 떨어져있는 것이다. 유한성의 가운데 이해되는, 영원과 심연을 갖고 가로막힌 존재인 것이다. 수많은 문학적 철학적 저작 가운데, 키엘케골은 이런 점에 사람을 가르치고 있다.

그런데 성 바오로는 말했다. 「나는 지극히 비참한 인간일 뿐이죠! 이런 죽음 몸에서 나를 구해주는 것은 누군가?」. 죽음에 이르는 병·절망으로부터 사람은, 어떻게 해서 구원을 받을까? 바오로는 말한다. 「이 죽은 몸에서부터 나를 구원해주는 것은 누굴까? 나의 주 예수 그

世界 哲學의 큰 주류 135

리스도에 의해 신은 감사할 뿐이라.」 이것이 그대로 키엘케골 의 대답
이다.

6. 철학哲學의 부정否定

키엘케골의 저작著作의 사명使命

일단, 수십 권에 이르는 그의 문학적, 철학적 저작의 풍부함은, 그가
친히 설명하고 있는 것같이, 그리스도교에 사람을 인도하기 위해 초대
하는 것에 지나지 않는다. 그가 사랑한 소크라테스의 흉내를 내서 그
는, 신앙의 밖에 있는 사람들에게 그 각각의 단계에 응해서 교묘하게
보조를 함께하면서, 언젠가 신앙의 호구戶口까지 사람들을 인도한다.

역설逆說의 세계世界에의 비약飛躍—이성理性의 죽음

우리들은 지금 신앙의 호구까지 그에게 유혹하는 것에 어렵게 도달
하겠죠. 여기에 다다르기까지 우리들이 더듬어 찾은 단계는, 일단 소
홀히 하면서 철학적인 것이다. 그렇지만, 이 호구로부터 발을 일보전
진하면, 그것은 이미 어떤 의미에서도 철학은 아니다. 철학은, 유한한
인간 존재를, 그와 무한과의 사이를 가로막는 심연의 소沼까지 유도할
지도 모른다. 그러나 철학은, 그 심연의 소에, 절망 가운데 사람을 내
버려두는 것이다.

그러나 「내가 믿는다.」라는 것은, 우리들로서는 말할 수 없다. 철학
은, 이렇게 고백하는 것이다. 따라서 그럼에도 불구하고 「내가 믿는
다.」라는 것이 말하는 것은, 이미 철학—유한한 인간의 무한을 지향한
노력에 의해서는 아니다. 심연은, 다만 무한한 것의 경우에서만 이해

할 수 있다. 즉, 「내가 믿는다.」라는 것은 보다 정확히 말하면, 「나는 믿어주는」것이다.

우리들의 의문―왜 그리스도교에서는 해야 될까요?

그렇지만 우리들에게는 의문이 일어난다. 이런, 실존의 역설적 비약이 왜 그리스도교라는 특수한 역사 적 사회적으로 해당된 형태를 갖고 있다고 말해질까요? 당시, 덴마크에 있어서는 그리스도교는 국교의 위치에 있었다. 키엘케골은, 이런 상황의 기반에서, 그리스도교의 세속화를 강하게 공격해 봐도, 그리스도교 그 자체의 틀을 밟고 넘어서는 것은 결코 하지 않았다.

또 하나의 의문疑問―「단독자單獨者」와 「대중大衆」

여기서는 그의 「단독 자」에 관해서도 말한다. 「단독 자」란, 「이 나」이다. 그것만이 현실적이고 진리라는 점에서 「주체성」이다. 이 단독자는 「대중」에 대립하는 것이다. 『『대중』은 진실하지 않다』라고 그는 말한다. 「영원과 신의 눈으로 보면, 바오로가 말하는 것처럼 『다만 한 사람만이 목적지에 도달한다.』라는 것이 진실이다」(『단독 자』) 이런 「대중」이란 그에 있어서 구체적으로 무엇이었을까요?

그는 이렇게 쓰고 있다. 「대중―이런, 혹은 이 대중은 아니다. 살아 있는 또는, 죽고만 대중은 아니다. 천賤한, 또는 먼 대중은 아니다. 부유한, 또는 가난한 대중 그 아무것도 아니다.

7. 철학哲學 사상史上에 있어서 그의 사상思想의 위치位置
헤겔 사상을 원천으로 하는 두 개의 흐름

헤겔의 철학은, 장대한 객관적 관념론의 체계에 있다. 거기서는 모든 것이 신(절대적 정신)이 나타난다. 라는 것은 뒤를 되짚어 보면, 신은 이전에 신앙의 대상으로서의 성격, 지상의 존재에 대립하는 본질로서의 성격을 잃고, 현상된 본질, 즉 현실성이 되고 있다는 것을 의미한다. 종교는 이성화하는 것에 의해, 종교로서의 특질을 잃고 마는 것이다. 여기부터해서 헤겔 철학을 극복하기 위해 두 개의 정반의 방향이 생긴다.

즉, 하나는, 헤겔 철학에서 신학적 의상을 벗기고, 현실을 유물론적으로 이해하는 방향이다.

헤겔에게는, 현실은 본질로서의 신이 그가 창조한 세계로서의 존재와 합일하고 있는 점에서 사물로서 신비적으로 설명했지만, 이 설명은 지금은 신비의 옷을 벗고, 현상의 가운데 그 본질을 더듬어 찾는 것에 의해 현실을 그 살아있는 체로 파악하려고 하는 과학적인 방법에 변질되었다. 그런 것에 의해 헤겔의 「현실적인 것은 모두 합리적이다」라는 명제는, 현상적으로 현실로 보여 지는 것이 반드시 진정으로 현실적인 것은 아니고, 날마다 합리성을 잃어버리는 것을 계속하는 것은 일견, 아무리 현실적으로 강대해 보여도, 실은 날마다 현실성을 잃어버리고 있는 것으로, 반대로 지금은 일견 어떻게 힘이 약해서 비현실적으로 보여도, 진정으로 합리적인 것은 반드시 승리하고 현실이 된다는 그런 혁명적인 명제에 전화轉化된다.

이 입장에 있어서는 지상의 유한한 인간 조건은, 이미 천상의 무한한 본질과의 연결을 갖지 않는다. 유한한 것과 무한한 것과는 심연으로 떨어져 있다. 유한한 인간 존재에 관해 영원한 신적 본질은 알 수 없는 것, 알려진 것이 있다. 따라서 인간에 있어서 현실적인 것은, 다만 이렇게 심연에 의해 신으로부터 떨어진 유한한 인간 존재 즉, 실존 만이 있다. 이것이 키엘케골의 입장이다.

두 개 방향方向의 역사적歷史的 의의意義

헤겔의 철학체계에 관해서 키엘케골이 들이댄 비판—여기서는 인간이 다만 세계정신의 조종인형에 지나지 않는다고 생각된다는 비판은, 어떤 의미에서는 마르크스도 이것을 알고 있었지만, 그 자신 구체적인 역사적 의의를 갖고 있었던 것이다.

XI. 마르크스와 엥겔스

S1 개관概觀

노동자 계급의 형성

18세기 말 영국에서 시작된 산업혁명은, 기계제 대공업을 갖는 자본주의적 생산양식을 구축하는 과정을 거치면서, 기계제 대공업은 노동력의 착취를 위한 체제를 완성한다. 여기서 노동자는, 생산을 행하는 과정에서 그 잉여가치를 자본가를 위해 일하는 것으로 생각하게 되었다.

그러나 한편으로는 기계제 대공업은 자본주의의 생산력을 혁명적으로 상승시켜, 노동의 사회화를 촉진하고 노동자에게 단결을 위한 물질적 기초를 제공했다. 산업혁명이 진행함에 따라서 노동자들은, 사회주의자들의 지도에 따라서 노동조합을 만들고, 이것을 도구로 해 자본가에 대한 경제투쟁 즉, 생활 옹호를 위한 투쟁을 행했다. 이 노동조합은, 노동자를 「대자적」인 계급 즉, 자각적인 독자의 계급으로 형성되기 위한 고리였다. 이렇게 산업혁명은, 한편으로는 국민 대중을 한없는 자본주의적 생산에 끌어넣고, 그리고 한편으로는 국민 대중을 노동자 계급이라는 새로운 계급으로 개변시켰다.

챠티즘

그런데 영국에서는 1830년대 챠티즘(chartism)이라는 새로운 노동자운동이 시작됐다. 이 챠티즘 운동은, 프랑스혁명을 시작으로 여러 가지 부르주아혁명에 의해 획득된 민주주의적 자유를 노동자에게도 펼치려는 운동으로 특히, 노동자를 위한 선거권을 획득하는 것을 그 주요임무로 했다. 그들은, 의회에 노동자의 대표를 보내 노동자에게 필요한 사회적 개혁을 실행하게 하는 것도 애쓴다.

이 챠티즘은, 노동자를 다시 정치적으로 조직하는 것을 목적으로 한다는 점에서 주목해야한다. 노동자는 노동조합을 조직하는 것에 의해, 경제적으로 통일할 가능성을 갖는다. 그러나 노동자는 다시 정치적인, 국가적인 권리를 주는 것에 의해 자기들의 단결을 다시 보증하는 것이 가능해진다. 즉, 노동조합 자체의 결성의 보증이, 이 정치적 국가적 권리인 것이다. 노동자는 자본가와 직접 경제적인 투쟁만이 아니고, 자기 자신을 정치적으로 통일하고, 따라서 부르주아 국가권력에 투쟁을 도전하는 것에 진정한 「계급」으로서 결성되게 된 것이다. 챠티즘은, 노동자에게는 이런 의의를 갖는 운동이었다.

독일의 노동자

마르크스랑 엥겔스의 고국 독일에서도 노동자의 「계급」적인 결성이

진행됐다. 마르크스주의의 세 개의 원천源泉

마르크스주의의 사상체계는, 그 근저에 변증법적 유물론으로 부르는 철학을 갖고, 다시 그 위에 잉여가치학설을 중심으로 하는 경제학과, 계급투쟁 이론을 중핵으로 하는 사회주의 이론과를 포함하고 있다. 마르크스와 엥겔스는 또, 수학이랑, 자연과학에도 관심을 갖고 몇 개의 중요한 공적을 남기고 있다.

마르크스와 엥겔스의 사상체계는, 그러나 이들 천재의 두뇌에 돌연 나타난 것이 아니고, 칸트랑, 헤겔로 대표되는 독일고전철학이랑, 스미스랑 리카드로 대표되는 영국의 경제학이랑, 프랑스 유물론의 전통을 이끈 산·시몬이랑 훼리에 의해 대표되는 프랑스사회주의 등의 선구적인 사상을 갖고 있다. 마르크스주의는, 특히 산업혁명을 배경으로 한 근대 프로랄테리아가 형성된 때에 탄생하고, 따라서 그 근대 프롤레타리아의 계급적인 자기해방을 위한 이론으로 됐다.

포이에르바하

독일고전철학의 최대 철학자는 헤겔이었지만, 헤겔학파는 헤겔 사후 우파, 중도파, 좌파로 3개로 나뉘어 서로 항쟁했다. 따라서 좌파에 속하는 포이에르바하(1804~72)는, 헤겔의 후계자 가운데서는 가장 진보적이고, 마르크스랑 엥겔스에게 가장 강한 영향을 미쳤다.

포이에르바하의 철학에는 두 개의 큰 특징이 있다. 그 하나는, 포이에르바하가 인식능력으로서 감성을 존중하고, 감성에 의해 이해된 세계를 실재하는 것으로 본점이다. 이것은 영국의 경험론이랑, 프랑스의 유물론과도 공통된 유물론적인 견해지만, 포이에르바하는, 헤겔의 관념론을 전도시켜, 그것에 의해 헤겔의 철학체계에 포함된 유물론적인 요소를 인출해낸 것이다.

世界 哲學의 큰 주류 141

또 그 두 번째는, 포이에르바하가 인간학을 창도唱導한 것이다.

자연과학自然科學의 발달發達

포이에르바하는, 맑스와 엥겔스가 유물론에 향하기 위한 전기를 만들었다. 그러나 마르크스와 엥겔스가 독일고전철학으로부터 섭취한 최대의 것은 변증법에 지나지 않았다. 마르크스와 엥겔스는, 요컨대 헤겔로부터 관념화된 변증법을 받아들여 이것을 유물론적으로 개작한 것이지만, 그 개작에 있어서 유력한 지지를 준 것은, 당시의 자연과학의 발전이었다. 라는 것은, 자연과학은 1830년대 이래 혁명적인 개조기에 들어서 새로운 발견만이 아니고, 이론적 개변도 차례차례로 행해졌다.

S2 마르크스·엥겔스의 생애生涯와 19世紀의 사회·문화社會·文化

철학적哲學的 유물론唯物論

유물론은 무릇 자연에 관한, 혹은 세계에 관한 특정의 철학적 견해이다. 유물론은 세계가 신의 피조물이라든가, 세계가 무언가 알 수 없는 원인에 의해 무로부터 창조된데 있다 라든가, 라고 주장하는 사상(관념론)에 대립해서 세계는 자연이다, 즉, 세계는 독자적으로 일어난 「차연」이란 이런 의미다, 라고 주장하는 사상이다.

이것은 모든 과학에 공통적인, 따라서 기본적인 사고 태도다. 라는 것은 여기서는 대상이 대상 중에 있는 것에 의해 설명되고, 대상이 인위적으로 만들어진 요인에 의해 성립되는 것이 아니고, 따라서 과학의 진로를 방해하는 요인은 이론 구성 중에는 없기 때문이다. 거기서 철학은, 그 발생 시기 이전에 유물론적 철학으로 형성되고, 따라서 그 유물론적 철학이 과학의 기원으로 된 것이다.

맑스주의 이전의 기계적 유물론도 자연이 자연에 의해 성립되고, 자연에서 일어나는 제 현상은 자연이외의 아무 것에 의해서도 설명하는 것이 불가하다고 주장하는 점에서는, 유물론의 전통에 연해있다. 그러나 기계론적 유물론은 자연에 있어서 제 현상은 비분활의, 부동의 물질 요인(원자atom)의 결합이라든가, 운동은 본질적으로 위치의 변화에 있고, 따라서 운동은 순환운동이 되는 것으로 귀결된다.

철학을 실천으로 시작하다.

마르크스주의 철학은, 그 출발점에 있어서 종래의 유물론과는 중요한 점이 차이가 있다. 마르크스주의는, 철학을 단순히 「지」로부터 시작하는 것이 아니고, 「실천」부터 시작한다. 환언하면 마르크스주의는 철학은, 근본적으로는 세계를 변혁하는 태도를 가져야한다고 주장한다. 따라서 맑스주의에 있어서는, 「진리」는 단순히 「이론」의 문제가 아니고, 그것은 무엇보다도 「실천」의 문제다.

「실천實踐」이 갖는 세 개의 의의

(1)「知」는 자연자체를 기초로 하는 것만이 아니고, 본질적으로는 인간에 의한 자연의 변화를 기초로 하는 것이라. 따라서 「知」는 인간이 자연을 변화시키는 것에서 풍부해진다. 마르크스주의의 이런 생각에 있어서는 인간의 「知」 즉, 철학이랑, 제 과학은 인간의 「실천實踐」 즉, 산업이랑, 사회적 활동이 발달하는 것에 비례해서 역사적으로 발전하는 것이 주장되고 있는 것이다.

(2)마르크스주의는, 인간의 「知」에는 한계가 있고, 그 한계보다 앞은 「신앙」에 의한 것 이외에는 어쩔 수 없다는 생각을 근본적으로 파괴하

世界 哲學의 큰 주류 143

고 있다.

(3)인간의 「知」는 따라서 그 최고의 움직임인 「철학」도 일반대중의 실천이랑, 생활의 기초위에 쌓여 영위되는 것이고, 따라서 「철학」을 특수한 재능을 갖는 천재만이 관계하는 성스런 일이라고 생각하는 것은 잘못이고, 철학은 모든 인민에게 해방된 일이다.

마르크스주의의 「실천」개념에는 주의할 것이 있다.

마르크스주의는 「실천」을 중시하고 있지만, 「실천」과 「철학」 혹은 「이론」을 동일시하는 것은 아니다. 독일고전철학의 칸트는, 「실천이성」을 「이론이성」과 구별하고 있는 데, 따라서 「실천 이성」과 「실천」 그 자체를 구별하는 것은 불가능했다. 또, 피히테랑 헤겔에 있어서는 「실천」이란 이성의 「움직임」 즉, 「철학 하는 것」 그것이다. 여기서는 독일고전철학의 간념적인 특징이 보인다.

마르크스주의의 「실천」개념은, 독일고전철학의 경우와는 다르다. 마르크스주의에 있어서는 「실천」과 「철학」혹은 「이론」과의 관계는 다음 점이다.

철학 상哲學 上의 이대二大 진영陣營

마르크스주의는 철학을 「유물론」과 「관념론」의 두 개 진영으로 구별했다. 혹은 마르크스주의는, 자기의 「유물론」을 「관념론」에 대항시켜, 이것을 공격해서 극복하기 위한 철학으로 봤다. 철학사를 자연을 근거로 보고, 자연으로부터 정신이 파생된다는 「유물론」과. 정신에 대해서 자연을 근거로 보는 「관념론」과의 대립이라는 것을 명확히 한 것은 마르크스주의였다.

진리에 관해서

마르크스주의는 「진리」론에 있어서 견해는 무한한 자연세계를 인정하고, 이것을 늘 무한히 인식하고 있는 것이 가능한 것을 주장하고 있는 것에 다름 아니다. 이점에서도 마르크스주의는, 유물론의 입장을 철저히 관철하는 것을 엿볼 수 있다.

S3변증법辨證法

유물론적唯物論的 변증법辨證法에 마르크스와 엥겔스는, 헤겔의 변증법을 유물론적인 자연관을 받아들였다. 거기서 헤겔의 변증법이 「관념론적 변증법」으로 부르는 것에 대해서 마르크스주의의 변증법은 「유물론적 변증법」으로 불렸다.

주관적主觀的인 변증법辨證法과 객관적客觀的인 변증법辨證法

인간사고의 일반적 운동법칙은, 자연의 일반적인 운동법칙의 「모사」혹은 「반영」이다. 즉, 「주관적 변증법」은, 자연 전체에서 행해지는 「객관적 변증법」의 「모사」다. 다시 「객관적 변증법」그 자체는 그 「모사」인 「주관적 변증법」으로서만 이해하는 것이 불가하다.

변증법辨證法의 기본법칙基本法則

그런데 마르크스주의는 「변증법」 즉, 본래는 「객관적 변증법」으로서 다음과 같은 법칙을 열거하고 있다.
⑴양적변화가 질적 변화를 초래하는 것. 또 질적 변화는 양적변화를 촉진하는 것.
⑵세계에 있어서는 서로 대립하고 싸우면서도 서로 영향을 주고, 의존

하는 입장을 취하는 등의 제 경향 제 측면이 있는 것.

(3)사물의 발전은, 최초의 상태가 부정되고 다른 상태로 변하는 것과 함께 그 상태가 다시 부정되어 이전의 상태로 변하는 외형을 갖고 일어나는 것.

질質과 양量

어떤 「질」이 다른 「질」로 전화하는 것을 더욱 세심하게 주의해서 관찰하면, 어떤「질」에 관해서 말하면, 그 「질」에 있어서 「양」의 점차적인 변화가 진행되고, 그 양적인 변화의 진행이 어느 점에 이르면, 그 「질」이 다른 「질」로 전화하는 것을 알 수 있다.

대립 물對立 物의 상호침투相互浸透

(2)위에서 이「모순」이란 어떤 주어에 술어(A)와, 그 술어의 부정(-A)이 동시에 만들어진 사태 즉, 예를 들면 이 꽃은 빨갛다, 그리고 동시에 빨갛지 않다, 라고 말해지는 사태이다. 그런 「모순」이란 사태를 내부에 포함하고 있는 만큼 어떤 사물은 변화하는 것이다.

부정否定의 부정否定

(3)사물의 변화는, 이상과 같이해서 낮은 단계로부터 높은 단계로 올라가는 「발전」이다. 그때, 어떤 사물로부터 그 반대의 사물로 전화하는, 앞선 두 개의 사물의 성질을 합하면, 일시에 최초의 점으로 돌아가는 것 같은 형태로, 사물은 보다 높은 단계에로 올라간다. 예를 들면, 하나의 보리가 썩어 싹이 나고, 다시 수백의 밀알을 맺게 된다. 이것을 + → - → ±라는 부호로 표현하는 것이 가능하다. 그러나 이것은 사물의 「발전」을 외형적으로 본때의 특징이다.

146 우리들 인생의 철학적 나침반

S4헤겔의 변증법과 마르크스주의의 변증법

관념론적觀念論的 변증법辨證法

보통, 헤겔의 변증법은 「관념론적 변증법」으로 부르고, 마르크스주의의 변증법은 「유물론적 변증법」으로 부르고, 이들은 대립하는 것으로 생각하고 있다. 그러나 이것은 「변증법」에 관념론적인 것과, 유물론적인 것과의 두 개가 있어서, 그 어느 것도 바른 의미로 「변증법」이라고 말하는 것은 결코 아니다.

바르게 말하면, 헤겔에게는 「변증법」적인 생각이 있지만, 그러나 헤겔사상의 본질적인 성격은 관념론에 있는 데, 헤겔의 변증법은 「변증법」으로서도 불완전하고, 따라서 「관념론적 변증법」으로서 경멸적으로 표현되기까지 이르렀다.

삼분 법三分 法과 변증법辨證法

엥겔스는, 헤겔의 철학에는 「체계」와 「방법」과의 모순이 있다고 말하고 있다. 그것은 헤겔 철학의 관념론적인 「체계」가 헤겔 철학에서 사용되는 변증법적인 「방법」과 모순되는 것이라는 의미다. 즉, 헤겔 철학에서는 관념론과 변증법과의 모순이 있는 것이다. 「체계」를 적용하기 위해서는 변증법의 이름과 함께 삼분법을 사용하고 있다. 거기서 「관념론적 변증법」이란, 가능한 한 이 삼분법이지만, 그러나 정확히는 삼분법은 「변증법」이 아니다. 헤겔은 「변증법」적인 생각에서는 ①대상의 내용을 분석하고, 그 내용에 있어서 작용하는 것을 이해해서 ②그리고 그 움직이는 것을 어디까지나 작용하는 것으로서 이해하는 것은, 대상의 내용이 모순에 있는 것을 이해하는 것이다, 라고 말했다. 이것은 마치 유물론적인 태도이고, 헤겔이 역립逆立한 유물론으로 부르는 탓도 여기에 있다.

삼분법은 외견상 누차 변증법에 유사하지만, 그러나 모순을 대상의 본질로 해서 해결하는 것이 아니고, 모순을 관념상의 경우에 의해 해결한다. 여기서는 진정한 발전은 일어나지 않는다. 여기에 관해서 유물론적 「변증법」에서는, 대상에 있어서 모순의 해결은 출발점에 있는 것 이상의 구체화가 있어, 보다 높은 발전이 있다. 거기서는 삼분법에서는 ①미리 도식이 정해진 것으로 「실천」에 의한 검증의 필요가 없다. 또 ②낮은 단계에 있어서 취해진 추상적인, 일반적도식이 높은 단계에있어서 구체적인, 특수한 사물의 연구에도 그대로 꼭 들어맞는다.

S5 유물사관唯物史觀

유물사관은, 별명을 사적 유물론으로 부른다. 마르크스주의의 특색은, 오로지 이 유물사관에 있다는 것이라는 논자가 있다. 사실, 마르크스주의에서는 유물사관, 혹은 그 적용인 제 과학, 예를 들면 경제학이랑, 역사학에 많은 업적이 오르고 있다. 그러나 유물사관, 즉 유물론적 역사관은, 고래부터의 유물론적 태도를, 사회의 역사에 있어서 보는 방법까지 추진하는, 관통하는 것이다.

노동이 인간을 만들었다.

마르크스주의는, 인간은 동물 즉, 원숭이로부터 진화한 것으로 종교가 말하는 것같이, 신에 의한 특별한 피조물은 아니라고 생각했다. 그래서 마르크스주의에 의하면, 이때 인간과 다른 동물과를 구별하는 특징은 인간이 「노동하는」것이다. 「노동하는」것이라고 말해도, 인간이 단지 수족을 움직이는 것만이 아니다. 「도구」를 이용해서 생산하는 것에 있다. 그러나 진정한 노동은 「도구」의 제조와 함께 시작되었다고 말해진다.

국가國家와 계급階級

　마르크스주의에서는, 이 「생산력」과 「생산 관계」와의 관계, 혹은 인간이 결부된 여러 가지 업무의 「생산 관계」를 총괄해서 사회의 「토대」라고 부른다. 이 「토대」의 특징은 말할 것도 없이, 인간이 영위하는, 오로지 「물질적인」생산에 연관된 것이라는 점이다. 이 「물질적」이라는 것은 인간이 「물질」을 생산하는 것만 아니고, 생산의 업무과정 자체가 「도구」를 이용하는 점에서의 「노동」에 있는 것을 의미한다.

　그런데 「생산관계」가 종국적으로는 소유권관계를 의미하게 되면, 거기에는 소유권의 유지라는 법률문제가 생긴다. 법률문제라는 것은, 「물질적」인 생산과정을 이전에 떠나서, 사회전체의 의지에 연관된 문제로 된다. 즉, 소유권을 유지하기 위해서는 사회전체가 그 소유권을 승인하는 것이라는 것, 그 소유권을 침해하는 자를 처벌하는 것을 필요로 한다. 소유권이 사유로 형성된 때, 사회에는 특별 조직이 필요해진다. 즉, 사유를 지키기 위해서는 「국가」라는 권력기구가 만들어진다.

　「국가」란 즉, 외견상으로는 사회전체의 의지의 표현이라는 형을 갖고 있지만, 실질적으로는 지배계급의 다른 계급에 대한 「계급」적 지배의 도구에 지나지 않는다. 또, 피지배계급도 여러 가지 수단을 사용해서 특히, 정당을 선두에 세워 지배계급과의 계급투쟁을 행하는 것이다.

XII. 사르트르의 철학哲學

S1 개관槪觀

실존주의實存主義의 두 개의 발전단계發展段階

실존주의는, 우수한 현대적인 사상이다. 그렇지만, 그것은 저의 두 개의 단계로 나뉘어 발전해왔다. 제1단계에서는, 키엘케골이랑, 니체가 대표적이고. 제2단계에서는, 하이데거 야스퍼스, 사르트르가 대표적이다. 거기서는 실존주의의 제1단계와 제2단계에는 어떤 차이가 있을까요?

대저 실존주의는, 하나의 인간학 아니면 인간론이다. 즉, 그것은 자연관도 아니고, 인식론도 아닌, 가령 마르크스주의 철학의 구성성분을 이용하는 것으로 하면, 그것은 변증법적 유물론이 아니고, 사적 유물론에 해당된다. 더욱이 골똘히 생각해보면, 실존주의는 개인주의적인 인간론이다. 그러나 실존주의는, 부르주아 상승기의 원자론적인, 유물론적인 개인주의는 아니고, 오히려 어떤 종의 개인주의적 인간관의 막다름을 표현한, 새로운 개인주의적 인간관이다.

이런 실존주의의 발전 과정 중에, 제2단계의 실존주의는 제1단계의 그것에 비해서, 현저하게 『학문적』으로 되었다는 것이 특색이다. 즉, 제1단계의 실존주의에 있어서는 「실존」이란 직접적으로 「인간」의 모습을 가진 형상학적으로 감성적으로 표현된 것이다. 제2단계에서도 사르트르의 경우는 일부분 여기에 가깝다. 그러나 제2단계의 실존주의는 신칸트파랑, 현상학의 인식론에 의해 『학문적』으로 세련된 「인간」의 문제가 개념적으로 표현돼있다.

150 우리들 인생의 철학적 나침반

사르트르의 생애生涯

사르트르는 파리에서 선원이었던 부친은 일찍 죽고, 모친의 손에 양육되었다. 1924년에 에콜·노르말에 입학해 28년에 졸업했다. 29년에는 철학과 교수자격을 얻었다. 한때, 베를린에 가서 독일철학을 연구한 때도 있었다. 38년경부터 실존주의 문학을 쓰기 시작해 『구토嘔吐』를 출판했다. 39년에는 제2차 대전에 응소해, 다음해 포로로 됐지만, 41년에 사면되었다.

그러나 사르트르는, 그 후 레지스탕스 운동에 참가해서 프랑스해방에 진력했다. 종전 후 작가생활에 들어가 45년에는 잡지 『현대』를 창간했다.

S2 사르트르의 철학사상哲學思想의 기초基礎

실존實存의 의미意味

「실존」이란, existentia, Existenz의 역譯이다. 이 단어는, 중세철학에서는 essentia, Wessen이라는 단어의 대어로서 쓰였다. 따라서 전자는, 「현실존재」 후자는, 「본질 존재」라는 의미를 갖고 있다. 요컨대 「존재」(esse, Sein)에는 두개의 방식이 있다. 하나는, 밖으로 드러난 「존재」방식 (현실존재)과, 다른 것은 진짜 「존재」방식(본질존재)이다, 라는 때문 이다. 중세 철학에 있어서 「존재」에 관한 이 구별은 실존주의에도 그대로 통하고 있다. 다만, 다른 것은 다음의 점이다.

즉, 실존주의에서는 「본질존재」(신)를 부정하는 것이 아니고, 마음의 이면에서는 긍정하고 있지만, 철학의 문제로서는, 「현실 존재」(인간)만을 받아들이는 것이 가능할 뿐이다, 라고 주장한다.

지향성志向性

사르트르가 훗써얼로부터 인용한 것은 「지향성」이라는 개념이다. 그것은 어떤 의미일까. 훗써얼은, 현상학을 성립시킨 철학적인 전제로서 「자연적 태도」를 「배척하는」것을 부르짖었다. 「자연적 태도」란, 우리들의 의식 외부에는 세계가 실존하는 것을 자명하다고 하는 소박한 실재론이다. 이 소박한 실재론은, 그러나 철학적 유물론의 지초로 자각적으로 받아들여진 면도 있다.

훗써얼은, 이①「자연적 태도」를 「배척하는」것을 또②사물이랑 마음, 자연이랑 신, 즉 실체에 관한 「판단정지」를 행하는 것도 있다, 라고 말한다. 엄밀히는, 이①과②는 두 개의 같은 사태는 아니다. 그러나 ①은 유물론에 반대하는 것이고, ②는 유물론도 관념론도 함께 넘어가지만, 이 두개를 동일시한다. 이 새로운 철학적 태도를 취하려는 것은, 19세기 후반 이래 누차 봐온 제3의 길이다. 훗써얼은, 「자연적 태도」를 「배척」한 결과 혹은, 사물이랑 마음에 관해, 자연이랑 신에 관해서 「판단을 정지」한 결과, 다시 「남은 것」(Residuum)이 있다는 말이다. 이 「남은 것」은 무엇일까?

순수의식純粹意識

이렇게 「의식」은 언제나 「무엇일까」를 「지향」하는 때문이지만, 이 「무엇일까」에 역점을 둘 때, 「의식」은 「노에마」로 부르고 또, 「지향성」자체는 「노에시스」로 명명된다. 따라서 「순수의식」은 이 「노에마」와 「노에시스」의 상관관계라는 구조를 갖는 것이라고 말해도 좋다.

이상의 「순수의식」의 구조는 「순수한 나」가 「무엇일까」를 「지향」하는 끝에 체험의 구조도 있다.

근대近代의 존재개념存在概念

실존주의자로서의 사르트르의 주저는, 『존재와 무』이다. 여기에는
「현상학적 존재론의 시험」이라는 방제가 붙어있다. 여기에도 명료한
것같이 사르트르는, 훗써얼의 현상학을 이용해서 자기의 실존주의 철
학 즉, 존재론을 만들려고 시도했다. 그것은 옛날에 하이데거도 했던
것이었다.

1. 영국경험론이 주관주의적인 경험론에 전화轉化할 때의 유명한 명제
로서, 버클리의 「존재는 감각이다」라는 명제가 거론된다. 여기서는 의식
을 초월한 것으로 생각되는 것이, 여기서는 그것은 통용되지 않는다. 이
생각은, 19세기 이래 마하주의 등에 의해 일반화돼 지금도 논리실증주
의에서는 실재, 혹은 존재는 감각과 일치하는 것으로 간주된다.
2. 데카르트가 「나는 생각한다, 고로 나는 존재 한다」라는 유명한 말
이 있다. 여기서는 「나」에 관해서는 「사고」와 「존재」가 일치하고 있
다. 게다가 「나」의 본성이 「사고」에 보이고 있다. 거기서 여기서는
「존재」는 「사고」와 혹은, 「나는 존재하는」 것은 「나는 생각하는」것과
일치한다.

S3 존재론 存在論

사르트르는, 이상과 같이 사상의 전통을 받아, 어떤 의미에서는 그
전통을 더욱 철저히 해서 「존재」라는 단어를 쓰고 있다. 즉, 사르트르
의 「존재」는, 중세철학의 「현실존재」, 버클리의 「감각」과 일치하고 있
는 「존재」, 데카르트의 나의 「사고」와 동일한 「존재」라는 의미로서 연
결되고 있다. 거기서 사르트르의 존재론은, 이 「존재」 개념의 범위 내
에 있어서 전개되는 「본질 존재」의 영역에 도착하는 것이 아니다.

世界 哲學의 큰 주류 153

즉자존재 卽自存在

사르트르에 의하면, 「존재」란 우선 그것 자체에 있어서 있는 것, 그 것이 있는 점의 것이 있는 것이다. 「존재」하는 것은, 따라서 다만 무 언가 그곳에 있고, 그대로 나타나는 보이는 대로 있는 것이다.

따라서 이런 「존재」는, 무한하고 쌔고 쌨고, 언제나 어디에 나도 있 다. 이런 「존재」는 다른 어떤 것으로부터도 찾을 수가 없고, 다른 무 엇에 의해서도 설명되지 않는 즉, 그것 만으로만 규정될 수 없는 것이 기도 하다. 「존재」는 꼭 그 자신이 끈기 있게 붙어있다.

만약 「존재」란 이런 것이기 때문이라면, 「존재」에 관해서 철학 상의 문제는, 여기서 숨이 막힐 수밖에 없다.

질문質問

그런데 사르트르에 의하면 「즉자존재」는 「표현(현상)」이다. 즉, 「의 식」에 있어서의 「표현」(현상)이다. 「의식」에 있어서의 「표현」인만큼 「존재」라고 부른다. 이것은 사르트르 철학의 전제이다. 「존재」의 바로 이면에는 「의식」이 찰싹 달라붙어 있다. 따라서 사르트르에 의하면, 「의식」의 움직임에는 무엇보다도 「의문」이 있다. 그러나 존재「에 관해 서」 묻는 것이라는 것은, 이전에 「존재」와 「의식」 간에 「갈라진 곳」이 있는 것을 나타내고 있다.

대자존재 對自存在

그런데 「의식」이란, 그것에 대해서 「존재」가 「존재」로서 나타나는 점에 있는 것으로부터 그 「의식」도 역시 하나의 「존재」에 있다고 말 하지 않으면 안 된다. 즉, 「존재」가 동조하는 것은 역시 「존재」에 있 고, 따라서 또 모든 것은 「존재」만이 아닌 것에 있기 때문이다. 이렇게 「의식」은 「존재」 가운데에 하나의 「존재」로서 「존재」의 품에서 「묻는」 것이다. 따라서 이 「물음」에 의해서 가능한 「균열」은, 「존재」 가운데에 「균열」밖에 없다. 그러나 「균열」이란 것은, 덧붙이면 거기에 아무것도 「없는 것」(무)이다.

탈자 脫自

사르트르는 따라서 「존재」를 다음과 같이 정의한다.

(1)「즉자」 혹은, 「즉자존재」, 그것은 그것에 있는 장소의 것이고, 그것에 엉뚱한 곳의 것의 엉뚱함이다.

(2)「대자」 혹은 「대자존재」, 그것은 그것에 있는 곳에 있지 않고, 그것에 엉뚱한 곳의 것이다.

이상에 보는 것같이 「즉자」는 동일성에 있어서 「존재」이고, 따라서 그것은 영구히 「존재」를 계속할 수밖에 없는 「존재」이지만, 「대자」는 모순에 있어서 모순으로서의 「존재」이다. 그것은 「존재」로 되지 않는 이외에는 자기를 처리할 수 없는 「존재」이다. 따라서 「존재」가 못 된다는 말이다.

자유 自由

사르트르는 이 「대자존재」의 이론을 다시 자유론에 응용했다. 인간은 인간으로 「있는」것에 있어서 이전에 「자유」이다. 인간은 「자유」로 있는 것 보다 그 외에 「존재할」수밖에 없다. 인간의 「자유」는 무언가 다른 것으로부터 자유롭게 되지 않으면 안 된다. 인간은 「자유」로 「있는」 것에서 「자유」로 있는 것을 그만두는 것은 불가능하다.

S4 사르트르와 커뮤니즘

철학사상에 있어서는, 실존주의자 사르트르가 그 선배들보다 철학적

世界 哲學의 큰 주류 155

으로 뛰어난 점이 진보적인 데 있다고 결정적으로 말할 수는 없다. 사르트르의 논리는 하이덱거 보다도 역설적으로, 또 자기를 막다른 골목에 몰아넣었다. 더욱이 이것 자체가 실존주의가 논리로서 파탄하고 있는 것을 완전히 가리키고 있다.

1952년 이전以前의 반 유물론反 唯物論

여기서 사르트르는, 마르크스주의적 유물론은 실존주의로서 위장된 형이상학이라고 말하고, 자연에는 역사가 없고, 역사는 인간만이 있는 것이지만, 변증법은 아니고, 특히 정신을 물질에 의해 설명하는 것에 지나지 않는다고 말하고, 따라서 다시 물질이 물질이라는 관념을 생성하는 것은 이상하지 않을까라고, 반발했다.

커뮤니스트와의 협력協力

사르트르는 커뮤니스트 특히, 그「당黨」은 노동자계급의 혁명에 있어서는 결핍된 것을 불가능한 조직이라는 것을 인정했다. 요컨대 사르트르는, 직접 노동자계급의 혁명에 들어가는 것까지는 몸을 뺀 것이다.

커뮤니즘과 철학哲學

이것을 갖고 사르트르가 마르크스주의 철학이랑, 변증법적 유물론을 마르크스주의자로 됐다고 승인했다고 생각하는 것은 틀림없는 오해이다. 사르트르는 과연 노동자계급의 혁명과, 마르크스주의적인 커뮤니스트의「당」과의 밀접한 관계를 승인한다. 그러나 사르트르는, 노동자의 심리로부터 혁명의 필연성을 지도한 시도였다. 또, 그는 노동자계급을 그 자체로서 즉,「당」아니면 혁명적인데 있다고 이해하고 있는데 지나지 않는다. 그는,「당」을 갖는 것에 의해서 처음으로 노동자계급이 현실적인 계급으로 되는 것, 또 혁명적으로 되는 것을 이해하지 않았다.

이것이 사르트르의 변증법에 관한 이해지만, 이 「실천」이 근원적으로 물질적 생산의 「노동」으로서 이해되지 않으면 안 되는 것을 사르트르는 알지 못했다.

XIII. 칼 포퍼(Karl Raimund Popper) 열린사회와 그 적들

포퍼는, 1902년 오스트리아 헝가리제국의 빈에서 카를 라이문트 포퍼(독일어:Karl Raimund Popper)라는 이름으로 태어났다. 그의 부모는 개신교로 개종한 유대혈통의 중산층이었다. 그러나 포퍼는, 생애 내내 인종이나 혈통에 의해 사람을 분류하는 것을 반대하였으며, 자신도 스스로 유대인으로 분류되는 것을 거부했다. 그는, 나치즘에 대해서도, 시오니즘에 대해서도 모두 반대하였다. 포퍼는, 부모로부터 루터교 신앙을 물려받았으며, 빈 대학교를 수료했다. 아버지는 변호사였지만, 집안 형편이 그렇게 넉넉하지는 못했다. 그의 아버지는 장서 수집가였으며, 12,000~14,000권 가량의 책을 개인서고에 모았다. 포퍼는 아버지로부터 책들과 함께 도서 수집벽도 함께 물려받았다.

1919년 포퍼는 마르크스주의에 경도되어 학생 사회주의 협회에 가입하였으며, 오스트리아 사회민주당의 당원이 되었다. 그러나 얼마 후

世界 哲學의 큰 주류 157

포퍼는, 마르크스주의의 역사유물론에 회의를 품게 되어 탈당하였으며, 이후 사회자유주의를 지지하였다.

포퍼는, 그의 저서 『열린사회와 그 적들』에서 오늘 우리에게 지닌 가장 중요한 적합성은, 그가 거기에서 옹호한 사회민주주의 철학이며, 또한 바로 그것이 그가 그 책을 저술할 때 <문명의 긴장> 많은 사람들이 자유를 진정으로 원하지 않는다. 왜냐하면, 자유는 책임을 수반하는 데, 많은 사람들은 책임을 지는 것을 두려워하기 때문이다.

가장 위대한 혁명은 ≪닫힌사회≫로 부터 ≪열린사회≫로의 탈바꿈하는 일이다. 포퍼는, 자기의 철학적 입장을 비판적 합리주의Critical Rationalism라고 명명하였다.

《줄거리 대략 풀이》

그는, 그 당시 한참 유행하던 비엔나 학단(學檀)의 논리실증주의에는 동조하지 않았으며, 그 이후에도 논리실증주의에 대한 그의 입장은 마찬가지였다. 오직, 비판을 통해서만 지식은 진보한다고 진심으로 믿고 있다. 비록, 플라톤과 마르크스에 대한 포퍼의 논의가 잘못되었다 하더라도, 민주주의를 옹호하는 그의 논지들은 타당할 수 있다. 무엇보다도 포피의 저술은 논증이 풍부하다.

포퍼의 철학은 체계적이다. 포퍼는, 자기의 사상을 본래 자연과학으로부터 사회과학으로 전개해 갔기 때문에, 전자에 대한 이해가 없이는 후자에 대한 깊은 이해에 도달할 수 없기 때문이다. 사회의 법칙은 우리가 해도 좋은 것과, 그렇지 않은 것이 무엇인가를 규정한다. 그것은 깨질 수도 있다. 자연의 법칙은 규정적이 아니라 기술적이다. 자연의 법칙이 명령이라는 과학이전의 믿음이 바로 법칙이라는 말의 다의성을 낳은 이유이다.

첫째, 물리학의 법칙이 지금까지 들어맞았다는 사실로부터 내일도 타당하리라는 것을 논리적으로 추론할 수 없다.

둘째, 물리학의 법칙 등은 그 자체가 아무리 많은 관찰된 사례를 끌어 모은다 해도, 관찰된 사례에 의해서는 논리적으로 함축되지 않는다. 우리의 과학은 자연의 규칙성을 가정한다. 흄이 도달한 결론은 이렇다. 귀납법의 타당성을 증명하는 방법은 없다 하더라도, 우리 인간은 심리적으로 그렇게 되어먹었기 때문에 귀납적으로 생각하지 않을 수 없다. 그리고 실제에 있어서 귀납법은 작용을 하므로, 우리는 귀납법을 사용하는 것이다.

흄의 논증이 증명하는 것은 나는 그 증명을 논박할 수 없다고 본다. 귀납법은 다른 경험이나, 다른 논리적 원리로부터 추론될 수 없는 독립된 논리적 원리라는 것과, 이러한 원리가 없이는 과학은 불가능하다는 것이다.

그러나 그런 이론 형성의 방식의 문제는 심리적 과정에 관한 것이지, 논리적 과정에 관한 문제가 아니다. 사실, 귀납법에 관한 모든 문제는 논리적인 과정과 심리적 과정을 구별하지 못한 데 기인한다. 우리가 생각할 때 사용하는 개념들은, 로크에서 흄에 이르는 경험론 자들이 믿었던 것처럼, 우리를 둘러싸고 있는 환경 속에 있는 객관적 규칙성에 의해 밖으로부터 우리에게 주어졌다기보다는 우리의 문제, 관심, 관점에 따라 우리에 의해서 개발된 것이다.

새로운 발견은 새로운 문제를 낳는다는 이 인식이 포퍼의 방법론의 알맹이를 이루고 있다. 대담한 이론화는 옳음이 드러나면 우리를 전진케 하지만, 틀릴 가능성도 또한 더 많다. 그러나 그것을 두려워해서는

世界 哲學의 큰 주류 159

안 된다. <과학에 대한 그릇된 견해는 맞는 것이기를 열망할 때 나타난다.>

우리가 하는 모든 활동에 있어서, 다음과 같이 생각하는 것은 놀랄 만한 해방감을 우리들에게 안겨준다. 개선될 수 있는 것이 무엇인가를 찾아냄으로써, 우리는 보다 나은 일을 할 수 있다. 그리고 단점들을 감추거나 못 본척하고 눈감아 버릴 것이 아니라, 적극적으로 찾아내어야 하며, 남이 주는 비판에 대해 화를 내기는커녕, 그것은 더 없이 소중한 도움으로 환영되어야 한다.

포퍼가 늘 관심을 가지고 있는 것은 발견과 새로운 창조이며, 이론의 시험과 지식의 성장의 문제이다. 이것이 바로 참이 아닌 과학적 이론이 대단히 중요하고도 유용한, 대단히 많은 결론으로 도달될 수 있다는 이유이다. 과학에 있어서도 사정은 마찬가지이다. 조금은 빗나갔으나, 분명히 명제가 참이긴 하나, 애매한 명제보다 좀 더 사용가치가 있다. 그렇다고 우리가 거짓명제에 만족해야 한다고 말하려는 것은 아니다.

포퍼는, 그리하여 형이상학을 무의미하다고 내동댕이쳐 버리기보다는, 오히려 형이상학적 신념, 이를 테면 자연에 있어서 규칙성의 존재에 관한 신념을 자신도 가지고 있다고 선언한다.

어떤 분야(언어에 관한 학문을 제외하고)에 있어서든지, 쓸 만한 지식의 총량은 그 분야에서 사용되는 말의 의미에 관한 논의의 양에 반비례한다고 말할 수 있다. 논리적 원자론으로부터 발전되어 생겨나서 한 세대를 지배했던 논리실증주의와, 그 후 한 세대를 휩쓸었던 언어분석 모두를 그는 비판했다. <언어 분석가들은 진짜 철학적 문제란 없다고 믿거나, 만일 있다면 언어의 용법 혹은, 말의 의미에 관한 문제가 있을 뿐이라고 믿는다.

모든 과학은 우주론이다. 철학의 관심거리는 과학에 못지않게 우주론에 얼마나 기여하는가에 있다고 나는 믿는다. 과학적 방법에 관한 전통적 견해1) 관찰과 실험2) 귀납적 일반화 3)가설 4)가설에 대한 검증의 시도 5)증명 혹은 반증 6)지식.

포퍼1)문제 (일반적으로 이미 있는 이론이나 기대에 어긋나는 것,2) 해결의 제안, 다른 말로하면 새로운 이론3)새 이론으로부터 도출되는 시험 가능한 명제들4) 시험 즉, 무엇보다도 실험과 관찰에 의한 반증의 시도5) 경합하는 여러 이론 가운데서의 취사선택.

모든 유기체는 밤낮으로 문제해결에 항상 몰두해 있다. 모든 것은 가장 단순한 원초적 형태로부터 시작하여, 현재의 생물체와 같은 복잡한 형태로부터 시작하여, 현재의 생물체와 같은 복잡한 형태로 진행되어 가는 연속적인 진화적 사건들이다. 착오를 제거하는 데는 두 가지 길이 있다.

그 하나는 필요하거나 적합한 그 어떤 변화를 일으키는데 실패한 생물체가 생존이 불가능하게 되는 소위 자연도태요, 다른 하나는, 적합지 않은 변화를 수정하거나 억압하는 유기체의 통제장치에 있어서의 발전이 그것이다. 참으로 새로운 것이 어떻게 나타나는가 하는 문제가 그의 관심거리이며, 우리가 앞으로 그에게서 기대할 수 있는 중요한 철학적 공헌의 한 분야이다. 《P1—>TS—>EE—>P2 P1은 최초의 문제, TS는 시도된 해결 방안, EE는 제거된 오류,P2는 나타난 새로운 상황.》

그는 삶을 무엇보다도 문제해결의 과정으로 보기 때문에, 문제해결에 적합한 사회를 원한다. 문제해결은 비판과 오류제거가 가능한 시험적 해결의 대담한 제시를 요청하므로, 그가 바라는 사회는 여러 가지 다른 제안들이 아무런 제약 없이 제기되며, 비판을 통해 새로운 수

정의 가능성이 열려 있는 사회이다. 민주주의는 높은 생활수준을 초래하고 유지하는데, 결정적 역할을 수행했다.

의사결정과 조직 주고의 형성에 있어서 이러한 불가피한 사실은 용납되어야 한다. 이것은 정책의 집행과정에 있어서 비판적인 경계를 부단히 요구하며, 교정의 필요성을 더욱 제고해준다. 변화하는 목적에 따라 조직적 수단에 건설적인 비판적 태도를 함양시켜 주는 정치과학과 정치기술이 요청된다.

합리성 논리 그리고 과학적 접근법은, 모두 여러 가지 서로 상충하는 견해들이 표명되며, 서로 엇갈리는 목적들이 추구될 수 있는 다원적이며, 열려진 사회를 지향한다. 열려진 사회가 하나의 현실이 되기 위해서 근본적으로 요청되는 것은, 권력을 쥔 사람들이 일정한 기간마다 폭력이나 물리적 힘에 의하지 않고, 다른 정책을 가진 사람에 의해 교체되어야 한다는 적이다.

《주요 내용》
민주주의의 역설

우리의 목적이 자유체제를 확립하는 데 있다면, 정권을 물리적 힘에 의해 유지하는 정권에 가하는 물리적 힘은, 도덕적으로 정당화될 수 있다(그리고 이때 성공의 가능성은 풍부하다). 왜냐하면, 우리의 목적은 폭력에 의한 지배를 이성과 관용에 의한 통치로 교체하는 데 있기 때문이다.

관용의 역설

관용성 있는 사회는 어떤 상황에서는 관용의 적을 억누를 준비가 되어 있어야 한다.

더 우리에게 친숙한 역설, 이미 플라톤이 암암리에 말한 바 있는 역설은 <자유의 역설>이다.

국가간섭 그 자체를 반대하는 사람들은 자기모순에 빠져 있다는 것을 포퍼는 지적한다.

그것을 보장해 줄 수 있는 유일한 장치인, 정부개입은 참으로 위험스러운 무기이다.

그것이 없거나 너무 적으면 자유는 죽고 만다. 그것이 너무 많아도 자유는 죽는다.

그리하여 우리는 다시 지배받는 자에 의한 정부통제가, 민주주의의 필수 조건 일 수밖에 없다는 사실로 돌아오게 된다. 그 통제가 효과적이려면, 그 정부를 바꿀 수 있어야 한다. 그러나 이것이 필요조건이긴 하지만, 충분조건은 아니다. 그것은 자유보존을 보장하지 않는다. 자유의 값은 영원한 불침번이다.

통치권역의 역설

많은 사회에 있어서 힘은 널리 분산되어 있다. 가장 핵심이 되는 질문은 <누가 통치하는가?>가 아니라, <그릇된 통치-그 가능성과 귀결-를 우리가 어떻게 극소화시킬 수 있는가>이다.

그러한 제도를 무력하게 만들려는 시도는 권위주의적 정부를 세우려는 시도에 불과하므로, 필요하다면 물리적 힘에 의해서라도 그것을 막아야 하며, 그러한 독재체제에 대항하여 물리적 힘을 사용하는 것은, 독재체제가 다수의 지지를 얻고 있을 때라 하더라도 정당화될 수 있으며, 그러한 반독재적 목적으로 물리적 힘을 사용하는 것은, 자유체제가 이미 존재하는 곳에서는 자유체제를 보위하는 행위이며, 자유체제가 존재하지 않는 곳에서는 자유체제를 수립하는 행위이다.

불행을 극소화하라.

우리는 그러므로 그것을 먼저 적용한 다음 그 결과에 따라 행동하고, 다시 사태를 검토할 때는, 첫째 원리를 그 안에 포섭하는 보다 풍부한 둘째 원리를 적용하여야 한다는 방법론적 입장을 취해야 할 것이다.

그 둘째 원리는 이것이다. <개인들이 각기 원하는 바에 따라 살 수 있는 개인의 자유를 극대화하라>.

반 귀납주의

포퍼의 관점에 따르면, 과학자들의 과제는 가설을 제시하고 테스트하는 것이다. 이러한 과정에 대한 연구가 '과학적 발견의 논리,'곧 '과학의 방법'에 대한 연구이며, 과학적 지식의 성장에 대한 연구이다. 이 문제는 '과학이 무엇이며, '경험 과학에 속한 언명(이론들, 가설들)과 다른 언명 특히, 사이비 과학적 언명, 전과학적 언명, 형이상학적 언명, 수학과 논리학의 언명을 구별하는 기준'인 구획기준의 문제와 밀접히 연결되어 있다.

포퍼는, 이러한 물음에 대해 모범 답안을 제시해 온 전통적인 귀납주의 과학관을 전면적으로 부정하면서, 자신의 논의를 시작한다. 포퍼에 따르면, 귀납주의 과학관은 과학을, '귀납적 방법'은 하나의 신화에 불과하며, 과학자들은 귀납적 방법을 전혀 사용하지 않을 뿐만 아니라, 귀납적 방법은 많은 논리적 문제를 안고 있기 때문에, 결코 정당한 방법이 될 수 없다는 사실이 밝혀지게 되었다. 과학자들과 일반인들이 과학의 징표로 생각해온 귀납적 방법을 과감하게 부정하고, 완전히 새로운 눈으로 과학을 해석할 수 있는 통찰을 부여한 개념이 바로 '반증가능성'이다. 반증가능성은 포퍼 철학에서 가상 핵심적인 개념이다.

구획기준의 문제

과학과 비 과학을 구별할 수 있는 기준의 문제가 '구획기준의 문제'이다. 포퍼는, 한 명제가 반증 가능한 경우, 그 명제는 경험과학에 속한다고 말한다. 그러나 이 문제는 진리의 문제와 무관하다. 그는, '구획의 문제는 더욱더 중요한 문제인 진리의 문제와 구별된다. 거짓으로 밝혀진 이론도 거짓으로 밝혀졌음에도 불구하고, 경험적 가설, 과학적 가설의 성격을 지닐 수 있다.'라고 하였다. 반증가능성은 가설이 진리인가 그렇지 않은가 와는 무관하다.

포퍼는, 반증가능성에 의해 과학과 비 과학을 구별할 수 있다고 주장하였다. 과학과 과학이 아닌 것을 구별할 수 있는 기준이 있다면, 이 기준을 사용하여 우리는 과학과 사이비과학을 구별할 수 있기 때문에, 포퍼의 이러한 제안은 대단히 매력적이다. 과학을 높이 평가하는 시대정신에 편승하여, 저마다 자신의 주장이 과학적이라 주장하는 상황에서 구획기준이 있다면, 이것을 사용하여 사이비과학의 기만을 폭로할 수 있기 때문이다. 포퍼가 구획기준에 관심을 갖게 된 배경에도 이러한 의도가 도사리고 있었다. 그 당시 과학을 표방하고 나온 정신분석학과 마르크스주의가 비과학적임을 입증하려는 의도를 가지고 있었다.

그는, 이 두 이론에 대해 어느 정도 적대감을 가지고 있었다. 아들러주의자들은 순종하는 아들과 반항하는 아들 모두를 오이디푸스 콤플렉스로 설명하려고 하였다. 포퍼는, 아들러의 이론은 반증불가능하기

世界 哲學의 큰 주류 165

때문에 비과학적이라는 결론을 내렸다. 마르크스주의도 이와 상황이 조금 다르긴 하지만, 여전히 비 과학으로 분류될 수밖에 없다. 마르크스는 많은 예측을 하였지만, 그 예측은 맞지 않았다.

합리주의

포퍼는, 과학의 합리성의 근거를 비판과 토론에서 찾음으로써 합리성의 개념을 바꾸어 놓았다. 포퍼의 합리성에 대한 새로운 개념은 과학의 영역을 넘어, 철학전반에 확대 적용될 수 있으며, 근본적으로는 철학의 방법이라고도 할 수 있다. 그는, '합리적 태도'와 '비판적 태도'를 동일하게 본다. 철학과 과학에 방법이 존재한다면, 그것은 합리적 토론의 방법이며, 이 방법은 "문제를 분명히 진술하고 그에 대해 제출된 다양한 해답들을 비판적으로 검토하는 것이다."

포퍼는, "과학 또는, 철학으로 나아가는 길은 하나뿐이다. 문제와 만나고, 그 아름다움을 찾아내고, 그 문제와 사랑에 빠져라. 만일 더 매혹적인 문제와 만나게 되지 않거나, 그 문제가 해결되지 않았다면, 죽음이 그 문제와 당신을 갈라놓을 때까지, 그 문제와 결혼하고 행복하게 살아라."고 하였다.

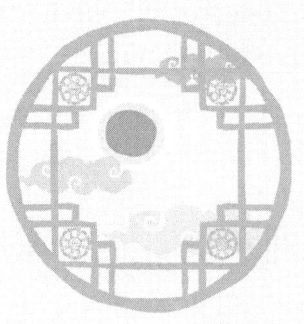

D
동양 철학편

山不在高 산은
높아서가 아니라,
有仙則名 신선이 살면
이름을 얻는다.

世界 哲學의 큰 주류 167

동양철학(東洋哲學, philosophy of orient)은 동양이라는 지역을 중심으로 하는 철학이다. 동양철학 이란 말은 대체로 중국과 인도를 포괄하는 단어로 사용되고 있다. 유학, 노장철학, 불교 등이 강한 영향력을 가지고 있고 실제로 동양철학이라고 하면 중국철학(中國哲學, philosophy of china)이요, 인도를 비롯한 동남아 국가들은 불교와 힌두교를 중심으로 한 종교철학(宗敎哲學, philosophy of religion)뿐이고, 일본은 역사 왜곡국가로 철학이 없기 때문이다.

중국 철학 개관

장자의 사상을 최대한 쉽게 요약하자면 '관점주의(perspectivism)'라고 할 수 있다. 모든 의견은 결국 각자의 관점에서 나오는 것이므로 이른바 보편타당한 객관적 기준이 있을 수 없다는 것이다.
장자는 "도라 말할 수 있을 것은 도가 아니다"고 말한 노자의 노선을 따른다. 한마디로 절대 진리는 말이나 문자로 나타낼 수 없다는 것이다. 다만, 한쪽만을 절대시하는 독선에 빠지지 않고 양쪽을 전체적으로 보기 위해서는 시시비비를 따지는 분별지(分別知)를 초월해야 하며, 좌망(坐忘: 앉아서 잊는다)과 심재(心齋: 마음을 가다듬다)의 태도가 필요하다고 말한다. 나를 잃어버린 상태(吾喪我)에서 자연의 순리에 따라 자유롭게 노닐다 보면 그것이 곧 양생이 되고, 처세의 도가 된다는 것이다.[7] [8]
 무위자연(無爲自然)의 마음가짐과 '이름을 알리려하지 말고 혹시라도 명성을 얻더라도 위상이 커질수록 자신을 낮추어야 된다'는 공수신퇴(功遂身退)의 처세술

168 우리들 인생의 철학적 나침반

장자

우리는 틀에 밝힌 생각으로 마음을 얽매고 있습니다. 틀을 깨뜨려 없앨 수 있습니다.

쓸모있는 것과 쓸모없는 것은 얼마든지 바뀔수 있습니다.

담백함이 최고입니다.

어느새 인생의 종착역에 와버린 주름진 노안.

인생은 되돌아갈 수 없는 일방통행 아닌가요?

저 세상으로가는 친구도 이승에서 먼길 떠나는 사람 배웅하듯 편안하게 보내는 심정이면 친구 장례식장에서 노래를 부른 공자의 제자들을 이해 할수 있겠죠?

인도 불교 철학

인도 불교에서 반야般若는 "최고의 지혜"를 뜻한다.

《유마경》(維摩經~)은 불교의 경전 가운데 하나이다.

《불가사의해탈경》 (不可思議解脫經)이라고도 하는데, 본 경의 제14장 「위촉품」에서 석가모니 부처가 아난에게 "이 경을 불가사의 해탈문이라고 이름한다."고 한 것에 근거해서 붙여진 이름이다. 이 경의 내용이 상식이나 이론적인 입장을 초월한 불가사의한 종교적 체험의 경지를 서술하고 있기 때문이다.

개요

《유마경》은 반야부 계통에 속하는 경전으로 반야경 다음으로 출현한 초기 대승경전 가운데서도 성립이 오랜 경전 가운데 하나이다. 대체로 기원전후에서 서기 300년경 사이에 반야경을 계승한 초기 대승경전으로 보이며, 인도에서는 이미 용수(나가르주나)의 《대지도론》을 비롯한

동양 철학편 169

여러 논서에서 늘 본 경전을 인용하고 있을 정도로 성행하고 있었다.

경의 주된 얼개는 중인도 바이살리 암라팔리 숲에서 설법을 행하던 석
가모니 부처가 당대에 재가신자의 모범으로 평가받던 유마힐거사가 병
이 들었다는 것을 알고 제자들에게 그를 문병할 것을 명하였으나 일찍
이 세속에 몸담고 있으면서도 대승의 가르침을 자각한 유마힐거사로부
터 힐난을 들은 적이 있었던 제자들은 물론 보살들 또한 유마힐거사의
병문안을 가는 것을 차례로 사양하는데, 마침내 문수사리보살(묘길상)
이 석가모니 부처의 명을 받아 유마힐거사의 병문안을 가게 되고, 두
사람은 형태의 유무와 상대적인 요소에 얽매이지 않고 자유자재하게
대화하면서 유마힐거사의 발언을 통해 기존 출가 중심의 불교를 비판
함으로써 불교의 문제점을 비판 지적하고 있다.

《유마경》은 후대 중국의 선불교에 큰 영향을 주었다. 불교 경전 중에
서 재가자를 주인공으로 한 경전은 《유마경》과 승만 부인을 주인공으
로 한 《승만 경》만이 남아 있기 때문에 이 두 경은 매우 중요한 경전
으로 간주된다. 또한 "마음이 정(淨)하면 국토(國土)도 정하여지니라"는
말을 비롯하여 종교적 명언이 많으며, 특히 중국에서 널리 읽힌데다
초기의 선종(禪宗)에서 매우 중요시되었다.[1]

해설
본 경전의 주인공인 유마힐(維摩詰)은 석가모니 부처 당대 바이살리라
는 도시에 살고 있던 부호였다. 중인도 갠지스강 지류인 간다아크강의
연안에 발전된 상업도시 바이살리는 화폐경제가 발달하였고 진취적이
고 자유로운 정신이 넘쳤던 곳이었다. 유마힐거사는 이 시대의 자유롭
고 진취적이며 비판적인 정신을 대표하고 있다고 평가받는다.

유마힐거사는 거사(居士) 즉 불교의 재가신자(在家信者)로써 불교의 진

170 우리들 인생의 철학적 나침반

수(眞髓)를 체득하고 청정(淸淨)한 행위를 실천하며 가난한 자에게는 도움을 주고 불량한 자에게는 훈계를 주어 올바른 가르침을 전하고자 노력하였던 인물로 전하고 있다.[1] 세속에 있으면서도 대승의 보살도를 성취하여 출가자와 동일한 종교 이상을 실현하며 살고 있었던 그는 재가신자의 이상상(理想像)이며, 이 유마힐을 모델로 하여 《반야경》에 서술된 공(空)의 사상을 실천적으로 체득하려는 대승보살(大乘菩薩)의 실천도(實踐道)를 강조하고, 세속에 있어서 불도를 실천하고 완성하게 됨을 설법해 드러내고자 한다는 것이 이 경의 내용이다.[1]

《유마경》은 재가신자인 유마힐거사를 중심인물로 내세워 출가 중심주의의 형식적인 부파 불교를 신랄하게 비판하고 대승불교의 진의를 드러내고 있다. 유마힐거사는 방편으로 병이 들었는데, 문병 오는 사람에게 설법하는 것이 목적이었다고 언급된다. 석가모니 부처님은 이러한 사정을 알고 제자들에게 유마거사의 병문안을 갈 것을 명하였지만, 일찍이 유마거사로부터 힐난을 들은 적이 있는 제자들은 병문안 가는 것을 극구 사양하고 마침내 부처님의 명을 받아 유마거사의 병문안을 온 문수사리보살 앞에서 유마힐거사는 기존의 출가중심의 불교에 대한 비판을 통해 당시 불교의 문제점을 비판 지적하고 있다. 경의 주요 내용을 살펴보면 다음과 같다.

첫째, 현실의 국토가 불국토이다. 불국토라는 것이 이상적인 것이 아니라 우리들이 현재 살고 있는 이곳이다. 「불국품」에서 "직심(直心), 심심(深心), 보리심(菩提心)이 보살의 정토이다." "이 마음이 청정하면 불국토도 청정하다."라고 하여 정토라는 것은 그것을 실현하고자 하는 보살의 실천정신 가운데 이미 표현되어 있으므로 현실국토가 바로 정토라고 하였다.

둘째, 자비정신의 실천이다. 「문질품」에서 "어리석음과 탐욕, 성내는 마음으로부터 내 병이 생겼습니다. 모든 중생들이 병에 걸려 있으므로 나도 병들었습니다. 만일 모든 중생들의 병이 나으면, 그때 내 병도 나을 것입니다."라는 유마거사의 말은 중생과 고통을 함께하는 보살의 모습을 표현한 것이다. 즉 보살의 병은 보살의 자비에 의한 것이다. 보살은 이 자비를 실천하기 위해 노력하지 않으면 안 된다고 하고 있다. 번뇌에 싸인 중생들을 깨달음에로 인도하는 것이 보살이다. 5무간 죄, 지옥, 아귀, 축생의 3악도, 탐, 진, 치의 3독에 몸을 던지면서도 이에 속박됨이 없는 것이 보살의 길이다.

셋째 평등의 불이사상(不二思想)의 실천이다. 출가, 재가와 같은 이분법적 구분으로는 궁극적인 깨달음을 얻을 수 없다. 보리와 번뇌가 둘이 아니고, 부처와 중생이 둘이 아니며, 정토와 예토가 둘이 아니라는 불이(不二)사상을 통해 절대 평등의 경지에 들어가야 깨달음을 성취할 수 있다. 실상의 진리는 형상이 없고, 생각할 수도 없고, 말할 수도 없는 공의 경지이다. 이러한 궁극적인 깨달음은 언어문자를 초월해 있다.

넷째, 중생들에게 모두 깨달음의 가능성이 있음을 말한다. 유마거사는 현실의 인간이 비록 번뇌를 가지고 악을 행하고 있더라도 궁극적으로는 깨달음을 이룰 수 있다고 주장한다. "일체의 번뇌가 곧 여래의 종성이다."라고 하여 불법은 번뇌 가운데 나타난다고 하였다.

"<유마경> 핵심 사상은 '불이법문不二法門'입니다. '둘이 아니다.' 너와 내가 둘이 아니고, 번뇌와 보리가 둘이 아니고, 부처와 중생이 둘이 아니라는 겁니다."

월호 스님은 총 14장의 <유마경>을 '제1막 암라팔리 동산과 유마방', '제2막 유마의 텅빈 방', '제3막 다시 암라팔리 동산' 등 3개 막으로

172 우리들 인생의 철학적 나침반

정리했다.

스님은 "<유마경>은 삼세제불三世諸佛의 최상의 깨달음을 설한 것이다. 붓다의 깨달음도 이로부터 생긴다고 일컬어진다. <유마경>은 예로부터 '소小화엄'이라고 했다. 부처님의 깨달음의 경지를 설한 경전 <화엄경>은 내용이 너무 방대하고 심오해서 이해하기 어려운데, 이 <화엄경>을 농축시켜 엑기스로 만든 게 바로 <유마경>이다"고 했다.

그러면서 "<유마경>은 행불行佛 (부처의 행을 수행)의 실천 교과서"라고 했다.

스님은 "현 시점이 '중생이 아프므로 나도 아프다'는 유마 거사의 말이 실감나는 시기이다. 인류는 운명공동체고 인류가 코로나19에서 벗어나야 비로소 나도 벗어나는 것이다. 인간과 자연이 둘이 아니라는 <유마경> 지혜를 잘 전해서 모든 생명이 해탈의 길로 나아가기를 기원 한다" 고 했다.

유마경(維摩經, 維摩詰所說)

불가사의 해탈(不可思議 解脫)은 속박이 없는 경지다.

선과 악, 생사와 열반, 번뇌와 보리 등 모든 대립을 초월한 입장에 서서 세계를 바라보는 유마거사가 사는 방법과 수행하는 방법을 설한 것이 불가사의 해탈이다. 속박과 해탈은 대립된 개념이라고 생각한다. 또한, 구속되어 있는 것과 해방되어 있는 것은 별개로 우리들은 생각하고 있다.

이렇게 일반적으로 우리 범부(일반생활인)들은 생각하고 있으나, 유마거사는 속박과 해탈은 별개의 것이 아니라고 본다. 속박에 대립되는 해탈은, 진실한 해탈이 아니다. 진실한 해탈은, 속박과 대립시켜 보지 않고, 더 높은 고차원적인 입장에서 본다. 그래서 해탈이라고 하는 글자 위에 불가사의라는 문자를 붙인 것이다. 우리들의 천박한 머리로는 알 수 없다는 것을 불가사의라고 한다. 우리들은 행복과 불행을 다른 것으로 본다. 그래서 행복은 좋아하고 원하지만, 불행은 싫어한다. 그러나 유마 거사의 눈으로 보면, 행복과 불행은 따로 없다. 그러한 행복과 불행은 인생의 그림자에 불과하다. 한낮 허깨비나 그림자인 환영(幻影)에 불과하다. 또한, 공화(空華)에 불과하다.

174 우리들 인생의 철학적 나침반

불행이라고 생각했던 것이 오히려 행복일 경우도 있고, 행복하다는 생각에 잠겨있을 때, 불행이 있을 수 있게 된다. 인생은 잘 나가거나 융성할 때가 가장 위험하다. 권력이나, 재력이나, 부귀나 그 어떤 것도 그렇다. 그리고 그것들은 영원할 수 없는 일시적인 것일 뿐이다. 속박이 해탈이라고 유마경은 설하는 데, 왜 그런 가를 밝혀가기 전에 속박되었다는 것은 어떤 상태를 말하는 가를 알아보자.

해탈은 번뇌로부터 풀려나는 것이고, 속박은 번뇌에 붙들려있는 것을 말한다. 지금까지 생활하면서 생긴 망집에서 일어난 여러 가지 일들에 매달린 세계와는 판이하게 다른 세계가 열려야 한다.

어떤 선승禪僧에게 그의 제자가 물었다.
"스님, 저를 위해서 해탈의 법문을 설해 주십시오."
"누가 너를 속박했나?"
해탈의 방법을 가르쳐 달라고 했으나, 너를 속박하고 있는 것이 되레 누구냐고 묻는다. 너를 속박하고 있는 것은 아무도 없다는 것이다. 속박하고 있는 것은 자기 자신이라는 것이다. 자승자박自繩自縛이라는 말이 있다. 우리들의 마음을 얽어 묶어 움직이지 못하게 하는 것은, 실은 자기 자신이다.

우리를 속박하고 있는 것은 모두가 악마이다. 악마는 밖에 있는 것이 아니고, 자기 자신 안에 있다. 자기 자신 안에 있는 악마는 유념有念이다. 유념이라는 것은 어떤 것에 집착하는 것, 사물에 이끌리는 것, 그것을 절대화하는 것을 말한다. 용수(150-250년경의 인도의 중관학자)는 말했다.
"유념을 하면 악의 그물에 떨어지고, 무념無念을 하면 악의 그물에서 벗어난다. "유념에 대한 무념이라는 말은 무심無心과 같아서 어떤

동양 철학편 175

것에도 구애되지 않는다는 말이다.

우리는 돈, 지위, 권력 등 모든 욕망에 얽매어 악의 그물에 떨어져 그 악마의 그물에 얽매어 있다. 이것이 우리들의 현실적인 모습이다. 그러나 불가사의 해탈을 얻은 유마 거사는, 악의 그물에 얽매어 있으면서도 속박 되어 있는 것이 아니다. 악의 그물은 악마의 세계에 있는 일들이다. 유마 거사는 악마의 세계에 있으면서도 악마의 세계를 초월했다. 그래서 유마 거사는 악마의 세계를 두려워하지 않는다. 속박도 두려워하지 않는다.

부처의 세계와 악마의 세계에 대해서 몽창 스님은 다음과 같이 말한다.

"부처의 세계의 상相을 애착하면 곧 악마의 세계가 되고, 악마의 세계의 상을 잊으면 곧 부처의 세계가 된다. 진실한 수도자는 부처의 세계도 애착하지 않고, 악마의 세계도 두려워 않아야 한다."

애착한다는 것은 집착하는 것, 속박되는 것, 구애되는 것을 말한다. 부처의 세계가 좋은 것이라고 애착하게 되면 악마의 세계가 된다. 반대로 악마의 세계를 망각하면, 악마의 세계는 그대로 부처의 세계가 된다.

불가사의 해탈을 깨달은 사람은, 부처의 세계도 애착하지 않고, 악마의 세계를 싫어하지도 않는다. 우리 속인들은 악마의 세계 속에서 모든 것에 구애되고, 속박되어 어찌할 바를 모른다. 그러나 유마거사는 부처의 세계도 애착하지 않고, 악마의 세계도 두려워하지 않는 경지에 있다. 그러면서 삼매三昧의 경지에서 유희하며 생활하고 있다.

유마거사의 불가사의 해탈을 다른 말로 말하면, 유희삼매遊戱三昧라고 한다. 도대체 유마거사가 생활한다는 것과, 우리가 생활한다는 것

176 우리들 인생의 철학적 나침반

은 어떻게 다른가?

우리가 노는 것은 골프를 친다. 텔레비전을 본다. 술을 마신다. 등산을 한다. 여행을 한다는 등 노는 방법이 수없이 많다. 인간은 일만하고 살수 없는 것이 당연한 일이다. 또, 노는 것도 어렵다. 가령, 관광을 갔다가 녹초가 되어 돌아온 경험은 누구나 있을 것이다. 술을 과음하고 며칠을 고생하고 다시는 마시지 않겠다고 결심도 해 보았을 것이다. 우리 들이 노는 것에는, 괴로움과 허탈이 있다. 그것은 왜 그럴까? 그냥 무심하게 놀지 못하기 때문이다. 노는 것에 몰두해야 한다. 어떤 이유가 있거나, 목적이 있어도 안 된다. 일체를 버려야 한다. 오직 노는 세계에 몰두할 때, 노는 것이 노는 것이 아님이 된다. 이렇게 되면 노는 것과 일하는 것과도 구별이 없어진다. 일하는 것과 노는 것이 둘이 아니게 된다. 일도 일이 아니게 된다. 그야말로 천지일배 무심天地一杯 無心의 멋진 논임이 된다. 이것을 유희삼매라고 하고, 불가사의 해탈이라고도 한다. 이러한 불이법문이나 불가사의 해탈을 설하는 유마거사가 주인공이 되어 활약하는 것이 유마경이다. 유마경은 상식을 부정한 자유무애 한 투철한 세계를 설하는 경전이다.

일반적으로 불교는 깨달음의 경지를 가르치는 것이라는 것 정도는 다 알고 있다. 그런데 깨달음의 경지를 일체의 악이나, 비행이나 번뇌를 단절한 곳에 있다고 생각하기 쉽다. 그러나 유마경에서는 악이 선이라고 하며, 선이 악이라고 하고, 번뇌를 해탈이라고 한다. 이제는 유마경의 내용을 간단히 살펴보자,

「유마의 일묵一默, 울리는 번개와 같아」라고 부르는 「유마 일묵一默」은 『유마경』 중에 가장 유명한 절정의 장면이다.

생과 사를 생각해보면 확실히 사와 생은 분명히 별개의 존재이지만,

동양 철학편 177

생이 있기 때문에 사가 있는 것이다. 생과 사는 마치 비연속의 연속이다. 생과 사를 별개의 것으로 보면 비연속이지만, 생이 없으면 죽음도 없어서 생과 사는 연속된 것으로 된다. 장작과 재의 경우와 같다. 장작과 재는 별개로 보면 두 개지만, 장작이 타서 재가 되고, 장작과 재는 불이不二라는 것으로 된다.

제13장 「법공양품法供養品」에서는 공양 중에 「법의 공양」이 가장 멋있는 공양이라고 석가는 설하고 있다. 「법의 공양」이란 불교의 가르침이 쓰인 경전을 읽고, 가르침을 완전히 이해하고, 그것을 실천하고, 다른 사람에게 전하는 것을 가리킨다.

불도수행에서 처하는 4개의 법 「법사의 法四依」가 석가에 의해 설파된다. 우선 첫째는, 「의義에 의존하고, 말에 의존하지 않는(가르침의 진의를 확인하고, 단어에 구애되지 말라)」 예컨대 「저기에 달이 보인다.」라고 손가락으로 가리키는 경우, 우리들은 어떻든 가리키는 손가락에도 신경을 쓴다. 손가락(단어)이 아닌, 그것이 가리키는 달(진리)을 보지 않으면 안 된다고 말하는 것이 이 단어의 의미다.

두 번째는, 「지智에 의존하고, 식識에 의존하지 말라(지혜를 의지하고, 지식 知識에 미혹되지 말라)」. 이것은 지식 知識이랑 정보에 미혹되지 말고, 자기가 완전히 책략을 생각하는 것의 본질에 의거하지 않으면 안 된다는 의미다.

세 번째는, 「법에 의지하고, 사람에 의존하지 말라(가르침을 처소로 그것을 설하는 사람을 처소로 하지 말라)」는 대승불교에 한하지 않고 불교가 최초부터 설파해온 가르침이다. 불교에 흥미를 갖고 있는 사람

은, 「자등自灯 명明 법등法灯 명明」 혹은, 「자주법주 自州法州」라는
단어를 들은 적이 있을지도 모른다. 「불교의 가르침과 자기 자신을 처
소로서 살아나가라」라는 의미다.

또 하나 「예의경 了義經에 의하고 불량의경 不良義 經에 의지하지
말라(가르침이 정확하게 설파되지 않은 경전에 의존해서는 안 된다.)」
라고 설하고 있다. 유마경은 대승불교가 성립되는 초기에 반야경에
이어 나타난 경전이다. 원명을 바이마라키르티 니르대샤 수트라라고
한다. 산스크리트 원문은 전해지지 않지만, 전천의 대승집보살학론 속
에 유마경을 많이 인용하고 있기 때문에, 원전에 가깝게 복원할 수 있
다고 한다.

중국에서 한역되어 현재 남아 있는 것은 다음과 같다.

유마힐 경 지겸 역(2권), 유마 힐 소설경, 구마라 집 역(93권),무구
칭경, 현장 역(6권) 위의 세 가지 역본 중 가장 많이 읽혀지고 있는
것은, 구마라 집의 유마 힐 소설 경이다. 지금 우리가 유마경이라고
하는 것은 구마라 집이 한역한 유마 힐 소설 경을 말하며, 이 경을 풀
이하고 있다.

현장은 중국 제일의 번역가로써 당대(唐代)인 7세기경에 무구칭경
(유마경)을 번역했으나, 중국인들은 구마라 집의 한역본을 옛날부터 더
존중하고 좋아하면서 더 많이 읽어왔다. 그것은 현장은 원문에 너무
충실했기 때문에 문장이 매끄럽지 못하여, 중국인들은 문장이 매끄러
운 구마라 집의 역본을 더 많이 좋아했다고 한다. 더구나 종교서적은
직역으로 번역하는 것보다, 마음에 호소하는 박력을 가진 것을 더 좋
아한다.

유마힐 소설 경이라는 말은 유마힐이 설한 경전이라는 뜻이다. 유마

동양 철학편 179

(유마힐의 약칭)는 바이마라키르티의 번역어로써 인도의 바이샤리(비사리)시의 부호이다. 이 유마가 병상(病床)에서 쉬고 있을 때, 부처님의 대표적 제자인 문수보살이 유마를 방문하여 문답을 주고받는 형식으로 경의 드라마는 진행한다. 그 사이 사이에 가지가지의 이야기가 끼어있고, 부처님의 제자들이 한 사람 한 사람이 유마를 맞나 그에게 말로 당한 이야기가 나온다. 재가신자라 해도 종교적 진리를 체험한 유마거사가 내로라하는 부처님의 제자들을 꼼짝 못하게 한 것은, 참으로 재미있는 일이 아닐 수 없다.

이 유마경은 모두 14품으로 되어 있다. 처음 불국 품으로부터 시작한다. 처음 제1불국 품에서는 부처님이 비야라 성의 암라수원에서 설법하는 것으로부터 시작한다. 다음이 방편 품이다. 제2방편 품에 와서 처음으로 이 경의 주인공인 유마거사가 병에 들어서 나타난다. 그 다음 제3 제자 품에서는 부처님은 사리불이나 목건련 등 부처님의 10대 제자에게 유마거사를 문병하라고 당부한다. 그러나 옛날에 유마거사에게 당했던 일을 상기하면서 사양하고 문병을 가지 않았다. 그래서 제4 보살 품에서는 미륵보살 등 8천명의 보살들에게 명했다. 그러나 이들도 유마거사에게 당했던 일로 사양하고 가지 않는다. 그러나 마지막으로 문수보살은 문병 갈 것을 받아들였다. 그래서 제5문질 품에서는 지혜의 문수보살과 유마거사가 맞나 전대미문의 용호상박의 대 문답을 전개하게 되었다.

이 문답을 보고 있던 많은 보살들이, 유마거사의 방에 들어가려하였으나, 방이 작아서 들어갈 수 없었다. 그래서 유마거사는 누워있던 작은 방에 넓은 강당을 집어넣고, 그 속에 들어가게 했다. 이것이 제6의 부사의 품이다. 그 뿐만 아니다. 수미산을 겨자씨 속에 집어넣기도 하고, 큰 바닷물을 털구멍 속에 넣기도 했다. 이품의 이야기들은 참으로 재미있는 이야기로 꾸며져 있다. 다음 제7관중 생 품과 제8불도 품에서는 천녀와 사리불의 문답이 있고, 유마거사가 중생들에게 불도를 설하며 제9불이법문 품에 이른다.

여기서는 대승불교의 진수인 불이의 도리를 설했다. 그러나 구극의 진리는 입으로 설할 수 없기 때문에 침묵하고 한마디의 말도 하지 않았다. 그래서 그 유명한[유마의 침묵은 우렛소리와 같다]라는 말이 있게 되었다. 또 다시 유마는 부사의 한 일을 나타내어 대중들에게 중향국의 향반(香飯)을 가져다주었다. 이것이 제10의 향적불 품이다. 제11 보살행 품에서는 유마거사가 방을 나와 문수보살을 데리고 부처님이 계시는 곳에 가고, 제12의 법공양품으로부터 제14의 촉루 품에서는 이 경전을 어떻게 널리 알릴 것인가를 설했다.

이상 유마경의 내용에 대해서 간단하게 설명했는데, 여기서 풀이하는 유마경은 앞에서 말한 바와 같이 구마라 집이 번역한 것이다. 그리고 사람들에게 가장 많이 사랑을 받고 있다. 그러기 때문에 여기서 번역자인 구마라 집에 대해서 한마디 말하고자 한다.

시궁창속의 연꽃

광막한 타크라마칸 사막에는, 서역의 북도와 남도의 두 루트가 있다. 이곳은 동서교역의 요로이다. 북도는 돈황에서 북상하여 이오에 이르고, 또 고창을 지나 구자에 이르며, 다시 소륵에 이르는 길이다. 이곳은 모래의 바다로써 바위와 모래만 있을 뿐, 아무 것도 없는 죽음의 광야이다. 이렇게 가혹한 서역의 구자 국에서 구마라 집은 서기344

동양 철학편 181

년경에 태어났는데, 그는 세상에서 드문 천재였다. 그의 아버지는 인도인 구마라염이고, 어머니는 국자국왕의 누이동생이었다. 9살 때 구마라 집은 출가하여, 어머니와 함께 인도에 가서 불교에 관한 공부를 했다. 또, 구마라 집의 어머니도 그와 함께 출가했고, 출가한 어머니는 아들을 훌륭한 성자가 되게 하려 모든 정성을 다했다. 구마라 집은 처음에는 소승불교를 배웠지만, 후에 대승불교로 전환했다. 특히, 용수(龍樹)의 공(空)의 불교와 반야경을 많이 배웠다.

그런데 중국의 장안에서 세력을 떨치던 전진왕 부견은, 여광장군에 명하여 구자 국을 정벌하게 하고, 구마라 집을 포로로 잡았다. 여광에게 끌려온 구마라 집은 양주까지 오게 되었다. 그런데 그때, 전진왕 부견이 살해되었다. 그곳에서 전진왕 부견이 살해된 것을 알게 된 여광은, 그곳에서 양주의 왕으로 군림하게 되었고, 구마라 집은 그곳에서 16년 동안 머물러 있게 되었다. 어쩌면 여기서 중국어를 배우게 되었고 많은 고생도 했을 것이다.

그리고 후에 후진의 요흥은, 홍시4년(401년)에 양주를 정벌하고 구마라 집을 장안으로 데리고 갔다. 불교를 존중하던 후진왕 요흥은, 구마라 집을 국사로 봉했다. 구마라 집은 이곳에서 죽을 때까지 경전의 번역과 강의에 종사했다.

구마라 집이 번역한 경전은 삼백권이 넘는다. 반야경, 아미타경, 법화경 등의 대승 경전은 그 후 중국뿐만 아니라, 동아시아 불교 국에 속하는 한국, 일본에서도 그들의 근본 성전으로 독송되기도 했다. 또한, 용수의 중론, 대 지도론 등의 공사상을 설한 론서의 번역은, 중국인들에게 진실한 불교의 사상을 전해주게 되었다.

구마라 집은 천재적인 학자였다. 또한, 단순한 학자가 아닌 정열적인 사람이었고, 의욕이 강한 사람이었다. 계율을 파계한 파계승이라고 말할 수 있을지 모르겠으나, 이 유마경에 나타난 계율 사상으로 미뤄 보았을 때는 있을 수 있는 일이라고 생각할 수 있지 않을까. 구마라 집을 포로로 한 여광은, 구마라 집과 구자국의 왕녀와 한방에 가두어 놓고 술을 마시게 했다. 구마라 집은 간단하게 이 왕녀와 통정도 하게 되었다.

구마라 집을 존경했던 요흥은, 너무 뛰어난 구마라 집의 재능에 놀라 어떻게 해서라도 구마라 집의 자손을 남겨야 하겠다고 생각하고, 어느 날 "당신처럼 훌륭한 재능을 가진 사람은 천하에 둘도 없습니다. 당신이 죽으면, 이러한 재능이 없어집니다. 이 천하를 위해서 자손을 남겨주십시오."라고 말하고, 아름다운 후궁 삼천 명 중에서 미녀 열사람을 뽑아 구마라 집의 시중을 들게 했다. 구마라 집은 이 미녀들과 생활을 같이 하게 되었다. 보통의 승려라면 일생불범 一生不犯의 사문에게는 이러한 파계의 행위는 있을 수 없다고 하여 준엄하게 거절했을 것이다. 그러나 구마라 집은 어떤 저항도 없이 미녀들을 받아 들였다.
낮에는 중국 역사상 일찍이 없었던 대 번역 사업에 열중하여 다음에서 다음으로 번역을 진행해 나갔고, 저녁에는 열 명의 미녀들이 있는 집으로 돌아와서 많은 쾌락을 마음껏 누렸을 것이다.
구마라 집은 어느 날 제자에게 "시궁창 속의 연꽃을 살리기 위해서 연꽃만 따지 말고, 시궁창도 함께 가져와야 한다."라고 말했다고 한다. 열사람의 미녀와의 생활은 오직 시궁창 같은 생활로써 지저분할 뿐이다. 그런데 구마라 집이 이러한 말을 한 것은, 자기 자신이 시궁창 속에서 피는 연꽃이며 진실한 연꽃임을 확신시키려는 의도였을 것이다.
구마라 집은 유마경에서 설하는 번뇌 즉, 보리의 가르침에 환희했

동양 철학편 183

다. 이것이야 말로 자신을 구하는 틀림없는 경전임을 굳게 믿게 된 것이다. 그는, 유마경을 정열을 다해서 번역했다. 확실히 자기는 불이법문을 실천하고 있음을 알았다. 색다른 자신의 시궁창 생활을 반성했을 때, 이래서 되는가? 자책하는 생각이 들기도 했을 것이다. 그러나 미녀의 유혹은 이기지 못했다. 구마라 집의 강열한 에너지는 미녀들을 뿌리치는 것을 허용하지 않았다. 어떤 자책감이 들어도 몸이 들어주지 않았다. 그리고 그 시간이 지나고 나면, 갑자기 거대한 허탈이 되어 버린다. 공허 그것이었다. 허탈감은 인간이 감당하기 어렵다. 무엇이 적극적인 긍정이 되는가를 찾으려고 했다.

구마라 집의 거대한 일은 번뇌와 보리의 갈등 속에서 생겨났다. 확실히 시궁창 속에서 핀 한 떨기의 아름다운 연꽃이었다. 그 연꽃은 다름이 아닌 불교경전의 번역이었다. 그는, 죽기 전에 "나의 번역된 경전은 시종일관해서 원문과 조금도 다른 곳이 없다. 만일, 내 말이 진실이라면 내 몸이 탄 뒤에도 나의 혀는 조금도 타지 않고, 그대로 남아 있을 것이다"라고 유언했다고 한다. 그래서 다비한 후에 혀를 찾아보니, 몸은 전부 탔는데도 혀는 조금도 타지 않았다고 한다. 구마라 집의 번역은 산스크리트 원문과 어느 정도 다른 것으로 알려지고 있다. 중국어에 유창하면서 그 의미를 약간 다르게 했다. 그러나 구마라 집이 자기의 번역문이 모두 원문과 다르지 않다고 자신하는 것은, 그의 깊은 체험으로부터 힘차게 용솟음치는 그것이었다. 그의 시궁창 속에서 힘차게 피는 연꽃의 체험은, 경문의 진의는 이래야 한다는 확신과 신념이었다. 그러므로 자기의 번역은 조금도 잘못된 것이 아니라고 했을 것이다.

184 우리들 인생의 철학적 나침반

유마경은 불이법문을 실천하고자 하는 구마라 집에 의해서 번역되었다. 구마라 집이 자신의 인생과 모든 것을 바쳐 번역한 것이 유마경이라고 해도 지나치지 않으리라. 그래서 이 유마경은 중국인뿐만 아니라, 우리나라를 비롯해서 일본인들의 마음 까지 사로잡았다.

동양에서 활짝 핀 유마경

유마경이 그 진가를 발휘하게 된 것은, 구마라 집이 중국에 전하면서부터 시작되었다. 구마라 집의 번역이 세상에 나타나면서, 불교계에서는 그 인기가 아연하게 유마경에 집중되었다. 그래서 많은 학자들이 이 경전을 연구하게 되었다. 당시, 지칠 줄 모르는 구마라 집의 힘을 옆에서 보고 있던 제자 승조는, 정열을 쏟아 유마경의 주석인 주 유마(註 維摩)를 썼다. 이 책은 유마경의 지침서가 되어 오랫동안 후세에서 의용 되었다.

중국불교의 각 종파의 조사들도 이 경전에 정열을 쏟아 주석을 썼다. 천태종의 개조지의도, 삼론종의 대성자길장도, 법상종의 개조자은도 주석서를 썼다. 유마경은 학자들에 의해서만 연구된 것이 아니고, 다른 여러 사람들에 의해서 독송되고 신앙되기도 했다. 유마거사의 초탈超脫한 풍격에 매료된 남조의 사대부들은 죽림의 칠현과 유마거사와의 이미지를 견주었다. 또한, 유마거사를 탈속의 현자로 받들고 친근감을 가졌다. 유마거사는 그들의 이상적 인간상으로 보였을 것이다.

당대唐代의 시인이며, 남화南畵의 시조로써 중국의 회화사에 이름을 떨친 왕유는, 유마거사를 깊이 흠모하여 자기를 스스로 왕마 힐이라고 불렀다. 그리고 민중들 사이에서는 유마경을 믿고 열심히 읽었기 때문에 악마의 손에서 풀려 도망할 수 있었고, 공중으로부터 아름다운 음

동양 철학편 185

악을 들었다 거나, 병이 완쾌되었다는 말도 있게 되었다.

낡은 자기를 해체하고 새로운 자기를 구축하라.

사람은 일상생활에서 알게 모르게 잘못된 생각과 모순 속에 살면서도 잘못과 모순을 모르고 지나칠 수도 있고, 알면서도 대수롭지 않게 생각한다. 사람은 선과 악을 동시에 가지고 있다. 그러면서 또 그렇게 살고 있다. 불교에서는 부처와 중생의 두 대립된 관념을 가르치고 있다. 즉, 인간은 부처가 될 가능성과 중생 그대로 영원히 번뇌 속에서 살 가능성 양면을 가지고 있다고 한다.

불교는, 혼탁하고 고통스러운 번뇌 속에서 살고 있는 현실적인 인간의 마음을 문제로 삼고 있다. 번뇌 속에서 살고 있는 중생이지만, 그들의 속에는 부처가 될 가능성을 가지고 있다고 불교에서는 말한다. 또한, 불교는 우리가 사는 의미에 대해서 시원스런 해답을 주고 있다. 그리고 무엇 때문에 이렇게 시시하고 힘든 세상에서 살아야만 하는가를 생각해 본 사람에게는 보람된 해답을 줄 것이다. 인생문제에 대해서 생각해보지 않은 사람에게는 별 의미가 없을지 모르겠으나, 사는 의미가 무엇인가를 골몰이 생각해 보았거나, 삶의 괴로움을 통절히 경험하고 느껴본 사람은, 이 유마경에서 무엇인가 보람 있는 의미를 찾을 것으로 확신한다.

불교사상의 일대전환-재가자가 출가자에게 설교를?

불교도는 출가자出家者와 재가자在家者의 둘로 나뉜다. 출가자는 사유재산을 거의 갖지 않고, 가족이랑, 업무 등의 사회생활로부터 떠나 엄한 계율 하에서 불도수행을 실천하는 사람들을 지칭하고, 재가자는 업무와 가정을 갖고, 보통 평범한 생활 중에 불교의 가르침을 실천하

186 우리들 인생의 철학적 나침반

면서 살아가는 사람들이다. 일반적으로는 세속을 떠나 금욕생활을 하는 출가자가, 사회에 몸담고 있는 재가자보다 수준이 높다고 생각되지만, 유마경은 역으로 재가자의 입장에 있는 유마가 출가자들에게 불교의 본질을 설파하는 내용인 것이다.

유마경의 주인공으로 활동하는 유마 거사는, 재가의 생활인으로써 속인俗人 불교 신자이다. 오로지 수도에만 열중하고 매진하는 승려나 수도자가 아니다. 속세를 버리고, 오직 구도에만 정진하는 성자는, 이 유마경이 그렇게 인연이 있는 존재가 아닐지 모르겠다. 또한, 웬만한 경전의 주인공은 훌륭한 보살이나 성자가 주인공으로 등장하여 활동하나, 유마경에서는 돈 많은 재가의 속인 신자가 주역으로 등장했다. 이것이 이 경의 특이한 점이고 흥미로운 활력이다.

깨달음을 이룩한 성자들이나, 깨달음을 완성한 부처는 우리 중생들의 고뇌에서 떠나있다. 그러나 재가 불교신자인 유마 거사는, 우리들의 생활 속에서 우리와 함께 하고 있다.

지금부터 유마경을 풀이해 가겠는데, 불교의 술어가 때때로 나와서 곤욕할지 모르겠다. 그래서 가능한 한 어려운 술어나 말을 되도록 쉽게 현대어로 설명하려고 노력했다. 그래도 이해하기 어려우면 어려운 곳은 그대로 넘어가면서 읽어주기 바라는 마음이다. 무리하게 불교용어를 이해하려고 하는 일은 뒤로 미루고, 생동하는 유마경의 생명을 음미하는 데 노력해주기 바라는 마음이다.

유마경을 설한 주인공이 재가 신자인 것이 큰 매력이 아닐 수 없다. 유마경이 목표로 하는 것은 재가성불 在家成佛이다. 다시 말해서 속인

동양 철학편 187

성불 俗人成佛이다. 성자의 입장에서 내려다보면 하잘것없는 생활을 하고 있는 우리도 부처에 가까워지는 길이 있음을 가르쳐 주고 있다. 다시 말해서 자기의 생활을 충실히 하면서 가족을 거느리고, 가족을 위해서 일하지 않으면 안 되는 우리에게도 부처가 되는 길이 있음을 밝혀 주고 있다.

유마 거사는 재산도 많고 장사도 하고 있었다. 때로는 술집이나 도박장에도 드나들었다. 그러한 재가의 속인俗人인 유마 거사가 당당하게 주인공이 되어 가르침을 설할 뿐만 아니라, 구도의 대보살이나 쟁쟁한 성문聲聞들을 상대로 해서 자유자재하게 막힘없는 만장의 기함을 토한다. 유마경에서 가장 돋보이는 매력은 여기에 있다.

자기를 낮추라.

과잉 에너지가 언어, 예술, 종교, 과학 등 여러 영역에서 생겨 인간 삶의 즐거움의 원천으로 된다. 그러나 즐거움의 원천인 동시에 고뇌의 원천도 된다. 어설프게 하면, 이런 과잉 상태가 자기 자신을 멸하는 것으로 되기도 한다. 인류 그 자체를 멸망시키는 것도 일어난다.

석가는 이런 「과잉」을 어떻게 다룰까를 구체적으로 가르치고 있다. 그래서 살면서 피할 수 없는 고뇌 (노병사老病死 등)의 근원인 「자기의 처지」를 축소하는 길을 제시한 것이다. 자기 처지의 농도가 짙으면 짙을수록 고뇌의 늪은 깊어진다. 우리들은 「고뇌」에 확실히 눈을 뺏겨 그것을 축소하려고 하지만, 잘 안 된다. 왜냐하면 그것은 결과기 때문이다. 원인 쪽으로 눈을 돌리지 않는다. 원인인 「자기 처지」를 축소하면 결과의 고뇌도 조절된다. 구극적 究極的으로는 자기 처지를 소멸시키고 「고뇌」도 소멸된다.

종종 우리들은 자기 처지라는 사고를 통해 사물을 인식하고 사고한다. 편견이 강하면 강할수록 고통도 깊어진다. 부모니까, 친구라서 라는 생각의 틀을 갖고 있을수록 인간관계의 고민은 깊어진다. 그런 이유로 자기라는 사고를 통하지 않고, 본질을 보는 길을 석가는 가르치고 있다. 이것이 불교에서 말하는 「지혜智慧」다.

왜 수행에는 출가가 필요했을까?

힌두(힌두문화는 이 지역에 진출한 아리아인의 문화와 선주민의 문화가 긴 세월을 통해 융합해온 것이었다.) 문화권에서는 죽음과 재생을 반복하는 생명관이 기반으로 되었다. 불교에서도 「윤회輪廻」라는 입장을 갖고 있다. 윤회의 생각에도 변천이 있지만, 잘 알려진 것에 「육도윤회六道輪廻」가 있다. 생물은 죽으면 「육도六道」(천인天人 수라修羅 축생畜生 아귀餓鬼 지옥地獄)의 어느 세계에든 살아 변해서, 거기서 죽으면 또 살아 변하는 이것을 영원히 반복한다고 생각한다. 선행善行을 쌓으면, 지금보다 나은 세계에 악행惡行을 반복하면, 지금보다도 악한 세계에 사는 것으로 변한다.

이 육도에 사는 한 고뇌로부터 피하는 길은 불가능하다. 거기서 출가자가 지향하는 것은, 깨어나 다시 변해 사는 것이 아닌, 윤회로부터 탈출(해탈解脫)해서 고통이 없는 경지·세계인 "열반涅槃"에 달하는 것이다.

그러나 재가자의 신앙의 목적은, 두 번 살고 변하지 않는 열반에 이르는 것이 아닌, 적어도 좋은 세계에 다시 태어나는 것이다. 「생천사상 生天思想」이라는 것이, 그것으로 그는 출가자에 보시布施를 하는 등의 선행을 쌓아가는 것에서, 최종적으로는 육도의 최상 위 세계인 「천天」에 변해 사는 것을 지향한다. 천이란, 신과 천인天人이 사는 안녕한 세계다. 그러나 윤회 중에 위치하는 것이 다르기 때문에, 한번

동양 철학편 189

천에 태어났어도 죽으면, 또 육도의 어딘가에 살아 변하는 것으로 된
다.

이렇게 불교의 출가자와, 재가불교 자와의 차이에 대해서 이윽고
「출가자도 재가자도 같이 같은 불도佛道를 걷는다.」는 불교사상이 발
달하기 시작했다. 또,「출가자는 사회성이랑 타자성이 결핍되어」「불교
는 본래 지혜智慧와 자비慈悲의 도道로 더욱 자비의 실천에 힘쓸 뿐
이다」라고 말하는 입장도 전개된다. 그 가운데 생겨난 것이, 대승불
교大乘佛敎로 부르는 운동이다.

그때까지의 불교와 대승불교의 차이

대승불교 운동 중에는 반야경·법화경·화엄경·무량수경·유마경 등 여
러 가지 대승경전이 만들어져왔다. 보리살타의 약어인 보살은, 원래
깨달음을 구하는 자라는 의미다. 또, 보살은 사람들과 같이 걷고, 교도
敎導하는 이타 행을 실천하는 자다. 자기의 수행과 이타활동이 하나로
된다.

원래 보살이란 깨달음을 얻기 전의 석가를 가리키는 것이었지만, 대
승불교에서는 자기의 깨달음을 구하고(자리自利), 남을 이끌고(이타利
他) 그 보살도를 걷는 자 모두를 지칭하는 것이다. 또, 그 도를 걷는
자는 모두 성불하는(깨달음을 얻어 불타佛陀로 되는) 것이 가능하다는
주장이다. 이와 관련하여 대승불교에서는 불타佛陀는 석존만이 아니
고, 이 세계에는 무수한 불타佛陀가 존재한다고 생각한다. 여기에는
불을 법신法身 (진리 그 자체. 형形은 없다) 보신報身 (여러 가지 불
佛. 법신과 응신을 통합한 존재) 응신應身 (역사적으로 실재한 불仏.석
가)등 다면적으로 본 사상이 적용될 수 있다.

190 우리들 인생의 철학적 나침반

번뇌 없이 깨달음도 없다-연꽃은 진흙 속에서 핀다.

출가자 중심의 부파불교 部波佛敎에서는 개인을 위한 「깨달음의 불교」인데 대해서 대승불교는 많은 사람을 구원하는 것을 목적으로 한 「구원의 불교」로도 말할 수 있다. 종교에 있어서 구원의 문제가 클로즈업된 결과, 불교 중에 있는 「신앙」「구원」「타자 성」「사회성」을 크게 꽃피운 것이 대승불교다.

모든 틀을 초월하라/

어떻게 하면 불이不二의 법문法門에 다다를까?

불이의 법문이란 선善과 악惡, 미美와 추醜, 정淨과 부정不淨 등 상반相反된 것으로서 하나로 된 세계를 지칭하는 것이지만, 여기서는 단순히 깨달음의 세계로 받아들이는 것으로 족하다. 이 질문에 최초로 답한 것은 법자재보살 法自在菩薩이다.

살아있는 것과, 죽은 것은 상호 상반된다. 그러나 존재하는 것은 돋아나는 것은 아니다. 라고 말하는 것은 죽은 것도 아니다. 이것을 체득하면 무생법인無生法忍(안녕한 깨달음의 세계)을 얻는 것이 가능하다. 즉, 상반된 것마저 평등한 세계 (불이不二의 법문法門)다.

제9장에서는 「대상對象과 주관主觀」「선과 불선」「덕과 악」「성과 세속」「깨달음」의 세계와 혼동의 세계」「지혜와 우치」「공空과 색色」「자극刺激(자극)과 감각기관」「신체와 정신」「자기와 타자」「빛과 어둠」「진실과 허위」등등 보살들이 여러 가지 이항대립의 예를 열거하면서 「그것을 해체한 세계자체가 불이의 법문」이라고 말하고 있다.

삼장법사 현장三藏法師 玄奘

602~664. 중국 당나라 승려. 622년 장안을 출발하여, 서역경유 인

동양 철학편 191

도로 들어가 인도 각지를 순례하고 수행 뒤, 16년 후에 귀국하여 갖고 온 경전의 한역(반야심경般若心經)에 몰두하고, 중국불교계의 중심적 존재가 되었다. 여행기에 대당서역기大唐西域記가 있고, 명대明代의 구어소설 서유기西遊記에 나오는 삼장법사三藏法師의 모델이다.

유가행瑜伽行

유가瑜伽는 산스크리트어 「요가」의 음사音寫, 호흡법呼吸法이랑, 좌법坐法 명상법 冥想法이랑 등의 훈련에 의해 범인凡人 이상의 심신의 상태를 실현해 해탈을 지향하는 수행법. 고대 인도에는 많은 종교가 도입돼 불교에 있어서도 기본적인 수행법으로서 중시되었다. 초기의 대승불교에서는 유가행파瑜伽行波 라는 학파도 탄생했다.

대승불교의 근원에는 여러 설이 있다. 석가가 세상을 열반 한지 100년 정도 경과 후 출가한 집단은, 보수파(상층부)와 혁신파(대중부)의 두 개 파벌로 갈라짐. 현재 태국이랑, 스리랑카는 상층부 불교가 중심이지만, 지역 민족문화에 따라 분파는 진행돼 왔다.

『유마경』은 이런 대승불교의 흐름 가운데 생긴 경전이다. 또, 불교는 하나의 체계가 구축되면서, 그 체계에 반대되는 체계가 일어나는 것을 반복해왔다.

출가자 중심의 불교가 중요하면 재가자 불교가 발달한다. 「있다」는 존재론이 정밀해지면 반동으로서 「공空」의 이념이 제시된다. 실천적 유가행瑜伽行이 흥융하면 밀교도 일어나고, 상층부 불교에의 회귀도 일어난다. 여기에, 불교라는 종교의 큰 특징이 있다. 중아함경中阿含經 중에 「아리타경阿梨咤經』에 석가가 나의 가르침은 강을 건너기 위한 뗏목 같은 것이다(욕망에 흘러가지 않고 안녕한 세계에로 도달하는 것에 비유). 그래서 건너편 안岸에 닿으면 뗏목을 버려도 좋다. 라고

192 우리들 인생의 철학적 나침반

말한다.

그 경전에는 혼돈의 어둠속에 있는 자에 대해서 욕망을 버리는 길에 이르는 것을 설파하지만, 구극 적으로는 불교도 버리라고 말하고 있다. 즉, 「모든 집착을 버리세요.」라는 가르침은 그 가르침 자체에도 집착하는 등을 말한다.

어떤 종교가 그 내부에 자기부정을 설정하고 있는 그런 생각이 가능하다. 그런 종교체계는 아주 드물다. 소위 탈 구축장치脫 構築裝置라고 말할 수 있겠지만, 불교에서는 내장돼 있는 것이다. 따라서 그 장치를 세팅한 것은, 다름 아닌 석가 그 자신이었다.

밀교密敎

대승불교의 일환으로서 살아남은 밀교에 있어서도 삼밀三密의 유가행瑜伽行이 중시된다. 삼밀은 수手와 지指를 呪力이 있는 형으로 조직해 (신밀身密) 입으로 만트라(진언眞言)라는 주구呪句를 노래하고 (구밀口密)심에는 불佛의 일체화一體化를 그려 해설을 지향하는 수행법 (의밀意密)

『중아함경中阿含經』

『아함경阿含經』은 석가입멸 후 가장 빠른 시기에 정리된 경전의 집성. 태국과 스리랑카에 전해진 것은 파리 어(고대인도의 구어에 기원하는 언어)로 쓰인 『니카-야』로 부르고, 현재도 파리어로 읽히고 있다. 그 내용에 상당하는 경전 몇 개가 한역漢譯되어, 그중 하나가 『中阿含經』이다.

동양 철학편 **193**

불교의 기초를 순서 있게 말하는 석가

『유마경』의 최대의 특징은, 석가의 제자랑 보살이 주역이 아니고, 재가자인 유마라는 인물을 통해서 가르침을 설說하는 점에 있다. 다시 불교사상이 담담히 엮여진 것이 아니고, 문학성이 풍부한 드라마 같은 구성이 경전의 특징이며 큰 매력이다.

『유마경』은 어떻게 사회성이랑, 타자 성을 중시하는가를 알 수 있다. 계속해서 석가는 「육파라밀六波羅密」의 중요성에 대해 이야기한다. 「육파라밀」은 대승불교에서 정한 수행법으로, 「보시布施(베풀기)」「지계 持戒(계율을 지키는 것)」「인욕忍辱(잘 참고 인내하는 것)」「정진精進 (잘 노력해 힘쓰는 것)」「선정禪定(조용히 명상하는 것)」「지혜智慧(사물 의 실상을 체득하는 것)」의 6개가 이에 해당된다.

석가는 깨달음을 얻기 위해 필요한 것으로서 「사무량심四無量心」 「사섭법四摂法」을 열거했다. 「사무량심四無量心」은 불교에 있어서 이 상적인 정신으로 「자무량심慈無量心」「비무량심悲無量心」「희무량심喜 無量心」「사무량심捨無量心」의 4개를 가리키고, 「사섭법四摂法」은 불 교에 있어서 이상적인 행위로 「보시布施(베품을 행함)」「애어愛語(상대 에게 자비로운 말을 사용)」「이행利行(타자를 위해 행동)」「동사同事(모 두협력해서 좋은 사회를 만듦)」의 4개를 가리킨다.

이렇게 자세하게 나누고 있지만, 이것은 모두 자비의 중요성을 가르 친다고 생각해주세요. 육파라 밀은 대승불교의 가르침이지만, 사무량 심과 사섭법은 초기불교에서도 설파하고 있다.

『유마경』의 구성

제1장 불국품佛國品, 제2장 방편품方便品, 제3장 제자품弟子品, 제4

장 보살품菩薩品, 제5장 문수사리문질품文殊師利問疾品, 제6장 불사의품不思議品, 제7장 관중생품觀衆生品, 제8장 불도품佛道品, 제9장 입불이법문품入佛二法門品, 제10장 향적불품香積仏品, 제11장 보살행품菩薩行品, 제12장 견아축불품見阿閦仏品, 제13장 법공양품法供養品, 제14장 축나품嘱累品

둘이면서 둘이 아니라고 하네!!<불이(不二)라네!!>

대승불교의 경전은 유마경 외에도 수없이 많으나, 이 유마경에 가장 강하게 이끌리는 것은 이 경전이 지향하는 사상에 있다. 또한, 유마경은 대승불교의 근본사상을 진실 되고, 선명하게 나타내 보이고 있기 때문이다. 대승불교의 근본원리는, 번뇌가 곧 깨달음이라는 보리 즉, 번뇌(菩提 卽 煩惱)이다. 이 가르침을 유마경에서는 불이법문(不二法門)이라고 말한다.

우리는 모든 것을 대립된 것으로 볼 뿐만 아니라, 나누어진 것으로 생각한다. 가령, 번뇌와 깨달음, 이상과 현실, 성공과 실패, 선과 악, 깨달음과 미혹, 등 이 모두를 다른 것으로 생각한다. 이렇게 생각하는 것을 불교에서는 '분별'이라고 한다. 다시 말해서 사물을 구별하는 것, 대립시켜서 생각하는 것을 분별이라고 한다.

인간의 사유 활동은 어디까지나 사물을 구별하는데 있으나, 구별하는 것은 필연적으로 사물을 대립적으로 생각하게 된다. 그러나 인간의 진상은, 대립에 매달려서 안 되는 것도 있다. 분별이라는 것을 차별이라고 생각해도 좋다. 둘로 나누어 생각하는 것이다. 번뇌와 보리만 해도 그렇다. 번뇌라고 하는 것은, 몸과 마음을 괴롭히는 정신작용이며 집착이다. 보리라고 하는 것은 깨달음이다. 사물에 집착하는 것과, 일

동양 철학편 195

체의 사물에 집착하지 않는 깨달음의 경지는 다르다고 생각하기 쉽다. 그러나 인간의 살고 있는 모습을 똑바로 보면, 정말로 집착하기 때문에 집착을 떠난 자유스러운 경지를 얻게 됨을 알 수 있다. 애욕에 깊이 푹 빠짐으로써 애욕의 허무함을 알게 되고, 술을 많이 마심으로써 불음주계의 진실한 의미를 알게 된다. 불교의 계율에서도, 성욕이 없고 남근이 없으면 승려가 될 수 없다는 규칙이 있다. 그것은 남성으로써 강렬한 성욕이 있기 때문에 금욕의 의미가 있게 되고, 금욕의 에너지를 수도에 전환할 수 있는 것이기 때문이다.

불이법문은 대립하고 있는 둘을 하나로 보는 고차원적인 사상이다. 유마경의 사상은, 이 불이의 사상을 일관하고 있다. 불이의 사상을 여러 가지 형태로 드라마틱한 문학적인 표현을 사용하면서, 장대한 스케일로 희곡적으로 묘사했다. 이것이 이 유마경의 문학이다. 번뇌, 즉 보리를 철학자나 불교 자가 설명한다면 정말로 시시할 것이다. 그것은 형이상학에 매달린 말장난이 되기 때문이다. 그런데 유마경에서는 이 것을 고차원적이고, 현실적인 드라마로 엮어서 사람들 앞에 내놓았다.

태어나기 전의 우리와, 태어난 후의 우리는 다른 것 같지만 다르지 않다. 살고 있는 자신과 죽은 뒤의 자신은 또한 다른 것 같지만, 다르지 않다. 생과 사를 생각해 보면 반드시 생과 사는 별개의 존재이다. 그런데 태어남이 없으면 죽음이 없다. 그러나 생이 있음으로써 사가 있다. 생과 사는 확실히 비연속의 연속이다. 생이 없으면 사가 있을 수 없다. 그러므로 생과 사는 연속되어 있다. 땔감과 재와 같은 경우다. 땔감과 재를 별개로 보면 둘이다. 그러나 땔감이 재가 되었기 때문에 둘이 아니다. 땔감과 재와 같이 생과 사도 둘이면서 둘이 아니다.

이 불이의 법문에 들어가면, 일체의 대립이 없는 무 대립의 세계에 들어가는 것이 아니고, 둘의 대립되는 것에 메이지 않는 자유스러운 경지에 들어가게 된다. 불교의 기본입장을 나타내는 말에 「제행무상諸行無常(모든 현상은 시시각각 변화를 계속한다)」「제법무아諸法無我(모든 존재에 있어서 불멸불변의 실체는 없다)」라는 말이 있지만, 유마는 여기서 그것과 같은 것을 말하고 있다.

출가란 이랑불리, 공덕이랑 무공덕, 손이랑 득, 적과 친구 등 말하는 일체의 대립관계로부터 떨어진 세계(무위)가 되지 않으면 안 된다. 일반적으로 삼독三毒은 탐욕貪慾(유애有愛), 진애瞋恚(노怒 함), 우치愚癡(치痴)로 표현된다.

유마경은 어떤 경전인가?

기쁨에 쌓인 종결

「축나품嘱累品」은 『유마경』의 최종장이다. 「축나嘱累」란 석가가 가르침을 사람에게 의탁하는 것을 의미한다.

석가는 "언젠가는 나도 열반에 들게 되겠죠. 그 전에 당신들이 이 세상에서 '법'을 널리 퍼지게 설파해 끊어지게 하면 안 된다. 왜냐하면 이 길(道)이 모든 "깨달음을 구하는 자들에게 있어서 길이기 때문이다."

이렇게 석가가 가르침을 끝내면서 유마거사, 문수보살, 사리불, 아난, 거듭 보살들이랑, 천인天人들을 포함해 이 집단에 있는 모든 존재는 크게 환희에 가득찰 것이라고 설파했다.」

이상 『유마경』의 해설을 말해왔지만, 모든 것은 요소의 집합체에 지나지 않고, 절대 변화하지 않는 관계성 중에 성립된다. 그것이 존재와 현상의 본성임을 각지覺知하는 것에서 존재와 현상만 찾지 말고, 집착

執着이랑, 고착固着하지 않는 길을 걸어가라. 이 입장에 서면 모든 활동은 「공의실천 空의實踐」이 된다.

아무것에도 의하지 않고 단독으로 성립하는 것은, 이 세상에는 존재하지 않는다. 모든 사물은 관계성의 가운데 성립하고 있다. 따라서 타자에의 자비심과 활동은 자기 깨달음에의 길이다. 모든 사람들이 이런 길을 걸으면 불교가 생각하는 이상의 나라(불국토佛國土)가 된다.

세속·득도世俗·得道, 선악善惡이란 이항대립二項對立의 사고방식에 좌절하면 분노랑, 증오랑, 차별이랑 배제가 생긴다. 자기 경우라는 사고랑 틀을 통하지 않고 인식하면 평등한 세계가 보인다.

세속을 혐오해서 성스런 세계를 희구해도 어디를 가도 세속인 것이다. 따라서 차라리 이 세속의 한가운데를 사는 길을 걸어라. 얽매이는 것이 아닌 세속에서 살아라. 그것이 구극究極의 불도佛道이다.

현대인이『유마경』을 읽는 의미

출가자중심 불교에 이의를 제기해 「재가자도, 출가자 같이 깨달음(득도)이 가능하다」는 주장을 한 것이 『유마경』의 큰 업적이다. 그것은 「이 고난의 인생을 멋지게 살아남는 자기」에게로 태어나서 변하기 위한 과정이다. 「자기라는 틀」이 강고強固할수록, 인간은 고뇌를 품는 것으로 된다. 「자기라는 것」의 방벽을 해제할 필요가 있다.

『유마경』은 이「자기라는 것」의 장벽을 해제하는 것이 인생을 살아가기 위한 열쇠이고, 보다 좋은 사회를 만들기 위한 길이라고 설파하고 있다.

198 우리들 인생의 철학적 나침반

불도교 경에서는 다음과 같이 설하고 있다.

"비구들이여, 열심히 정진하면 어떤 일이거나 어려울 것이 없다. 그러므로 그대들은 오로지 정진하라. 마치 작은 물방울이 계속해서 떨어져 바위에 구멍을 내듯이…."

이것은 불도를 구하는 사람은 계속해서 정진해야 한다는 것을 설한 것이다. 그 비유로 작은 물방울도 바위를 뚫는다고 했다. 바위는 견고한 것이나, 부드럽고 약한 물방울이 긴 세월을 지나면서 그 바위에 구멍을 뚫을 수 있다고 한다. 오랜 세월이 지난 처마 밑의 돌을 보자. 비 올 때마다 지붕에서 떨어지는 낙수가, 계속해서 오랫동안 같은 곳에 떨어져 그 돌에 구멍을 뚫었다.

옛날 남도에 명전이라는 스님이 있었다. 원흥사에 들어가 법상종의 학문을 배웠으나, 성품이 우둔하여 배운 것을 조금도 알 수 없었다. 절망한 명전스님은 배움을 단념하고 절을 떠나려고 했는데, 그때 마침 비가 내렸다. 짐을 꾸리고 나가는 도중에 누문 밑에서 비를 피하고 있었다. 그런데 누문의 주춧돌에 마음이 쏠렸다. 그 돌에는 빗방울이 똑똑 떨어지며 우묵하게 파여 있다. 이것을 본 명전스님은 깨달았다. 연하고 작은 빗방울도 돌을 뚫을 수 있음을… 이것은 긴 세월을 지나면서 된 것임을 알았다. 명전스님은 다시 절로 돌아가 주야로 힘든 정진을 하며, 침식을 잊은 채 학문에 열중하여, 결국은 승도라는 직책까지 받게 되었다.

이 명전스님의 깨달음에서 알 수 있듯이, '물방울이 바위를 뚫는다.'라고 하는 것은 진리다. 어떤 사람이라도 학문이건, 예술이건, 취미생활이건, 자기의 목적을 위해서 조금씩 긴 시간동안 계속할 필요가 있음을 알게 한다.

동양 철학편 199

E

유대인의
간략한 역사

유대인들이 부를 쌓은 연혁

이스라엘의 현대 국가는 유다왕국에 그 기반을 두고 있다. 국가설립 후, 초대 왕 사울에 이어 그 사위인 다윗의 통치시대가 열렸다. 다윗의 탁월한 통치 덕에, 유다왕국은 견실한 국가로 발전할 수 있었다. 오늘날 이스라엘 국기 명칭이 '다윗의 별'인 것처럼 유대인의 영향력은 세계 각국에 퍼져 있다.

유일신을 예배하는 유대인들의 민족성 배경은, 모세오경과 탈무드이다. 그들은 이 바탕에서 세계로의 길을 열었다.

뉴암테르담의 총독 페트루스 스토이베산트는 네덜란드 개혁교회 신자로, 유대인들과 퀘이커 교도들이 늘어나자, 이들을 못 마땅하게 여겨 추방하려 했다. 그 무렵, 퀘이커교는 17세기 영국청교도 운동의 극좌파에 해당하는 종교로 유대교와 많은 면에서 공감대를 이루고 있었다. 그러자 유대인들은 소위 '플러싱 항의서'라고 알려진 서신을 네덜란드 서인도회사에 보내, 종교의 자유와 장사를 핍박하는 총독을 파면시킬 것을 탄원했다.

서인도회사는 곧 총독에게 유대인들의 종교와 장사를 훼방하지 말라는 경고를 냈다. 스토이베산트는, 결국 파면 당한 다음 네덜란드로 돌

유대인의 간략한 역사 203

아갔다. 이를 계기로 뉴암스테르담에서는 종교의 자유가 철저히 보장되었다.

뉴암스테르담에 이주한 초기 유대인들은, 생업으로 맨해튼 어촌에서 네덜란드에서 하던 대구 잡이와 간단한 일용잡화 행상부터 시작했다. 맨해튼 앞 바다에도 대구가 있지만, 가까운 매사추세츠 동남부 반도에 '코드곶'(Cape Cod Bay)이 더 많았다. 그 앞바다는 대구 산란철이 되면 말 그대로 '물 반, 대구 반'이었다. 지금도 그곳은 세계 4대 어장 중 하나이다.

대구 잡이 유대인들은 인디언들로부터 물물교환 형식으로 사들인 비버 가죽을 서인도회사에 비싼 값에 되팔았다.

1655년 영국군의 침략에 대비해 맨해튼 남부에 통나무 외벽을 쌓기 위한 모금이 시작되었다. 그때, 맨해튼에 처음 도착했던 유대인 23명 중 5명이 네덜란드 은화 1천 플로린을 기부했다. 그 외벽을 쌓은 지대가 지금의 월가=월스트리트(Wall Street)다.

유대인들은 더 많은 모피 수집을 위해 인디언들이 사는 펜실베이니아로 대거 진출했다. 이로써 1655년에 펜실베이니아(펜의 숲)에도 두 번째 유대인 정착촌이 들어앉게 되었다. 유대인들의 세 번째 정착촌이 '뉴포트'와 '프로비던'이다.

대구 잡이를 매개로 어업을 발달시킨 유대인들은, 고깃배를 직접 건조하는 조선소도 세워 무역선까지 만들었다. 식민지 시대가 끝날 무렵에는, 영국 선박의 1/3이 아메리카 동북부 뉴잉글랜드에서 건조되었다. 이에 앞서 1625년 네덜란드 유대인들은, 브라질과 카리브해 섬에서 가져온 사탕수수 경작에 성공을 했다. 각지에서 많은 돈을 끌어 모았다.

어떤 국가나 민족이든, 그 구성원을 뭉치게 하는 전통적 관습이 있

204 우리들 인생의 철학적 나침반

다. 이스라엘인들은 피부가 희든 검든 국가관, 하쇼아(홀로코스트 유대인학살)의 역사관과 국민적 세속을 구심점에 둔 유대인성을 지녔다. 그 특성을 잘 보여주는 것 중 또 하나가 성인식이다. 만 13세가 되면 성인대접을 받는다. 여성의 경우 '바트(Bat)'란 단어를 써서 '바트 미쯔바'라고 한다. 일부 종파에서는 그 나이 소녀들의 빠른 성숙을 감안하여, 여성의 경우 12살에 성인식을 치르기도 한다. 유대 어린이들은 그 준비 1년 전부터, 부모에게 기도 방법을 배우는 학습을 넘어, 유대교회당에서 토라(성경)을 공부한다. 이때, 대중 앞에서 말하는 방법을 배우기도 하는 데, 그 덕에 유대인들은 토론의 달인으로 손꼽히게 되었다. 두 사람이 모이면 세 가지 의견이 나온다, 라는 말은 결코 과장이 아닌 이유이다.

유대인들의 지혜서인 『탈무드』에서는 '돈은 버는 게 아니라 불리는 것'이라고 가르친다. 눈(雪)을 모아 굴리면 어렵지 않게 눈덩이가 된다는 원리이다. 그래서 유대인들은 종자돈을 형성하는 그 수단의 틀을 일찍부터 제도로 갖춘다. 또한, 유대인들은 차후 대비인 보험에도 적극적으로 가입하여 안전자산의 틀을 다지기도 한다.

돈과 관련된 유대인들의 경제관은 '자선'이다. 유대인들은 "이 지독한 유태 놈아!"(셰익스피어 작, 베니스상인의 한 대목)의 욕을 들을 정도로 피도 눈물도 없는 깍쟁이로 알려져 있지만, 가난한 이웃을 돕는 자선에 바치는 돈만큼은 아끼지 않는다. 이는 '가난한 자를 불쌍히 여기는 것은 여호와께 꾸어 드리는 것이니, 그의 선행을 그에게 갚아 주시리라'(구약잠언 19장17절)는 생활적 실천이다.

유대인들은 그들이 살던 곳에서 언제 추방될지 모른다는 불안을 한시도 떨칠 수 없었다. 유대인들은 이 같은 상황 대비로 손 쉽게 들고 갈 수 있는 재화 마련에 열을 올렸다. 무거운 귀금속보다는 만국의 공통 화폐인 작고 값진 재화나 보석이 제격이었다. 실상, 15세기 이베리아반도에서 쫓겨난 유대인들은, 피신해온 앤트워프에서 몸에 숨겨 지니고 있던 보석을 재빨리 풀어 정착을 잡았다. 유대인들의 가공기술은 다이아몬드 산업을 불러일으켰고, 그 전통을 이어받아 앤트워프는, 오늘 날에도 유럽 최대의 다이아몬드 유통지로 남아있다.

다이아몬드가 보석으로서 최고의 자리를 차지하게 된 과정의 배후에는, 17세기말 베네치아의 유대인 페루지 인물이 있다. 그는, 다이아몬드 커팅기술의 정수인 '브릴리언트컷'의 연마 방법을 발명한 인물이다.

다이아몬드는 물질 가운데서 가장 단단하다. 영원불멸의 강력함과 깨지지 않는 사랑을 상징한다. 그래서 결혼반지로 많이 쓰인다.

세계에서 가장 단단하게 뭉친 민족

유대인에게 무덤은 종말이나 죽음의 상징이 아니라, 생명의 상징이다.
꺾일 줄 모르는 자존심은 성공의 걸림돌이다.
어머니가 어두우면 가정이 어둡고, 어머니가 밝으면 온 가정이 밝아진다.
거주지를 고를 때, 유대인은 근처에 좋은 학교가 있는지를 잣대로 삼는다.
유대인은 소화가 안 된다.
유대인은 유대인에 대한 안전을 지킬 의무가 있다.
『탈무드』에서는 '얼굴을 맞대고 칭찬하는 입은 열린 무덤이다.' 즉 아첨을 철저하게 금한다.

유대인 두 사람이 모이면 세 가지 의견이 나온다.

유대인이 시간을 잘 지키지 않는 것을 영어로는 '주이쉬타임'

유대인은 질문하기를 좋아하는 민족이다.

유대인에게 질문을 하면 질문으로 되돌아온다.

미국의 코미디언들 중에는 유대인이 많다.

중세 유럽에서는 유대인의 활동 장소를 게토, 곧 유대인 거리에 제한시켰다.

유대인은 언제나 '외국인'이었다.

중세의 경제는 길드 제도, 즉 상호 부조적인 조합이 지배했다. 그러나 유대인은 여기에 참가하는 것이 허락되지 않았다.

중앙 유럽의 봉건 영주들은 경리와 무역을 유대인에게 자주 위탁.

유럽의 황후들 사이에 통상의 기초를 다져놓은 것은 유대인이라고 할 수 있다.

중세 전반기에 유럽의 교역 활동을 도맡다시피 한 유대인은, 그 과정에서 자본을 쌓아 힘을 기르고 마침내는 독립. 유럽에서 큰 역할을 하고 있는 독일의 큰 은행들은 모두가 유대인의 금융회사가 발전한 것들이다. 유대인의 성공비결 중 하나는 유대인답게 사는 것이다.

산업혁명이 시작되자, 유럽의 금융 중심지는 런던으로 옮겨졌다. 철도건설과 새로운 산업의 발전을 위해 수많은 자금 대부와 투자가 이루어졌다. 로스차일드가는 동유럽의 철도건설을 위해 차관을 얻으려고, 영국의 재무성과 교섭했다. 그 결과 그들은 1811년에서 1816년까지 6년에 걸쳐, 그 당시 돈으로 4,250만 파운드라는 거액을 대부받는 데 성공했다. 그리고 건설자금의 절반이 넘는 액수를 로스차일드가가 출자했다. 또한, 노일전쟁에서 일본이 진 외국 빚의 절반을 유대인 은행가가 인수했다.

로스차일드가는 19세기 동안에 프러시아를 비롯해서 유럽의 여러 나라 정부와 브라질에 거액의 차관을 제공했다. 이것은 로스차일드가가 유럽대륙에 있는 유대계통의 은행가들과 긴밀한 유대 관계를 맺고 있어서, 돈을 모으는 일과, 신용을 제공하는 일과, 정보를 수집하는 일 등이 손쉬웠기 때문에 가능했다.

러시아의 페테르스부르크에 독일에서 온 두 사람의 유대인 형제 곧, 니콜라스와 르토이크 쉬데이 크리츠가 처음으로 은행 문을 열었다. 긴스버그 은행은, 유대인 요셉 긴스버그가 1859년에 창설. 18세기 말에 폴란드계가 많은 유대인들이 은행이나 철도건설 같은 새로운 산업을 일으키는 데 큰 힘을 보탰다. 루마니아 유대인이 경영한 마르말라슈 프랭크 은행은 루마니아에서 가장 큰 은행.

유대인이 헝가리의 은행과 기업 활동의 개척자 역할

체코슬로바키아 베지에크가가 유대인 은행가이자 기업인 집안.

스웨덴 경제발전에 이바지한 유대인으로서, 덴마크의 코펜하겐 유대인이 재무장관 네덜란드 17-18세기 무렵에 유대인은 네덜란드의 금융계에 활발히 참여했다. 벨기에·스위스에도 지대한 영향을 끼쳤다.

서인도제도나 포르투칼에서 미국에 이민 온 유대인들이 이와 같이 뉴욕의 금융업계나 상업계의 발전에 크게 기여했다. 현재 세계 유대민족의 50%가 미국에 건너와 살고 있다.

솔로몬은 아메리카 역사에 이름을 남긴 유대인이다. 그는, 1740년에 프러시아에서 태어나 신대륙 미국으로 건너왔는데, 미국 독립전쟁 시 독립전쟁 자금을 대준 미국 사람 로버트 모리스의 배후에서 돈을 마련해준 장본인이다. 솔로몬은 미국 독립전쟁에다 그의 모든 재산을 바쳤다. 19세기 중엽에는 스위스에서 구겐하임 일가가 미국에 건너와서 구겐하임가 라는 재벌을 이루었다.

19세기에는 퀀 로에브 상사라는 유대인은행 스페인에서는, 7세기부터 온갖 폭력을 써서 유대인을 기독교로 개종시키려고 안달했다. 그러다가 스페인은 무어족의 침략을 받았다. 그러나 무어족의 술탄은, 기독교인보다는 너그러운 태도로 유대인을 대했다.

13세기의 유럽은 반 유대감정은 절정에 달했었다. 유대인은 그리스도를 죽인 백성이며, 돈놀이를 하는 자들이었으므로, 사람들의 양심을 만족시킬 만한 명분은 얼마든지 만들어낼 수가 있었다. 많은 유대인이 영주의 회계를 맡고 있었으므로, 유대인들은 일반 사람들의 원한을 사기도 했다.

1648년에는 휃메르니크 반란으로 많은 유대인들이 학살당했다. 휃메르니크는 카자흐족의 지도자로서 폴란드 영주에 반발하여 반란을 일으켰는데, 이때 폴란드에 거주하던 유대인 인구의 절반쯤이 학살되었다.

유대인은 역사를 통틀어 언제나 속죄양으로 이용되어왔다. 독일의 나치는 유대인을 모으면 곧바로 전혀 알지 못하는 곳으로 데려갔다. 가령, '밤과 안개'라는 유대인 학살의 극비지령이 떨어지면, 여지없이 독일 점령지나, 독일 국내에서 긴 화물열차가 달린다. 그 속에는 수천

명의 유대인이 마치 가죽처럼 차곡차곡 쌓여 있다.

바르샤바 봉기는 유럽에서 살던 유대인이 들고 일어나 싸운 사건으로는 가장 영웅적인 것.

유대인은 아무리 박해를 받아도 결코 멸망하지 않는다. 15세기 말에는 아브라함 화라소라는 유대인학자가 유대인이 돈놀이를 하여 이자를 받는 것은 정당하다는 책을 지어 유대인에 대한 비난에 대꾸하기도 했다. 20세기 초에는 반유대주의 문헌으로 유명한 '시온 의정서'라는 것이 나돌았다. 이것은 러시아의 비밀경찰이 날조한 것으로, 유대인이 세계 정복을 꾀해 국제 조직을 만든다는 허위 사실이었다.

청소년을 위한 『탈무드』

누군가에게 자기의 모든 것을 바칠 수 있는 사람이야말로 가장 고귀하다.

남자의 집은 아내이다.

인내력이 없는 사람은 남을 가르칠 수 없다.

자신의 일만을 생각하는 인간은 자기 자신이 될 자격조차 없다.

내가 나를 위해 일하지 않는데, 누가 나를 위해 일하겠는가?

법은 존경하되 재판관은 존경하지 마라.

인생이란 현인에게는 꿈이요, 어리석은 이에게는 재앙이요, 부자에게는 희극이요, 가난한 자에게는 비극이다.

운명을 거스르면 운명에 지배되고, 운명에 따르면 운명을 지배할 수 있다.

진리는 물 위의 기름처럼 늘 분명하다.

시계는 일어날 시간을 알기 위하여 사용되어야지 잠잘 시간을 위하여 사용 될것이 못 된다.

동물은 태어날 때부터 완성되어 있다. 그전에 인간은 태어났을 때에는 원료에 불과하다. 이 원료를 써서 어떤 인간을 만드느냐하는 것은 부모의 책임이다.

선생한테 배우는 것보다 동료한테 배우는 것이 더 많고, 학생한테서 배우는 것은 더욱 많다.

부자는 고양이가 버터를 싫어하듯, 남을 융숭하게 대접하는 것을 싫어한다.

마음이 연약한 자, 걸핏하면 화를 내는 자, 감상적인 자, 이 세종류의 인간은 태양 없는 인생을 사는 것과 마찬가지다.

무지가 판을 치는 곳에서는 뛰어난 지혜가 있더라도 아무런 쓸모가 없다.

자신을 이기는 자는 강하고, 조그만 것에도 만족하는 자는 마음이 풍요롭다.

좋은 지혜는 보고 듣되 말하지 않는 것이다.

만나는 사람 모두에게 무엇인가를 배울 수 있는 사람은 이 세상에서 가장 현명한 사람이다.

강한 사람 — 스스로 자신을 억제할 수 있는 사람, 적을 친구로 바꿀 수 있는 사람이다.

풍족한 사람 — 자기가 가지고 있는 것에 만족할 줄 아는 사람.

남을 칭찬할 수 있는 사람이야말로 칭찬받아야 할 사람이다.

진실은 무겁다. 그래서 젊은이들만이 그것을 지고 갈 수 있다.

유대인의 간략한 역사 211

212 우리들 인생의 흥하지 나침반

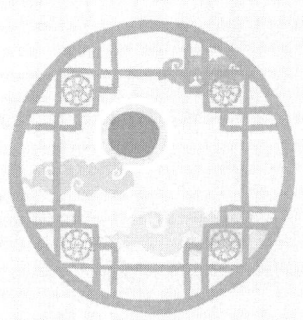

F
한국의
지배 구조

한국 정치의 근본적 개혁을 위한 전략

지역 감정

대한민국의 국민총화를 깨뜨리는 가장 큰 원인 중 하나. 그나마 위안이라면, 이렇게 지역감정이 심해도 원체 한반도 북쪽 남쪽 울릉도 제주도 등등 어딜 살든 간에 한국인들이 같은 유대감을 갖고 있기도 하고, 분리주의까지는 안 간다는 점이다.

[1]당장 가까운 민족주의 국가인 중국, [2]일본에도 분리주의가 있는 걸 생각하면 더 그렇다.

한국의 지역감정은 생각하는 것보다 심각한 수준이다[편집]

한반도의 특수성을 생각한다면, 절대로 지역감정을 가볍게 넘길 수 없다. 일부 외국 사례들에 비하면, 대한민국 내에서의 지역갈등 주체들은 운명공동체에 가깝다. 어디에서나 편 가르기와 갈등이 있지만, 한반도처럼 예민한 국제요충지에서 지역감정이 극한을 넘으면 위험천만하다. 게다가 지역갈등이 쉽게 우선 의제로 떠오르면, 이보다 더 중요하고 발전적 담론인 남녀갈등, 세대 갈등, 노사갈등, 학력 갈등 같은 중요한 이슈들을 가로막는 등의 악영향도 매우 크다.

한국의 지배구조 215

지역감정을 조장하는 자들은, 어느 나라든 지역감정은 다 있다면서 입버릇처럼 지역감정을 정당화하는 데, 그들이 예시로 드는 외국의 경우는, 처음부터 다른 국가의 민족이었던 경우가 많다. 따라서 완전히 다른 민족의 지역이라서 처음부터 개념이 다르다.

이에 비하면 한반도는 국가적 통일체가 된 것은, 최초로는 통일신라의 삼국통일. 이는 비록 완전하진 않았기에 다시 후삼국시대로 갈라지긴 했지만, 아무리 늦어도 고려시대에 여몽 전쟁 등을 겪으면서 단일의식이 분명히 완성되었다. 국가적 통일체의 기점을 고려의 후삼국통일부터로 잡는다고 해도, 이 또한 936년에 완성되었으므로, 현 시점에서 이미 1000년이 넘는다. 그렇기에 조선, 그 이후 대한민국의 역사까지도 모두 한민족의 역사로 내외적으로 분명히 인식되고 있다. 1000년이 넘게 그렇게 넓지도 않은 지역에서 단일국체를 유지해온 나라에서 거의 증오 수준으로 온갖 지역 루머가 생겨나고, 이로 인한 실제 갈등과 피해가 발생하고 있는 상황은 분명히 부자연스럽고 비정상적이다. 대한민국은 운명공동체이며, 지역감정은 반드시 사라져야 되는 악습이다.

고려⇒조선⇒일제강점기에 이르기까지 무려 500년이 넘게 지속된 대한민국 지역감정의 주축. 현재의 남북관계로 계승된 남북한 통틀어 지역감정의 끝판 왕. 이것과 비교하면 영호남은 친구다. 적어도 영호남은 기껏해야 정치엘리트와 지역 토호 몇몇의 이해관계와만 결부되었을 뿐이지만, 이쪽은 처음부터 적대 수준이었다.

백제멸망 이후 몰락해서 흔적이 옅어진 백제의 수도들이나, 옛 신라의 수도로서 많은 유물들과 사적들이 존재하지만, 영향력을 많이 잃었던 경주와는 달리 고구려의 수도였던 평양은, 고구려 계승을 내세운 고려왕조가 매우 아끼는 도시였으며, 이때부터 수도에 이은 제2의 도시로 발전하기 시작했으며, 조선시대 때도 제2의 도시로 번영하고 있었으며, 이 덕분에 그에 기인한 자부심이 강할 수밖에 없었다. 그러한 지역감정이 정치적인 감정으로 번지는 경우가 있었고, 결국 고려 때에 묘청의 난이 일어나기도 하였고, 조선시대에 서북지역은 중앙에서 벼슬 임용 등에 차별 대우를 받았고, 결국 홍경래의 난 같은 극단적인 사태까지 발생하였다. 심지어 독립운동가 들끼리도 서북파와 기호파로 나뉘어서 갈등했다고 하니, 장난이 아닌 셈이다. 심지어 현대에는 해학으로 해석하는 봉이 김선달 이야기도 자세히 살펴보면, 이렇게 한양과 평양의 지역감정이 드러난다는 해석이 있을 지경이다.

그리고 개성은 서울과 같은 기호지방에 속하지만, 개성이 고려왕조의 수도여서 조선왕조가 개성의 왕족들을 많이 죽이거나 탄압했기 때문에, 조선시대 때, 개성사람들은 조선왕조에게 매우 적대적이었다. 심지어 조선 후기 때에도 여전히 적대적인 감정을 유지했을 정도였다.

이 지역감정은 일제강점기에 독립운동가 들까지도 단결하지 못하고, 편을 갈라 충돌하는 원인이 되었다. 사례 중 하나로, 도산 안창호 선생이, 만해 한용운 선생에게 "독립을 하면 나라의 정권은 서북이 가져야 한다."고 하기에, 만해가 왜 그러냐고 질문하니 "기호(서울 경기 권) 사람들이 500년 동안 정권을 잡고 일을 잘못했으니 그 죄가 크고, 서북(평안도 일대)지역은 500년간 박대를 받아왔으니 그렇다."고 주장했다가 만해 선생이 뒤도 안 돌아보고 인연을 끊어버렸다고 하는 일화가 전해질 정도.

분단 이후 북쪽과의 인적·물적 교류가 끊기면서, 지금은 상대적으로 잠잠해진 상태다. 하지만 남북통일 이후 경제적, 사상적, 문화적 가치관 차이 등으로 다시 부활할 가능성이 높으며, 오히려 위에 서술한 다른 지역감정과는 비교 불가할, 매우 심각한 지역감정으로 번질 수 있다는 점에서 상당히 우려되는 부분이다.

게다가 이 지역감정은 단순히 기호 vs 서북으로 끝나는 게 아닌, 남한지역 전체 vs 북한지역 전체의 지역감정으로 이어질 가능성이 높기에 더욱 그러하다. 하지만 오히려 지금의 서북지방이 너무 심각하게 못 살기 때문에, 그리 걱정할 필요가 없다는 사람들도 있다. 왜냐하면 투자를 많이 해서 평안도를 발전시켜주면 되니까. 게다가 오히려 인적·물적 교류가 너무 오래 끊기는 바람에, 오히려 서북 애들이 기호지방에 붙어버릴지도 모를 일. 적어도 일제강점기 때는, 서북지방이 경제적으로 상당히 잘 살기라도 했었지.

부정 부패

만약 구태의연한 관료들이 남아 있어서 뒷돈 들어올 구멍 없나 찾는 사람이 있다면, 기업이나 민원인들이 합심해서 "돈 안 줘 보십시오. 어디서도 뒷돈 들어오는 데가 없다면, 모든 업무를 원리원칙대로 처리할 수밖에 없을 것입니다."

제 개인적인 생각으로는 집권한 정부의 비리들이 밝혀지는 과정자체가, 권력형 부정부패의 막을 내리는 신호라고 생각합니다. 여기에 더 박차를 가하려면 돈을 받은 사람이 아닌 불법자금을 제공한 측에도 책임을 확실하게 물어야 한다는 것입니다. 아무리 불법자금을 재촉하는 사람이 있더라도, 제공하는 측의 처벌이 무거워진다면, 누구라도 불법으로는 정치자금을 제공하지 않을 것입니다.

한번 바뀐 물길은 다시 과거로 쉽게 돌아가지는 않을 것입니다. 단, 이번엔 물길이 확실하게 자리를 잡아야겠지요. 이제 남은 것은 돈 안 드는 정치구조를 만드는 것이고, 그건 국민들의 몫입니다. 그리고 기업인들은 정당한 방법으로 기업을 운영해 나가야 할 것입니다. 그것이 국가경쟁력과 기업의 경쟁력을 살리는 길입니다. 또, 과거에 정치자금 대느라고 씰(쓸)데 없이 쏟아 부은 돈을 합리적인 재분배에 사용한다면 강성노조도 사라집니다.

대책은 정말이지 순수하고 청결한 분들이 위에 계셔야 한다는 거겠죠? 정말이지 막연하지만, 이것이 가장 옳을 겁니다. 그리고 종교를 종교로서 받아들여야지, 개인의 욕구충족이나 사회시각으로 그것을 보고 받아드리는 것, 또한 굉장히 부정적인 일일 것입니다.

한국 사회

한국정치는 '50대' '남성'이 과다 대표된 게 문제. 가장 큰 문제는 기탁금이 아닐까요. 서울시장의 경우 후보로 등록하기 위해 내야 하는 기탁금이 5천만 원. 세계적으로 봤을 때도 굉장히 높다. 몇 십 만원인 나라도 있는데, 일본과 한국이 굉장히 높은 편
※참고로 일본도 여성 정치인 비율이 굉장히 낮은 국가(세계 약190개국 중 한국은 121위, 일본은 140위)로, 한국과 어깨를 견준다.

희망 한국 만들기

민주화 이후 한국 정치의 문제점과 정치개혁의 과제

1. 머리말

2, 기성정치의 문제점

3, 정치개혁 과제

향후 추진되어야 할 정치개혁의 과제를 살펴보고자 한다.

우선, 정당개혁과 관련하여 우리가 주목할 필요가 있는 것은, 탈지역주의의 새로운 가치와 정책 지향의 정당개혁 요구가 급속히 증대하고 있다는 점이다. 그것은 근래에 들어 사회 양극화의 심화와 더불어, 이를 집단적인 차원에서 해결하기 위한 젊은 층의 정치적 관심이 급속하게 증대하면서, 지역주의의 정당에 대한 개혁 요구가 급속히 증대하고 있기 때문이다. 지역주의에 기반하고 있는 기성정당에 대한 강한 반발과, 이에 따른 정당 및 정당체제 개혁의 요구는 점차 커지고 있다. 그렇다면 그 개혁은 다음과 같은 방향에서 추진될 필요가 있을 것이다.

첫째는, 사회에 그 뿌리를 내리고, 사회의 요구와 갈등을 반영하고, 해결해줄 수 있는 정당으로의 개혁이다. 특히, 사회 양극화가 극도로 심화되고 있는 지금, 국민들의 실질적인 삶과 생활을 개선하는 생활정치 형 정당으로의 개혁을 지향할 필요가 있다.

둘째는, 기성정치 혐오의 젊은 층을 정당으로 끌어들일 수 있는 '젊은 정당'으로의 개혁이다. 이와 관련하여 개혁을 통해 새롭게 등장하는 정당은 근래의 젊은 층이 온라인상의 참여와 소통에 익숙한 쇼셜 네트워크 세대라는 점에서 온라인을 통한 그들의 정치참여를 적극 활용할 필요가 있을 것이다.

한편, 탈지역주의 경향과 더불어 유권자들의 선호는 다양화되고, 따라서 정치권의 분화를 더욱 촉진 시킬 것이다. 그런 점에서 현재 양당제 경향을 강요하고 있는 상대다수 1위 대표제 중심의 선거제도는, 유권자 선호의 다양화와 정당의 분화를 보다 자유롭게 해줄 비례대표제 확대의 방향으로 그 개혁이 이루어질 필요가 있다. 이 경우 새롭게 등장할 정당체제는, 다당화 속에서도 양당제 경향의 대통령제의 제도효과로 인해, 그것이 보수와 진보의 양 진영으로 결집하는 온건 다당제와, 대통령제 하의 이러한 온건 다당제는 연합정치를 보다 활성화시킬 것으로 예상된다.

다음으로 대통령·행정부 차원의 정치개혁은 우선, 임기 초반 대통령의 자의적인 권력 행사를 제어하는데, 그 초점을 맞출 필요가 있다. 이를 위해서는 이번 총선 결과가 보여주고 있듯이, 집권 여당이 국회 과반을 차지하지 못하게 하는 것이 중요하다. 나아가 집권 여당이 대통령에게 일방적으로 종속되어있는 지금과는 반대로, 대통령이 집권 여당에 대해 책임을 지는 한편, 집권 여당의 정책과 영향력이 대통령의 국정운영에 강한 영향력을 미치게 해야 할 필요가 있다. 둘째는, 대통령의 자의적인 권력 행사는 상당 정도 권력 기구의 동원을 통해 이루어지는 데, 이를 제어하기 위해서는, 대통령의 권력 기구 동원과 그 활용을 엄격하게 통제하는 방안을 마련할 필요가 있을 것이다.

다른 한편, 대통령의 자의적인 권력행사에 대한 제어는 대통령의 권한과 책임을 분산시키는 방법을 통해서도 이루어질 수 있다. 이를 위해서는 대통령과 책임총리 간의 분권 형 국정운영 또는, 내각 구성에 다른 정당이 참여하는 연합정부의 구성 등이 중요한 방법이 될 수 있다. 특히, 후자의 연합정부 구성은 분점정부시나, 대통령 임기 말의 레임덕의 경우 대통령의 권력이 급속히 약화될 때, 이를 해결하는 수단도 될 수 있다. 이와 관련하여 연합정부 구성을 촉진하기 위해서는 대통령 선거제도에 있어 결선투표제의 도입을 적극 검토해볼 필요가 있다.

국회 개혁의 핵심은, 다수의 힘과 이에 저항하는 소수의 힘이 물리

적으로 충돌하는 폭력적 모습의 다수 제 국회의 관행을 바꾸는 것이
다. 즉, 그것은 대화와 토론으로 경쟁하는 한편, 합의 추구를 통한 원
활한 국회 운영을 도모하는 타협과 협상, 즉, 협치 하는 국회를 만드
는 것이라 할 수 있다. 이와 관련하여 유럽의 상당수 나라들은 정책
결정에 있어 다수의 힘이 아니라, 소수와의 타협을 존중하는 협의제
민주주의(consociational democracy) 또는, 합의제 민주주의
(consensus democracy)를 시행해오고 있다.

 이처럼 국회 개혁이 협의제 또는, 합의제 국회를 지향할 경우, 그것
은 비례대표제의 확대를 통한 온건 다당제 적 정당 체제와, 결선투표
제 도입을 통한 연합정부 구성의 대통령제와 잘 조응할 수 있는 것으
로 기대된다. 그러나 이러한 국회 개혁 이전에, 무엇보다도 먼저 이루
어져야 할 것은 대통령의 국회 존중이다. 그동안 대통령들은 국회와
정당정치를 무시하고, 여당을 대통령에 종속시켜 그 힘으로 국회를 제
압하고자 했다.

 그러나 이제 대통령은, 국민으로부터 선출된 또 하나의 국가기관으
로서 국회를 존중하는 한편, 국회에 대한 대화와 설득, 그리고 소통을
통해 폭력이 난무하는 다수 제 국회의 모습을 타협과 협상이 지배하는
협의제 또는, 합의제 국회로 변화시켜야 할 것이다. 이상과 같이 정당
정당체제 대통령· 행정부, 그리고 국회 차원의 정치 개혁의 과제를 도
표화 해보면 다음과 같다.

사회주의, 그리고 인생의 의미

박노자 교수

사회주의는 "비판적 개인"을 창조하는 것입니다. 그리고 그런 개인들이 만나면, 소통의 기쁨을 맛볼 수 있는 것이죠. 어떤 상호 이용 등이 개입되지 않는 동지적 관계의 기쁨도 맛볼 수 있고요. 사회주의란, 단순히 "집권을 위한 정당운동" 차원만은 아닙니다. (그런 차원도 당연히 있지만). 이 폐허에서 인간으로 다시 거듭나기 위한 "뜻"을 되찾기 위한 실존적 운동이죠. 종교가 이미 다 상품화돼서 의미를 잃은 세상에서는, 사회주의야말로 예수와 석가의 뜻을 제대로 받드는 "마지막 인간들"의 집합이기도 합니다.

그러한 의미에서는 진보정당 지역위원회에서 문학토론, 종교토론, 인생토론 해도 좋은 것 같고, 아마추어 연극, 인디밴드 콘서트 등이라도 해서 돈으로 매개 되어지지 않는 "삶"을 즐겨도 좋은 것 같습니다.

사회주의란, 문화가 상품화돼 죽어버린 시대에 인류의 문화를 끝내 지켜보겠다는 운동이기도 하는 때문이죠. 그런데 1980년대적인 도식주의, 도그마 주의에 아직도 빠져 있는 일부의 분들이 그걸 아시는 지 잘 모르겠습니다. 사회주의 하는 목적이란, 결국 "인간답게 살기 위함"일 듯합니다. 권력이 주어지던 말든 등등은 다 부수적 부분들이죠.

우리에게 주어지는 노동 중의 99%는 대개 그 어떤 독립적 의미가 보이지 않는 단순 반복 행위입니다. 그리고 우리 머리 마음속에서 외부에서 주입된 지식과 생각 감정 등을 빼면, 과연 "우리만"의 것이라 할 수 있는 게 얼마나 될까요? 한국이든, 노르웨이든 자본주의 하에서 사는 인간들은 자기 자신들로부터 아주 심각하게 소외돼 있습니다. 아무 의미도 없는 부질없는 벌이 오락, 상품화된 정보의 흐름 속에서 인간이란 묻히고 말죠. 바로 여기에서 사회주의의 의미가 생기는 것입니다.

이미 "뜻"을 잃은 세계에서는 진보 활동이란 그 "뜻"을 회복하기 위한 하나의 노력에 해당 될 것입니다. 진보/사회주의운동을 하는 사람에게는 예컨대 "나만의 안목"같은 게 생깁니다. 연예계부터 '경제회복'에 대한 당국의 망설까지 이 세상을 이루는 그 모든 허위, 가식, 거짓말, 모든 거품에 대해서는 "이게 아니다"라고 생각하고 말할 수 있는 의식과 용기가 생기고, 진정한 의미의 "자아"가 태어나는 것입니다.

정치개혁의 과제

영零(숫자0)과 플랙탈(Fractal)이론으로 살펴보는

한국정치 문화가 국민들로부터 지지를 얻어내지 못하는 것은, 바로 이 객관적인 보편성이 결여되어 있기 때문이다. 만일, 한국사회의 정치권이 국민들로부터 객관적인 보편성을 얻어낼 수만 있다면, 이 객관적인 보편성으로부터 정당성을 부여받을 수 있을 것이고, 그리고 또한 이를 바탕으로 정치권의 모든 정치적인 정통성을 확보할 수 있을 것이다. 그렇게 되면, 한국의 정치권은 국민들로 부터 뜨거운 지지를 받게 될 것이다. 그런데 문제는, 이 객관적인 보편성에 대한 담론이 한국사

224 우리들 인생의 철학적 나침반

회에서 전무하다는 것이다.

현재 한국 사회의 수많은 정치학자들은, 이 객관적인 보편성이란 단어가 무엇을 의미하는지조차 모르고 있다. 지금 한국사회의 정치학자들은, 대부분 정치를 주관적인 독점성으로만 이해하고 있다. 주관적인 독점성이란, 한마디로 탐욕의 산물이다. 그리고 이러한 탐욕으로 국민을 위한 정치를 한다는 것은 전적으로 거짓이다. 현재 한국정치권이 썩어빠진 그 근본적인 이유는 바로 여기에 있다. 즉, 서로가 서로를 향해 주관적인 독점성으로 항상 거짓의 정치를 하고 있는 것이다. 오직 거짓만이 통용되는 사회! 이것이 바로 한국사회의 썩어빠진 정치문화인 것이다.

상대를 속여 정치적인 승리를 쟁취한다는 것은 한마디로 미친 짓이다. 지금 한국의 정치문화는 미쳐가고 있다. 그런데 객관적인 보편성이란 무엇일까? 한마디로 객관적인 보편성이란 정치용어가 아니다. 바로 객관적인 보편성이란 과학용어이다. 즉, 정치를 객관적인 보편성이 넘쳐나는 정치과학이라는 관점에서 이해하여야만 하는 것이다. 그런데 우리들은 정치과학을 논하기에 앞서 먼저, 과학의 근본이 되는 수학이라는 학문을 살펴보아야만 한다. 왜냐하면 과학은 수학이 없으면 절대 성립할 수 없기 때문이다. 다시 말해 정치를 정치과학을 넘어, 정치수학이라는 관점에서 바로 해석해야만 한다는 것이다. 그래야만 정치문화에 있어서 객관적인 보편성이 확립되기 때문이다. 정치를 수학의 관점에서 한다. 정말로 멋진 이야기이다. 왜냐하면, 수학은 객관적인 보편성을 창출하는 유일한 학문이기 때문이다.

우리들이 모두 잘 알고 있듯이, 수학의 멋은 정답을 찾아내는 데에 있다. 즉, 정치에는 정답이 없지만, 수학에는 정답이 있기 때문이다. 정치에 정답이 없다는 논리는, 한마디로 국민을 속인다는 것이다. 이

한국의 지배구조 225

처럼 수학은 바로 정치인의 속임수를 방지하는 학문이다. 우리들이 왜 정치에 정치수학 이라는 용어를 사용해야만 하는지를 잘 이해할 수 있는 대목이다.

이제는 정치도 변해야만 한다. 정치개혁과 정치혁신이란, 바로 모든 정치논쟁에 정치과학과 정치수학 이라는 학문의 논리를 전개해야만 한다는 것이다. 우리들이 모두 잘 알고 있듯이, 과학과 수학은 객관적인 보편성을 확립해주는 학문이다. 이러한 과학과 수학은 모든 주관적인 독점성을 배제한다. 바로 주관적인 독점성은 탐욕과 독재성을 창출하는 괴물이다. 만일, 정치논리에 주관적인 독점성을 확보하기 위해 과학과 수학의 논리를 역 이용하려 든다면, 국민 들은 철저히 이를 응징하려 들 것이다. 즉, 잔 머리를 굴리며 국민을 속이려는 모든 정치인들의 정치생명이 끝난다는 것이다. 왜냐하면 모든 국민들은 주관적인 독점성이 아닌, 객관적인 보편성의 정치를 간절히 원하기 때문이다. 이제 국민들이 간절히 원하는 정치 개혁과, 정치혁신의 모든 답이 나온 것이다. 그것은 바로 모든 국민들로 부터 강한 지지를 받는 객관적인 보편성이 확보된 정치력의 복원이다. 그런데 이 객관적인 보편성의 정치력을 어떻게 복원하고 논증해낼까? 우리들은 이제부터 이 점을 정확히 심각하게 논증해보아야만 한다. 왜냐하면 답이 없는 정치에 정확한 답이 있는 정치력을 바로 복원해야 하기 때문이다.

우리들이 이러한 객관적인 보편성을 논증하기 위해서는 우선, 수학 속에 숨어있는 비밀의 베일을 먼저 벗겨내야만 한다. 그런데 현대수학에 숨어있는 비밀의 베일을 어디에 숨겨져 있는 것일까? 그것은 바로 우리들이 잘 알고 있는 다섯 가지의 숫자 속에 모두 숨겨져 있다. 그 다섯 가지 숫자란 바로 영(0), 무한대(∞), 미지수(x), 허수(i), 원주율(π)이다. 그리고 이들의 관계를 서로 풀어내는 다차원의 연립 방정식

226 우리들 인생의 철학적 나침반

이다.

우리들이 잘 알고 있듯이, 이들 숫자는 정말로 난해한 숫자들이다. 하지만 이들 숫자의 난해성을 우리가 풀어내기만 한다면, 바로 현대 정치사의 모든 어려운 점들을 풀어낼 수 있을 것이다. 그런데 우리들은 이들 숫자에서 어떻게 어려운 점들을 풀어낼 수 있는 객관적인 보편성들을 확립해낼까? 우리들은 짧은 지면에 이들의 특성을 모두 다 기술할 수는 없다. 즉, 간단히 말해, 이들 다섯 가지 숫자 속에 들어있는 공통점을 유도해내면 된다는 것이다. 따라서 우리들은 이들 다섯 가지 숫자의 특성을 분석해보면, 크게 두 가지의 공통점과 그에 따른 세부내용들이 들어있음을 알 수 있다.

우리들은 이들 다섯 가지의 숫자 중 두 가지의 큰 공통점은, 우선 이들 숫자에는 모두 영(0)의 개념이 들어있다는 것이며, 뿐만 아니라 이들을 수학적인 구조 원리로 살펴보면, 부분과 전체가 같은 플랙탈(Fractal)의 구조 형태를 띠고 있다는 것이다. 즉, 모든 수학은 바로 숫자 영(0)과 플랙탈(Fractal)구조 원리로 구성되어 있다는 것이다. 다시 말해 현대사회의 모든 정치문화에 객관적인 보편성을 확보하기 위해서는, 바로 이 숫자 영(0)의 개념과 플랙탈(Fractal) 원리를 도입해야만 한다는 것이다. 우리들은 이제 이러한 세계를 살펴보기로 하자. 영(숫자0)과 플랙탈(Fractal) 이론으로 살펴보는 현대 한국정치문화의 문제점과 그 개선방안.

우리들이 이미 잘 알고 있듯이, 모든 수학을 지배하는 숫자는 숫자 영(0)이다. 그리고 숫자 영(0)은, 그 지배력을 플랙탈(Fractal) 구조 원리로 행사한다. 따라서 현대사회의 어려운 정치 부재력을 풀어나가는 해법은 바로 여기에 있다고 볼 수 있다. 우리들은 지금부터 이에 대한 바른 혜안을 찾아보기로 하자. 그리고 그 바른 혜안은 숫자 영(0)의 빔(空)과, 또한 부분과 전체가 하나 되는 플랙탈(Fractal) 원리 속에서 찾아야 한다는 것이다. 즉, 한국 사회의 정치 부재력을 빔(空)의 마음으로 온 국민을 하나로 단합시키는 힘으로 복원하라는 것이다. 이제부터 세부적인 그 내용을 살펴보자.

첫째로, 숫자 영(0)은 한자리 수를 제외한 두 자리 수 이상의 모든 수에 붙어 있다는 것이다. 그리고 다시 숫자 영(0)은 모든 수의 마지막 끝자리수로 돌아오면, 영(0)은 소리도 없이 사라지고 만다는 것이다. 뿐만 아니라, 영(0)은 모든 숫자가 커짐에 따라 숫자 영(0)의 개수, 또한 계속 늘어남을 알 수 있다.

우리들은 이 말의 뜻을 이해하기 위해서, 숫자 1과 1234와 같은 숫자가 있다고 가정해 보자. 우리들은 1과1234(1000+200+30+4)의 숫자에서 이들 숫자의 특성을 금방 알아낼 수 있다. 즉, 숫자 1과 같은 단자리 수에는 숫자 영(0)이 없다는 사실이며, 또한 천 자리 숫자 1234의 끝자리 수에도 숫자 영(0)이 없다는 사실이다. 하지만 숫자 1234의 두 자리 수 이상에는 모두 숫자 영(0)이 들어가 있음을 알 수 있다. 더욱이, 숫자가 계속 커짐에 따라 숫자 영(0)의 개수도 계속 더불어 늘어남을 알 수 있다. 우리들은 이와 같은 숫자의 특성에서 정치가 지향하는 권력에의 의지를 읽어낼 수 있다. 즉, 주관적인 독점성과 객관적인 보편성에 대한 담대한 담론이다. 다시 말해, 숫자가 1과 같은 단자리 수에 숫자 영(0)이 없다는 것은, 그러한 수가 어떤 숫자(1, 2, 3.....9)이던 간에, 주관적인 독점성으로 모두 해석할 수 있다는 것이다.

이때 주관적인 독점성이란, 탐욕으로 변화가 일어나지 않는 독점성이다. 우리들이 이미 알고 있듯이, 숫자에서 변화를 일으키는 숫자는 오직 숫자 영(0)뿐이다. 따라서 단 자리 수에 숫자 영(0)이 없다는 것은, 변화가 일어나지 않는 주관적인 독점성을 나타낸다는 것이다. 즉, 주관적인 독점성을 띠는 단 자리 수는 모두 죽어있는 숫자라는 것이다. 하지만 천 자리 숫자 1234(1000+200+30+4)에서는 숫자가 커짐에 따라, 그 속에 숨겨져 있는 숫자 영(0)의 개수, 또한 계속 늘어남을 알 수 있다. 이때, 숫자가 두 자리 수 이상으로 커진다는 것은 상대성을 나타내는 말이기도 하며, 그리고 그 상대성은 숫자 영(0)이 계속 늘어남으로 만들어진다는 사실을 알 수 있다. 즉, 큰 수는 상대방을 위해 마음을 비우고, 비우는 가운데에서 만들어진다는 것이다. 왜냐하면, 숫자 영(0)은 바로 빔의 숫자이기 때문이다. 따라서 큰 수는 가장 많이 마음을 비워내는 숫자이다. 큰 인물이 되고자 하는가. 그러면 가장 많이 마음을 비우고 양보하라. 하지만 대한민국의 정치현실은 이와는 정반대로만 가고 있다.

우리들은 이와 같이 마음을 비우는 것을 객관적인 보편성이란 한다. 그리고 이러한 객관적인 보편성은, 모든 세상으로부터 보호와 존경을 받는다. 왜냐하면, 숫자 1234와 같은 숫자에서 마지막 끝자리수인 4는 1234에 대한 상대성을 띠는 숫자이기 때문이다. 즉, 똑같은 숫자라도, 숫자가 그냥 홀로 단수로 존재하면, 주관적인 독점성을 띠지만, 큰 수 (1234)의 마지막 끝수(4)에 붙어 상대성을 띠면, 그 끝수(4)는 객관적인 보편성을 띠기 때문이다. 우리들은 이처럼 아무렇지도 않게 늘 사용하는 숫자에도 모든 참 진리가 숨어있음을 알 수 있다.

진리란 먼 곳에 있는 것이 아니라, 우리들이 늘 사용하는 단순한 숫자 속에 모두 숨어있는 것이다. 인류의 정치행태는, 이처럼 숫자 하나로 독재와 민주로 갈리는 것이다. 지금 대한민국 정치권에서 벌어지고

있는 일들은, 유심히 살펴보면 정부와 여야 예외 없이 모두 다 독재
권력일 뿐이다. 이들은 단순한 숫자놀음도 모르는 자들이다. 이들이
활동하는 모든 시공간에는, 빔(空)이 없는 오직 탐욕만이 존재할 뿐이
다. 이들은 한마디로 큰 정치란 마음을 비우는 것이라는 사실을 전혀
모르는 자들이다. 이들은 알아야만 한다. 큰 수는 바로 숫자 영(0)의
증가로 만들어진다는 사실을 말이다.

둘째로, 숫자 0은 빈자리를 나타내는 숫자라는 것이다. 이때, 숫자
0은 아무것도 없다는 것이 아니라, 단지 비어있다는 것이다. 그러므로
때가 되면 모든 것을 다시 창조할 수 있는 숫자라는 것이다.

우리들은 숫자 1.5와 1.05가 있다고 가정하자. 이 두 숫자는 같은
숫자인가. 아니면 다른 숫자인가. 물론, 우리들은 같은 숫자라고 말할
것이다. 그렇다면 '숫자 1.5와 숫자 1.05에서 같다.'라는 개념은 무엇
으로 만들어지는가. 그것은 바로 숫자 영(0)이 결정한다고 볼 수 있다.
그리고 그 결정은 바로 빔(0)이 주관한다는 것이다. 우리들은 숫자 1.5
와 1.05에서 숫자 1.5에는 숫자 영(0)이 비워져 있음을 알 수 있다.
그렇다고 숫자 0은 없다는 것이 아니라, 단지 보이지 않을 뿐이라는
것이다. 이처럼 모든 수에는 숫자 영(0)이 빈자리를 채워가며 지배한
다. 그리고 그 빔은, 아무리 작은 소수점 이하의 세계라도 모두 지배
한다는 것이다. 세상을 지배하려고 하는 자는 먼저 마음을 비우라. 그
러면 세상은 그대를 추앙하며 받들 것이다.

과연 인류는 빈자리의 정치를 하는가. 그러나 우리의 정치현실은 이
와는 달리, 전혀 다른 길로만 움직일 뿐이다. 지금 대한민국 정치는,
오직 탐욕으로 찌든 간교한 여우들이 행하는 치욕의 정치행태일 뿐이
다. 이들은 항상 개혁과 혁신을 외치며, 국민을 위해서 무(無)에서 유

(有)를 창출하는 정치를 하겠노라고 한다. 하지만 우리가 살아가는 세상에서는 무(無)는 존재하지 않는다. 있다면 그것은 빔의 시공간일 뿐이다. 이들은 이 빔(空. 0)이 자신들의 모든 정치 세계를 움직인다는 사실을 전혀 모른다. 그리고 그 모름은 자기 자신을 해치고, 결국 국민들의 얼굴에 주름살을 만들어낼 것이다.

셋째로, 숫자 0은 모든 시작점을 나타내는 숫자라는 것이다. 뿐만 아니라, 숫자 0은 모든 수의 기준점이 된다. 그리고 그 시작의 기준점의 값은 바로 빔(空. 0)이라는 것이다.

우리들이 잘 알고 있듯이, 숫자 영(0)은 모든 시작점을 나타내는 숫자라는 것이다. 예를 들면, 우리들이 운동장의 트랙을 돈다고 하자. 이때 시작점을 어떻게 표기하며 뛰기 시작할 것인가. 우리들은 위치에 관계없이 시작점을 '0m'로 표기하고, 그 '0m'에서부터 출발하여 트랙을 돌기 시작할 것이다. 이때 '0m'을 시작으로 하여 앞으로 나아가는 것을 플러스(+)값이라 한다면, 뒤로 사라지는 값은 마이너스(-)로 이 두 값을 합치면 항상 서로 상쇄되어 같은 값으로 만들어질 것이다. 즉, 100m 앞으로 나아간 만큼, 실재 뒤로 사라진 값은 다시 100m로, 그 두 값을 합치면, 항상 영(100-100=0)이 된다는 것이다. 다시 말해 실재 우리들은 영(0) 값으로 운동장을 돌고 있다는 것이다.

우리들은 여기에서 시작점과 기준점이 모두 영(0)이라는 사실을 알 수 있다. 즉, 출발의 시작점(0)에서 일단 출발하면 앞으로 나아간 만큼 뒤로 사라지는 것이 있기 때문이다. 그리고 앞으로 나아간 것과, 뒤로 사라지는 경계 값은 항상 0라는 것이다. 이 경계 값이 바로 모든 기준점의 값인 것이다. 이처럼 시작점과 기준점이 항상 영(0)이 되는 값으로 운동하는 것을, 우리들은 '뫼비우스 운동'이라고 한다. 그리고 전기 법칙에서는 이를 키르히호프의 전류 법칙이라고 한다. 즉, 이것이 실재로 우리들이 살아나가는 모습이라는 것이다. 그런데도 인류는 항상 경쟁에서 승리의 산술 값을 만들어내려고 한다. 즉, 나는 제한된 시간에 100m을 뛰었는데, 당신은 80m 밖에 뛰지 못했다는 것이다. 그러니 내가 당신보다는 뛰어나다는 것이다. 사실 알고 보면, 그렇게 말하는 그 자신은 항상 0m밖에 뛰지 못하고 있다는 그 사실을 그는 전혀 깨닫지 못하고 있는 것이다.

모든 인류에게 있어서 진정한 경쟁이란 자신과의 경쟁이지, 타인과의 경쟁이 아닌 것 이다. 그리고 그 자신과의 경쟁값은 그 누구라도 항상 영(0) 값이라는 사실을 알아야만 한다. 이 자신과의 경쟁값을 바로 알 때, 타인과의 경쟁값도 바로 0값이 된다는 것이다. 사실, 그 타인도 알고 보면 0값으로 뛰고 있었던 것이다. 이렇게 우리는 서로 서로가 마음을 비우고 살아야만 한다. 하지만 우리의 정치 현실은 이를 알지 못하고, 그저 항상 탐욕으로만 찌들어 있다. 즉, 다른 사람보다도 높은 수치를 만들려고 만하고, 그것을 '출세요, 승리자의 미덕'이라고 한다. 사실 알고 보면, 그들이 행하는 행위가 모두다 영(0) 값인 것을 이들은 전혀 모른다. 진정한 정치가는 바로 영(0) 값을 만들어내는 자이다. 위대한 정치가가 되고 싶은가. 그러면 마음을 비우고, 국민을 위해서 뛰고 또 뛰어라. 그러면 자신의 모든 정치역정의 시작점과 기준점이 왜 영(0)이 되는지를 알게 될 것이다.

넷째로, 숫자 0은 사칙연산을 통해 자신의 힘을 모두 들어낸다는 것이다. 그리고 그 힘은 바로 모든 탐욕의 욕망을 잠재운다는 것이다.

우리들은 사칙연산을 할 때, 숫자 0은 일반적인 수의 규칙에서 벗어남을 알 수 있다. 그러나 알고 보면, 숫자 0이 우리들을 지배하고 있다는 사실을 알 수 있다. 예를 들면 덧셈에서 같은 수를 더하면 (1+1=2)1의 배수가 됨을 알 수 있다. 하지만 0은 같은 수를 더하면 (0+0=0) 애초에 아무것도 더하지 않은 수와 같다는 것이다. 더불어 같은 수를 빼면, 그 값은 항상(1-1 =0)0이 됨을 알 수 있다. 이와 같은 덧셈과 뺄셈에 숨은 뜻은 무슨 뜻을 나타내는가? 이때, 우리들은 덧셈을 탐욕이 늘어나는 것이라고 본다면, 뺄셈은 탐욕이 줄어드는 것이라고 볼 수 있을 것이다. 이는 못된 탐욕의 정치(1+1=2)를 계속한다면, 그 탐욕으로 인하여 결국 자신을 해친다는 뜻이고, 그리고 좋은 뺄셈의 정치(1-1=0)를 한다면, 그로 인한 편한 마음의 상태로 돌아온다는 것이다. 더욱이 항상 서로서로가 마음을 비우고 함께 털어놓는 정치를 한다면, 가장 좋은 정치행위(0+0=0)가 이루어진다는 것이다.

이와 같은 법칙은, 곱셈과 나눗셈에서도 그대로 적용된다. 대개 어떤 수에 곱하기 2를 하면(2x2=4) 그 수의 2배가 된다. 하지만 어떤 수 (2)에 0을 곱하면 그 값(2x0=0)은 0이 된다. 이 말은, 곧 탐욕(2x2=4)의 결과는 배가 되는 고통이 따르지만, 그 탐욕을 모조리 지우면, 그 결과 값은 항상 0으로(2x0=0) 가장 좋아진다고 볼 수 있다는 것이다. 특히, 나눗셈에서는 탐욕의 결과가 얼마나 무상한지를 잘 나타낸다. 예를 들어 영(0)으로 나누기를 해보자.

우리들은 영(0) 나누기(0÷0=부정,5÷0=불능,0÷5=가치)를 해보면, 부정-불능의 혼돈상태에 빠짐을 알 수 있다. 즉, 영(0)은 절대로 쪼갤 수 없다는 것이다. 다시 말해 빈 것을 쪼갤 수 없다는 것이다. 이는 곧 영(0)은 아무리 나누어 쪼개도 본래 모습 그대로라는 것이다. 그런데

한국의 지배구조 233

도 인간은 한없이 쪼개어 이득을 나누려고 한다. 그러나 그 한없는 쪼갬의 값은 결국 무한대($12 \div 2 = 6$, $6 \div 2 = 3$, $3 \div 2 = 1.5$.......∞)로 나올 것이다. 그리고 그 무한대의 값은 부정-불능의 값과 같을 것이다. 또한, 이 부정-불능이 나오는 원인은, 결국 쪼갤 수 없는 빔의 값이기 때문이다. 우리들은 나눗셈에서 탐욕의 무상함을 볼 수 있다. 이처럼 0은 사칙연산의 값을 통해 탐욕의 허상을 잘 보여준다. 그런데도 우리의 정치권은 탐욕에서 전혀 벗어나지 못하고 있다. 무엇을 얻어 무엇을 쪼개 그 이득을 본단 말인가. 우리의 인생은 본시 쪼갤 필요도 없이 본래 있는 그대로인 것을, 다만 우리의 정치권만이 모를 뿐이다.

다섯째, 숫자 영(0), 무한대(∞), 미지수(x), 허수(i), 원주율(π)에는 부분과 전체가 같다는 플랙탈(Fractal) 구조 원리로 작용하고 있다는 것이다.

우리들은 이미 앞서 숫자 영(0), 무한대(∞), 미지수(x), 허수(i), 원주율(π)의 특성을 파악함으로서, 이들 숫자 속에 공통적으로 들어있는 특성이, 바로 플랙탈(Fractal) 원리임을 알고 있다. 즉, 플랙탈(Fractal) 원리는 부분과 전체가 같은 모습을 이룬다는 뜻이다. 이때, 부분과 전체가 같은 모습을 이룬다는 것은, 숫자 0의 움직임을 기하학적으로 들어낸 것이다. 기하학적으로 같은 모습을 수없이 반복하는 힘은 모두 영(0)에서 나온다. 다시 말해, 부분과 부분이 서로 상대성을 이루며, 전체적으로 똑같은 모습으로 나타내도록 만든다는 것이다. 우리들은 이미 어떤 한 부분과 한 부분이 똑같은 모습을 이루기 위해서는, 반드시 그 한 부분과 한 부분이 서로 상대적인 대응 관계를 형성하며, 숫자 0을 만들어내지 않으면 안 된다는 사실을 잘 알고 있다. 그리고 이러한 원리가 무한소에서 무한대까지 그대로 끝없이 이어지면, 그것은 바로 무한집합론이 된다는 것이다. 즉, 우리들이 알고 있는 전 우주는, 모두 하나의 집합체로서 플랙탈(Fractal) 구조를 이루고 있다는 것이다. 그리고 이러한 플랙탈(Fractal) 구조를 이루도록 만드는 힘은 모두 0의 원리에서 나온다는 것이다.

우리들은 언제나 세상을 살면서 한 마음(부분), 한 뜻(부분)으로 다함께(전체) 잘 살아보자고 말을 한다. 즉, 너(부분)와 내(부분)가 힘을 합쳐 하나(전체)로 잘 살아보자는 것이다. 바로 이 말 자체가 플랙탈(Fractal) 원리를 인문학적으로 나타낸 말이다. 우리의 수없이 많은 정치 지도자들은, 사람들이 모이는 장소만 생기면 언제든지 그 자리에 가서 이와 같은 말을 한다. 하지만 이들의 속마음에는 언제나 나는 너보다 잘났다. 그러니 항상 나를 따르라는 것이다. 바로 편견적인 탐욕의 거짓이 들어나는 말이다. 그리고 이들은 이러한 탐욕을 성공적인 삶이라고 말한다. 한마디로 궤변을 주장하고 있는 것이다. 이들은 모두가 참다운 인간이 아니라, 하나도 빠짐없이(부분과 부분) 모두(전체)가 괴물인 것이다. 즉, 플랙탈(Fractal) 원리를 악용하여 세상을 탁하게 만드는 자들이라는 것이다. 한마디로 현재 대한민국 사회는, 이렇게 썩은 자들이 정치를 한답시고 움직이고 있는 것이다.

인간은 그 누구도(부분과 부분) 예외 없이 사회조직원(전체)으로 살아나갈 수밖에 없다. 이 말 자체도 플랙탈(Fractal) 원리를 설명한 말이다. 인간이 그 누구도 예외 없이 사회조직원으로 살아나갈 수밖에 없다면, 인간은 플랙탈(Fractal) 원리에 따라 이 세상을 살아갈 수밖에 없을 것이다. 우리들은 이미 플랙탈(Fractal) 원리 속에 숫자 영(0)의 원대한 힘이 들어있음을 알고 있다. 그리고 이러한 힘의 작용을 다섯 가지의 숫자인 영(0), 무한대(∞), 미지수(x), 허수(i), 원주율(π)을 이용

한국의 지배구조 235

하여 연립방정식으로 증명해 보았었다. 우리들은 이제 대한민국 조직 사회를 어떻게 만들어가야만 하는지를 바로 깨우친 것이다.

그것은 바로 국민 한 사람 한 사람 (부분과 부분) 모두(전체)에게 빔 (0. 空)의 위대한 정신문화를 전승하는 것이다. 그리고 그 위대한 정신 문화로 대한민국을 통일국가로 만드는 것이다. 우리들은 이제 썩어빠진 한국 정치 문화를 개혁하고, 혁신해내야만 한다. 우리들은 이제 주관적인 독점성을 추구하는 권력 추구형의 정치문화를 객관적인 보편성이 살아 움직이는 참다운 국민 지향형의 정치문화로 반드시 바꾸어내야만 한다. 그리고 이러한 힘은 바로 플랙탈(Fractal)사회구조를 전체적으로 움직이는 빔(空)의 위대한 정신문화에서 찾아내야만 한다. 또한, 이러한 힘을 강력하고 힘차게 밀고 나아가 위대한 대한민국을 건설해야만 할 것이다.

고소/고발/ 고소 공화국

공자는, "법령과 형벌로 다스리면 백성들은 그것을 피하려 하되 부끄러워하지 않지만, 도덕과 예의로 다스리면 부끄러워하면서 품격이 있다(道之以政 齊之以刑 民免而無恥, 道之以德齊之以禮 有恥且格)"고 지적했다. "근본이 어지러운 데, 곁가지만 치료하는 것은 안 된다(根本難而末治者否矣)"는 말도 있다

애빌린 역설이라는 게 있다. 한 집단 안에서 구성원 상당수가 원하지 않는 방향임에도, 자신의 생각과 다른 결정을 내리는 데 동의하는 것을 가리킨다. 애빌린 역설을 깨는 것은, '첫 번째 펭귄'이다. 바다사자에 잡혀 먹힐 위험을 무릅쓰고, 바다로 뛰어드는 용감한 펭귄이 있어야 다른 펭귄들이 그 뒤를 따른다. 법을 만들어 시행하는 것은, 사람이 사람답게 사는 세상을 만드는 데 도움이 되기 위한 것이다. 법이

세상을 각박하게 만든다면, 그런 법이 만들어지지 않도록 하는 첫 번째 펭귄이 많아져야 한다.

고소/고발/ 억제해야

현재, 우리나라는 넘쳐나는 고소·고발로 인해 양질의 수사 서비스를 받지 못하고 있는 실정이다. 경제사범에 대한 고소·고발 중 혐의가 인정되는 경우는 극히 일부에 불과하다. 그중 통상 사기, 횡령과 같은 고소 사건의 기소 의견 율은 20%에 불과하고, 약 80%가 무혐의로 사건을 종결 처리되곤 한다.

우리나라는 일본에 비해 인구대비 66.8배에 달하는 고소·고발이 이루어지고 있다. 이는 2008년도 기준, 우리나라는 43만6865건, 일본1만7382건으로 건수로는 25배, 인구1만 명당 66.8배이다. 그러한 고소·고발처리 때문에 수사 인력이 비생산적 운용돼, 국민이 진정으로 긴급하고 절실히 필요로 하는 아동납치·실종·절도사건 질 높은 수사 서비스를 받을 수 없게 되는 결과가 된다.

또한, 고소장을 제출하면 상대방은 경찰의 '범죄사건부'에 등재돼 '형사입건 피의자'가 된다. 형사상 혐의입증 가능성이 매우 낮음에도 상호 간 입건되는 불쾌한 경험은, 서로에게 상처를 주고 더 큰 갈등을 초래하게 된다. 개인 간의 분쟁 해결을 위한 형사고소가 최선의 유일한 방법은 아니다. 그러므로 고소 전에 다시 한 번 올바른 결정인지를 신중하게 생각해야한다.

개인 간의 갈등은 꼭 고소·고발로 해결하는 것보다, 다양한 법률상담과 민사제도를 이용하는 방법도 하나의 좋은 방법이다. 경찰은 근본적으로 국민의 생명·신체·재산을 범죄로부터 보호하는 기관이다. 시민들도 경찰수사가 적시에 정말로 필요한 곳에 사용될 수 있도록 협조를 해야 한다.

고소/고발/…수사력 낭비

매년 우리나라 피고소인의 수가 50만 명을 상회할 정도로 고소·고발이 남용돼 수사기관의 업무 부담을 가중시킬 뿐만 아니라, 범죄혐의가 없는 사건에 불필요한 수사력을 허비함으로써, 정작 필요한 곳에는 국가수사력을 집중시키지 못하는 결과를 초래한다는 지적이 나왔다.

국회 행정안전위원회 소속 한나라당 김태원(고양시 덕양구을) 의원은, 지난 7일 열린 경찰청 국정감사에서 우리나라가 전체 형사사건 중 고소 사건이 차지하는 비율(21.5%)이, 일본(0.5%)에 비해 턱없이 높고, 인구10만 명당 피고소 인원을 비교해 보아도, 우리나라(1068.7명)가 일본(7.3명)에 비해 146.6배나 되는 등 우리나라의 고소 남발이 매우 심각하다고 밝혔다.

김 의원은 최근 5년간 형사사건 기소율이 45% 안팎의 수준을 보이고 있는 것에 비해, 고소사건의 기소율은 20%에 미치지 못하고 있다며, 이는 고소사건의 경우 증거불충분이나 혐의가 없음 등을 이유로 불기소되는 비율이, 일반사건에 비해 상대적으로 높다는 점을 보여 준다고 설명했다.

김 의원은 특히, 일본의 경찰·검찰은 채무불이행 등의 민사 분쟁 형사사건은 고소를 접수하지 않는 것이 실무관행으로 정착돼 있지만, 우리의 경우 채무불이행 사안에 대해 특별한 비용을 들이지 않고, 수사기관을 통해 증거자료를 수집하기 위해 우선 고소를 함으로써 경찰·검찰 등 수사기관이 채권추심기관으로 전락하고 있다는 지적을 받고 있다고 강조했다.

이에 김 의원은, 고소 남발을 막기 위해-채무자가 채무면탈을 목적

238 우리들 인생의 철학적 나침반

으로 무상이나 저액으로 자기의 재산을 타인이나 자신의 친족에게 양도하더라도, 무죄가 됨으로써 피해자가 형사고소를 통해 채무변제를 받으려고 하는 '강제집행 면탈 죄'의 문제를 보완하고-일선경찰에서 고소 접수단계에서 정식으로 사건을 입건하는 양을 줄이는 등의 방안을 적극적으로 검토할 필요가 있다고 제안했다.

나의 제안

정치발전⇒ 젊은 신진지도자 체계적 양성을 위한-정치학교개설이나 신설 고려, 국회-공주 이전, 나중에 청와대도 퇴임 지도자들도 환향(고향 앞으로 좁은 국토에서 수도권에만 몰리는 건 이제 그만-부동산 급등, 교통지옥, 공해 자연히 해소)

부정부패⇒ 고위직은 오히려 가중처벌, 신상필벌, 일벌백계가 답이다.

지역감정⇒ 역차별-선출직 동향 배제, 불이익(잡종강세, 근친상간 터부)

수도권 집중인구⇒ 과밀로 인한 주거 난은 부동산 폭등과 과열로 부동산거품이 주거 불안정을 초래해 정작 필요한 젊은 신혼부부들의 주거권을 침해하고, 이로 인한 교통난 공해는 국가 경쟁력에도 부정적 역할을 미친다. 이는, 정관계와 토건건설업으로 대변되는 자본의 유착으로 인한 최소한의 필수적인 규제나 제약조차 없는 무사안일과 방임에 편승한 난개발의 지속(역시 정치개혁의 절박성을 웅변해주는 또 하

한국의 지배구조 239

나의 이유)

이미 미국을 비롯한 거대 양당 구조의 정치 선진국에서 조차 『지방자치의 르네상스』라는 정도로 특히 일본의 경우를 반면교사로 삼아 지방 분권의 중요성을 인식하기 시작 했다는 점을 우리도 참고해야 될것으로 생각한다.

대책 국회⇒ 행정수도인 공주 이전, 대학 등 교육기관의 지방 이전, 소위 지도층 인사들부터 솔선해서 은퇴하면 고향으로 가는 것이 진정한 지역 사랑이자 동시에, 나라 사랑이라고 생각 한다(카터와 클린턴은 워싱턴을 떠나 고향으로 돌아가서도 여전히 사회적으로 활발하게 활동하고 있다).

빈부 격차와 양극화 재벌의 사회적 책임 실천⇒ (삼성 이재용 상속세)

노블리스 오블리쥬의 실천

세계 최고 자살률 ⇒ 개인의 문제나 의학적 접근만으로 해결될 수 없는 우리 사회의 슬프고 부끄러운 자화상으로 사회 의학적 현상, 실제로 전체 자살의 3분의 2이상은 우리 사회에서 소외되고 탈락한 사회적 타살 (Medico-social Phenomenon)이 아닐까 생각한다.

이는 날로 심화되는 빈부 격차, 뿌리 깊은 부정부패와 이로 인한 사회정의의 실종, 전 국민의 일체감을 좀먹고, 위화감을 조성하는 고질적 지역 패권주의 등, 사회정의 구현의 실천이 시급하다.

보신주의 공무원⇒ 국민의 명실상부한 공복(머슴)인데, 이기주의와 각자도생의 자세에 집착하여 오히려 주인행세나 하면 과연 이 나라에 희망이 있을까?

후기 자본주의 사회의 냉혹하고 엄혹한 세계정세를 혼신을 다해 극복해도 부족한 이 시기에, 자본가와 결탁해 국민보다 자본의 편에서 눈치만 보는 무사안일에 빠져 나부터 살고 보자는 각자도생에 골몰하면 과연 이 나라에 미래가 보일까?

인생 독본⇒ 인생에 사는 의미는 없다. 젊은이여, 부딪치고, 방황하고, 실천하고, 노래하고, 사랑하라. 인생의 푯대를 세우라 (과연 내 인생의 목표는 무엇인가? 돈 명예 부귀영화?)

성장기 이전(초등학교 고학년?)에 철학(프랑스는 초교부터 철학교육), 문학(중국은 초교 때 당시 백수 암송), 끝없는 문제 제기 (핀란드식 무제한 적인 연상사고로 창의력 제고) 등 폭넓은 교육으로 인생에 대한 관조로 사고를 풍요롭게 자기 자신에게 엄격하라. 기본에 충실하라. 사소한 것도 소중히 끝마무리도 철저하게 나보다 남을 먼저 배려하고, 약자를 보호하는 인간중심의 사회 추구. 나태하고 게으른 민족은, 타민족의 지배를 받을 수밖에 없는 것은 세계사가 웅변해주는 반면교사의 엄혹한 불변의 진리이자 현실이다.

G
죽음에 대한
기본적 이해

사실인즉 죽음은
불가항력적이지만
모든 생명은
고귀하다는 측면에서
누구나 좋은 죽음,
평화로운 죽음을 소망한다.

죽음에 대한 이해

좋은 죽음/나쁜 죽음

의학적 측면

의학에서는 인격적 과정이라기보다는 단적으로 혹은, 주로 생물학적 사건으로 취급하고 있다. 의학에서 죽음의 개념을 살펴보면 다음과 같다.

(1) 생체 액 유동기능의 불가역적 정지(심장과 폐혈관의 기능정지)
(2) 육체로부터의 영혼의 불가역적 이탈(호흡기능 정지)
(3) 신체적 통합능력의 불가역적 정지(뇌기능의 정지)
(4) 사회적 상호작용 능력의 불가역적 정지(뇌피질사)

오늘날 의학이 할 수 있는 일이란, 인간의 생물학적 죽음을 얼마동안 지연시킬 수 있다는 것뿐이다. 생명을 연장시키고자 하는 의학적 노력은 은연중 다음과 같은 태도를 형성해 왔다. 곧, 의학은 살아 있는 사람을 다루지 죽은 사람과는 상관이 없으며, 어떤 의미에서 죽음

죽음에 대한 기본적 이해 245

은 의학적 노력의 패배로 간주된다. 여기에서 죽음을 부정하는 태도를 볼 수 있다.

법학적 측면

법학에서는 죽음의 의미나 가치보다는 죽음의 책임을 묻는다. 그러므로 자연사(natural death)보다는 외부의 자극(물리적이거나 정신적인)에 의한 죽음, 즉 살인을 논하게 된다. 법에서는 살인죄(Totung, Homicide:사람을 살해하는 것을 내용으로 하는 범죄)의 테두리 안에서 인간의 죽음을 바라본다. "사람의 생명은 생활의 기본이므로, 법률은 이를 보호하고 이를 침해하는 행위에 대하여 엄벌로 임하는 이유가 있다.

형법상에 있어서'살해'는 고의로 사람의 생명을 자연적인 죽음의 시기에 앞서 단절하는 것인 반면, '과실치사'는 단지 사람을 죽음에 이르게 하는 것이다. 살해는 그 수단방법에 불문한다. 예를 들면 작위에 의하건, 무작위에 의하건, 직접적이건, 간접적이건, 유형적이건, 무형적이건 어느 경우에도 불문한다. 한편, 과실치사죄는 죽음의 결과발생이 과실로 인함을 말한다.

사람의 죽음의 기준에 관해서는 형법학에서 몇 가지 간단한 이론을 제기한다.

첫째. 호흡이 종지한 시점을 택하는 호흡 종지설.
둘째. 심장의 박동이 종지한 시점을 택하는 맥박 종지설.
셋째. 최근의 심장이식 수술이 개발됨에 따라 뇌의 장기 사를 개체의 죽음으로 보는 경우이다.

블랙 법률사전(Black`s Law Dictionary)에서는 "죽음은 생명이 끝나는 순간에 일어나는 것이며, 심박동과 호흡이 정지하기 전까지는 일어나지 않는다. 생명의 정지, 존재의 끝남, 의사들이 정의한 바로는 혈액순환의 완전한 정지, 그리고 그에 따른 호흡이나 맥박과 같은 생물적 생명기능의 정지"라고 정의한다. 이런 정의는 죽음에 대한 전통적 기준으로 뇌기능에 의한 죽음 판단에 대항하는 법 개념이다.

철학적 측면

의학에서 죽음을 부정하고자 하는 것과 마찬가지로, 전통적인 철학과 형이상학에서도 이 죽음의 문제를 문제 삼는 것을 소홀히 하고 회피해 왔다. 그러나 오늘날 서양에서는 죽음에 대한 관심이 갑자기 고조되었으며, 일반대학 철학과에는 '죽음과 죽는다는 것(death and dying)'이라는 과목까지 등장하게 되었다.

죽음에 대한 중요한 철학적 문제로는 죽음의 공포(the fear of death)라는 문제가 있다. 그 문제에 대해서는 5가지 견해가 있다. 첫째는, 죽음에 대해서는 죽음이 괴로울 것이라는 가정에 근거를 두고 있으나, 죽음 그 자체는 절대로 괴로움이 될 수 없다는 에피쿠로스(기원전 341-270)의 주장이며, 둘째는, 죽음의 공포를 극복하려면 죽음을 항상 염두에 두고 살아야 한다는 스토아 철학자들의 주장이며, 셋째는, 인간은 절대로 죽음을 정확히 알거나 직시할 수 없다는 스피노자(1632-1677)의 견해이며, 넷째는, 행복한 사람은 행복한 죽음을 가지고 온다는 입장이며, 다섯째는, 죽음자체에 아무런 의미를 부여할 필요가 없다는 쇼펜하우어(1788-1860)의 주장이다.

그러나 19세기와 20세기에 들어서면서 인간은 구체적인 삶과 지금

죽음에 대한 기본적 이해 247

있는 '현존재' 또는, '실존'에 부쩍 관심을 기울이게 되었다. 실존철학은 실존을 그 철학의 출발점으로 삼고 있다. 일반적이고 보편적인 인간을 문제 삼는 것이 아니라, 구체적이고 개별적인 지금 여기 인간을 문제 삼고 있다. '죽음의 문제는 이제 인간이 간단히 처리해 버린다거나 또는, 피해버릴 수 있는 문제로서가 아니라, 그 문제와 진지하게 대결하지 않으면 안 될 문제로 대두하게 된다.

이런 실존철학의 대표라고 할 수 있는 하이데거(Heidegger)는 존재문제를 본격적으로 다룬 최초의 사람이라고 할 수 있다. 그는, 인간은 신의 존재와 내세의 존재를 가정하지 않더라도 죽음을 직시함으로써 삶의 의미를 발견할 수 있다고 하였다.

그러나 같은 실존철학 주의자인 샤르트르(Sartre)는 어떤 의미도 죽음에서 뺄 수 없다고 말한다.

좋은 죽음이란

누구나 좋은 죽음, 평화로운 죽음을 소망한다. 사람들은 폭력, 사고, 전염병 등에 의한 죽음이 아니라, '자연사'를 갈망한다. 모든 생명은 고귀하다는 측면에서 자신을 돌보면서 훌륭한 죽음을 맞기를 기원한다. 사마천(司馬遷)은 "왜 어떤 죽음은 고귀하고, 어떤 죽음은 아홉 마리 소의 터럭하나(九牛一毛)만도 못할까"하며 안타까워 한 것도 우연이 아니다. 그는, "현명한 사람은 진실로 자신의 죽음을 중히 여겼다"고 했다.(김영수2010)

루트비히 비트겐슈타인(Wittgenstein2015) 역시 "훌륭한 죽음을 맞을 수 있는 그런 삶을 살아야 한다."고 했다.

그런데 여기서 좋은 죽음이란 죽어가는 과정(dying)에 초점을 맞추는 개념이다. 죽어가는 순간까지 총명하게 자아를 잃지 않고 자신을

248 우리들 인생의 철학적 나침반

돌보며 존엄하게 죽는 것을 의미한다(Zimmermann 2012). 반대로, 노인으로 살아가면서 오랜 질병으로 인한 냄새, 욕창, 낙상, 신체구속, 그리고 기저귀를 차고 지내다가 죽는 것은 인간으로서의 존엄성을 잃는 것이다.

비트겐슈타인은 "오로지 죽음만이 인생의 의미를 준다."고 했다. 죽음을 생각하는 삶은, 인간의 유한성을 직시하며 초월적 무한성과 연관된 삶이라고 할 수 있다. 꼭 종교적이지 않더라도, 인간의 죽음이 이미 영원한 삶과 연결돼 있다는 생각으로 살아가는 것이 복이다.

나쁜 죽음이란

우리는 죽음이 왜 나쁘다고 생각할까? 어떻게 죽는 것이 나쁜 죽음인가. 젊어서 죽는 것은 나쁜 죽음인가. 다른 사람보다 더 오래 살다가 죽으면 운이 좋은 사람인가. 갑자기 사망하거나, 일찍 죽은 아이들의 죽음은 나쁜 죽음(bad death)이고, 노년기에 제 수명을 다하고 죽은 사람들은 좋은 죽음(good death)인가. 혹은, 아침에 아내가 남편의 침실을 열었을 때 남편이 죽었다면 그것은 어떤 죽음인가. 생각하기 나름이겠지만, 좋은 죽음은 아닐 것이다.

. 실제로 우리의 삶과 죽음을 단순히 정량화하는 것은 불가능하다.(Brown, 2007) 그럼에도 불구하고 많은 사람들은 존재론적 죽음을 받아들이지 못하거나, 세상을 떠나는 것이 나쁜 죽음처럼 생각한다. 그 이유는 죽음으로 인해 '아무도 더 할 수 없다'고 생각되기 때문이다.

사실인즉 죽음은 불가항력적이지만, 아쉬운 감정을 갖게 한다. 어린 나이에 죽는 것은 누구를 사랑해 보지 못하고 죽는 것, 장년의 죽음은 자기의 목표를 이루지 못하고 죽는 것, 노년기는 흘러가는 세월을 아

죽음에 대한 기본적 이해 **249**

쉬워하며 죽어갈 것이다. 생각하기 나름이겠지만, 모든 것을 부정하면 재앙이 된다. 반대로 지금까지 살아왔다는 사실에 감사하고 긍정할 때에, 좋은 죽음을 맞이할 수 있을 것이다.

게다가 죽음은 모든 것을 박탈당한다는 점에서 '불모의 삶'으로 돌아가는 것을 뜻한다. 죽는 순간부터 행복하게 누리던 유쾌한 경험을 빼앗기는 '박탈문제'(deprivation thesis)가 제기된다. 죽음은 모든 향락을 박탈하기 때문에 나쁜 것이라고 생각한다. 사람들에 따라 다르지만, 욕망을 내려놓지 못하고 죽을 때에 더 아픈 것이다. 나쁜 죽음은, 그 사람의 욕망의 정도와 밀접한 관계를 나타낸다.(Belshaw, 2013) 죽어가는 모습에서 평화로운 임종(편안한 얼굴)인가, 아니면 고통스러운 모습인가? 을 짐작할 수 있다. 고통스러운 죽음은 결국 삶의 과정에서 악을 행했거나, 불행한 삶을 살았기 때문이라는 견해도 있다.(Bradley, 2013) 불행하게도 대부분의 사람들은 고통스럽게 죽어가는 것이다.

플라톤과 하이데거의 경우 존재의 영역(실체, 관념의 세계)과 시간 영역(되어감, 진행)으로 나누고 있지만, 사실은, 모든 존재란 시간에 의해 한정될 뿐이다. 존재(나)의 죽음도 시간 속에서 제한될 뿐이다. 시간 속에서 일어나는 일(죽음)들이 뭔가 나로부터 빼앗아가기 때문에 나쁘다고 생각하게 되는 것이다.

이렇다 보니 사람들은 죽음을 악(惡)으로 간주하는 경향이 있다. 죽음에 대해서 나쁘게 생각하면, 죽음자체가 불행해질 수밖에 없다. 하지만 죽음은 악도 아니고 선(善)도 아니다. 다만 소멸되는 것뿐이다. 결국 제한된 생명을 누리다가 죽는 것이 자연의 법칙이다.

좋은 죽음을 만들기 위해서는 우선 살아있을 때 좋은 삶을 살아가는 일이다. 죽음을 예상하고, 고통 없이 주어진 생명을 누리다가 떠나는 것이 좋은 죽음이다. 무수히 많은 생명체가 걸어온 길을 따라가는 것이 우리 삶이요 죽음이다. 사마천은 "세상의 헛된 죽음을 보면서 태산보다 무거운 죽음"을 말한다.(김영수2010) 언젠가는 죽을 것을 알기에 명예로운 죽음이 귀중하다는 뜻이다.

그럼 좋은 죽음을 어떻게 만들 수 있을까. 그것을 행동에 옮기는 것이 쉬운 일이 아니지만, 환자 및 가족의 입장에서 살펴볼 몇 가지 방법을 찾아보자.

1⇔환자자신이 죽음을 예감하고, 주변정리는 물론 가족들도 마음의 준비를 하며 죽음으로 인한 충격을 줄이는 일이다. 죽음에 이르기 전에 못다 한 일들을 정리하는 한편, 가족들과 사랑을 나누고 용서하면서 심리적 불안감을 줄여가는 일이다.
2⇔가능한 통증 없이 죽는 것이다. 고통을 줄이는 즉, 완화치료(palliative care)는 죽어가는 사람에게 매우 필요한 조치다. 완화치료는, 좋은 죽음을 목표로 한 것으로써 죽음의 질에 영향을 미친다.
3⇔모든 사람들과의 인간관계를 정리한다. 살아가면서 생긴 갈등, 모순, 적대감을 모두 풀고 가는 것이다. 아이라 보이오크(Byock, 2004)는 죽음직전에 인간관계를 푸는 데는 "나는 당신을 사랑합니다. 감사합니다. 당신을 용서합니다. 나를 용서해 주세요."라고 했다.
4⇔가족들로서는 환자가 소원하는 것을 충족시켜 주는 일이다. 먹고 싶은 음식을 만들어 주거나, 여행을 동행하며 함께 보내는 것이다. 가족 및 친지들과의 작별 인사를 할 수 있는 기회를 마련해 주는 것도 빼놓을 수 없는 배려다.
5⇔인생의 의미를 찾도록 배려하는 일이다. 환자가 추구하는 가치를 느끼도록 하는 일, 책을 읽어주거나 음악을 들으며 휴식을 취하도록

죽음에 대한 기본적 이해 251

돌보는 일이다.

6⇔임종을 대비해 신뢰할 수 있는 사람과 대화 기회를 만들어 주고 재산, 장기기증, 죽음의 선택 등을 놓고 충분히 말할 기회를 만든다.

7⇔원치 않는 생명의 연장을 강요하지 않는다. 의료기기에 의존하지 않고, 온전히 존엄을 지키며 죽는 것이다. 무의미한 생명연장 없이 조용히 떠나도록 돕는 일이다.

8⇔죽음이 임박할 시 집에서 혹은, 병원에서 임종할 것인가를 선택한다. 임종이 임박하다면 안방으로 옮겨 눈을 감도록 한다. 안방은 죽어가는 자의 마지막 끝내는 장소니 그렇다.

9⇔종교적 믿음을 갖도록 권한다.

10⇔사망 후 사회적 관계에서 어떤 비난을 받거나 수치스러운 일이 발생하지 않도록 조심한다. 가족들은 죽어가는 사람에 대해 신체적, 심리적, 사회적, 영적으로 해방된 죽음을 맞이할 수 있도록 하는 것이 마지막 배려일 것이다.

기억되는 죽음

첫째, 야곱은 성경에 나오는 위대한 족장으로 천수를 다하고 자연스럽게 발을 침상에 모으고 숨을 거뒀다. 야곱(Jacob)은 열두 아들을 축복하고 죽는다.(창49: 28-33) 죽으면서 아들에게 아브라함과 그의 아내가 묻힌 곳에 장사지내라고 한다. 자신을 이집트가 아닌 조상이 묻힌 가나안의 막벨라 밭에 있는 굴에 장사지내도록 당부했다. 야곱은 죽음을 앞에 두고 요동하지 않고 침착하게 147세에 경건하게 죽는다. 존재론적 자신의 한계를 깨닫고 노인답게 정면으로 죽음을 맞이하는 모습이다.

둘째, 명예로운 죽음으로 소크라테스의 '평온한 죽음'(tranquil death)을 예로 들 수 있다. 그리스철학자 소크라테스는, 신(God)을 부정하고 젊은이들을 타락시켰다는 이유로 아테네정부로부터 재판에 회부되어 자기사상을 포기할 것인가? 아니면 독약을 받고 죽을 것인가에 기로에 놓였다. 그는, 영원불멸을 믿으며 죽음을 택하고 죽는다. 사망을 피하지 않고, 도망가지 않고, 자신의 바람직한 이상을 실현하고 죽음을 택한다. 소크라테스는 "죽음은 인간만이 받을 수 있는 축복 중 최고의 축복이다"라고 했다.

셋째, 그리스도의 '구속적 죽음'(redeemed death)이 있다. 예수는 당국의 재판에 넘겨져 가장 고통스러운 십자가형을 받고 죽는다. 예수는, 로마제국과 종교권력에 의해 위험인물로 지목돼, 십자가형을 언도받고 겟세마네동산에서 십자가에 매달려 죽는다. 예수의 고통과 죽음은 신학적으로 인류구원을 위한 속죄물이 되는 죽음이었다.

넷째, '이타적 죽음'(altruistic death)이 있다.
가까운 예로 찰스 디킨스(Charles Dickens1812-1870)의 고전작품 '두 도시의 이야기'(A Tale of Two Cities, 1859)에서 보자. 작품이 전하는 내용은, 프랑스혁명 당시 런던과 파리를 오고가며 펼쳐지는 숭고한 사랑이야기다. 주인공 시드니 카턴(Carton)은 아름다운 루시 미네트(Manette)를 처음 만나 사랑을 느끼면 삶의 의미를 찾는다. 그러나 루시가 다른 남자 찰스 다네이(Darnay)와 결혼하자 시드니 카턴은, 사랑하는 루시를 위해 자기가 할 수 있는 모든 것을 다 하겠다고 선언한다. 두 사람의 결혼을 시기하기 보다는 그의 행복을 빌어준다.

죽음에 대한 기본적 이해 253

그런데 정치혁명 와중에서 루시와 남편 찰스의 생명이 사형당할 위기에 놓인다. 이에 시드니 카턴은, 고소하게 잘됐다는 생각보다, 죽음에 직면한 그들을 돕는다. 루시의 행복을 위해 찰스 다네이를 대신해 기꺼이 죽는 사나이 시드니 모습이다. 시드니의 희생으로 루시는 남편을 되찾고 잘 살아간다.

물론, 좋은 죽음, 훌륭한 죽음은 위에서 언급한 사례 이외에도 많다. 고대그리스 작가 호머(Homer)의 서사시 오디세이(Odyssey)에서 보면, 오디세우스가 자신이 전쟁이 끝나고 집에 돌아와서 아내(페넬로퍼)를 유혹하며 괴롭혔던 당시 귀족들을 모두 죽인다. 이때, 오디세우스에게는 상대방의 죽음이 승리의 기쁨인 셈이다.

플라톤은 죽음이 행복하다고 했다. 에피쿠로스는 자신이 죽음으로 행복한 사람이 되었다고 했다. 키케로(Cicero)는 안토니우스에 의해 죽임을 당하면서도, "더 이상 고통 받지 않게 되었다"며 자기 머리를 내 주었다.

21세기 장수사회에서 좋은 죽음이란 무의미한 연명치료를 중단하는 등 환자 자신의 생명선택권 보장을 중시한다. 그리고 각종 사건사고, 전염병으로 인한 죽음을 피하는 것이 좋은 죽음이다. 평균수명이 길어지는 현실에서 외롭게, 무기력하게 당하는 홀로사망, 자살 등이 나쁜 죽음이다.

사건사고를 방지하기 위해 음주운전, 마약복용, 지나친 욕심 등에서 벗어나는 마음의 변화가 있어야 한다.

아리스토텔레스는 "당신의 생명이 끝날 때까지 좋은 삶을 만들 수 있다"고 했다. 그것은 마지막 순간까지 스스로 책임질 수 있어야 가능한 것이다. 그렇게 할 때, 정신적 사고와 판단력을 높여준다는 아드레날린(adrenalin)호르몬이 분비될 것이다.

죽음에 관한 철학적 이해

철학-죽음을 준비하는 예술

일찍이 플라톤은 철학함을 죽음을 준비하는 예술이라고 하였다. 철학하는 사람은, 인간은 죽음에 대하여 사색하지 않으면 안 된다. 그리고 로마의 스토아철인 세네카는 "사는 방법은 일생을 통해서 배워야만 한다. 그리고 아마도 그 이상으로 불가사의하게 여겨지겠지만, 평생을 통해서 배워야 할 것은 죽는 일이다"라고 설파하였다.

그렇지만 모든 것이 끝장나버리는 죽음에도 어떤 의미가 있을까? 만약 죽음이 무의미하다면, 삶 전부가 무의미해지리라는 우려에는, 우리 모두가 잉마르 베르크만처럼 심각하지는 않더라도 "내가 살아 있는 한 죽음은 존재하지 않고, 내가 죽은 다음에는 죽음이 존재하지 않는다."라는 그리스인 디오게네스의 말은 위안이 되지 않고, "아직 삶도 모르면서 어찌 죽음을 알리요?"(未知生 焉知死)라는 공자님의 말씀도 보탬이 되지 않는다.

죽음을 바라보는 철학적 시선들

서구에서 유대-그리스도교라는 종교적 배경을 갖는 사람들로부터 무신론적 포스트모더니즘의 불가지론자들에 이르기까지의 사유는, 다음과 같은 시선들로 죽음을 바라보고 있는 듯하다.

먼저 생자필멸(生者必滅)의 이치를 수용해야 한다면서, 영혼이 감옥인 육체로부터 분리되는 것이라면서 어차피 죽음은 전생이나, 이승에 저지른 죗값, 또는 업보라면서 체념하는 달관 적 자세가 있다. 스토아 철학자 에픽테토스(Epicenters: AD1세기)의 말이 대표적이다.

두 번째로 똑같이 초연함을 견지하면서도 사후 생명이라는 위험스럽고 부적절한 환상으로 자기를 기만할 것이 아니라, 인간의 유한성은 무(無)를 향한 맹목적 돌진일 따름이라고, 어차피 죽음은 끝이요 모든 것의 종말이요, 내 존재와 모든 성취의 무화(無化)이며, 마지막 결정적인 파괴라는 환원주의(還元主義)도 많은 생철학자 들에게서 관찰된다.

명제 "자유로운 사람은 전혀 죽음을 생각지 않는다. 그리고 자유로운 사람의 지혜는 죽음에 대한 명상이 아니라 삶에 대한 명상이다."

세 번째로, 이집트의 피라미드에서 시작하여 우리겨레의 초혼(招魂)이나, 제사에 이르기까지 인류 거의 대다수가 품어온 꿈 "인간에게는 불사불멸하는 무엇이 있다"는 신념이나, 만인의 죽음을 목격하면서도 "

플라톤의 대화편 『파이돈』은 주로 이 문제를 다루면서 지금까지도 지성인들의 손에서 떨어지지 않는다. 소크라테스가 사형을 선고받고서 감옥에 갇혀 있을 때, 그의 제자들이 찾아와 대화를 나누는 장면이 이 책에 그려져 있다.

"자! 나는 그대들에게 참 철학자란 죽음이 임박했을 때, 기쁜 마음을 가질 만한 이유가 있고, 또 죽은 연후에는 저 세상에서 최대의 선을 얻을 희망을 가질 수 있다는 것을 증명하려 하오. 죽음은 영혼과 신체의 분리가 아닐까? 그리고 죽는다는 것은 이 분리의 완성이 아닐까? 영혼이 신체를 떠나 홀로 있고, 또 신체가 영혼을 떠나 홀로 있으면, 이것이 다름 아닌 죽음이 아니고 무엇이겠는가?

그러면 영혼은 언제 진리에 도달하는 것일까? 신체와 더불어 무엇을 탐구하려면 영혼은 속을 것이 뻔 할 터이니 말일세. 참 철학자들만이 도대체 영혼을 이와 같이 해탈시키려고 하는 것이야. 신체로부터의 영혼의 분리와 해탈이야말로 철학자들이 특별히 마음을 쓰고 실천하는 바가 아닌가?

하이데거(M.Heidegger1889-1976)는 인간을 `죽음을 향해 있음.' 또는,`죽음에 붙여진 존재'(Sein zum Tode)라고 규정한 철학자이다. 죽음은 실존의 한계를 보여주는 지평선(地平線)으로서 이 지평에서 무엇보다도 먼저 무(無), 그야말로 허무(虛無)에 대한 생각이 우리를 사로잡는다. 허무에 대한 이 의식은 염려와 불안으로 나타나고 이러한 삶의 고뇌가 의미를 갖는 것은 우리 존재가`죽음을 향해 있음'이기 때문이고, 우리의 실존은 죽음과의 관계를 통해 방향이 정해진다고 한다. 그래서 '죽음을 향해 있음'은 우리 존재가 삶의 의미를 지닐 수 있는 출발점이 되고, 또 어쩌면 의미가 가능해지는 조건일지도 모른다.

인간다운 죽음

우리는 여기서 하이데거의 실존주의보다 한 걸음 더 나아간 시각에서 인간을 총체적으로, 영원히 파괴해버리는 이 생물학적 사건을 가장 긍정적으로 바라보는 그리스도교 철학사상을 살펴봄으로써, 인간이 필연적으로 맞는 이 종말이`인간의 죽음' 또는 '인간다운 죽음'으로 정립될 수 있는 논지를 개진해 보고자 한다.

죽음 앞에서 실존적 결단을 요청한 하이데거의 착상은 위대하지만, 우리는 그의 사상에서 죽음자체가 절대적이고 궁극적인 무엇이 되어버리는, 마치 죽음이 하느님처럼 되어버리는 '비극적 영웅의 철학'을 감지한다. 실존적 인간의 가장 위대한 결단이 결국 무를 향하고 허무로 끝나버린다면, 인간실존의 가장 숭고한 실재가 허무가 되고 만다. 그의 철학에서 존재(存在)와 무(無)가 동일시되는 이유가 여기 있다.

우선, 이들의 사상을 이해하려면, '인간'과 '세계'(세상)에 대해서 다음과 같은 개념 정립에 동의할 필요가 있다.

먼저, 인간이란 자연본성(自然本性)과 위격(位格)의 합일 체요, 위격적이고, 자유스러운 정신과 물질적인 육체의 결합체, 간단히 말해서 육화(肉化)한 인격(人格)이다.

살아있는 육체가 곧 인간이므로 철학하는 사람들이 흔히 나누어 개념 하는 정신과 육체는 단일한 인간 안에서, 토마스 아퀴나스의 표현을 빌리자면, 실체적 결합(實體的 結合)을 이루고 있다. 즉, 단일한 실체를 이루고 있다. 그리고 아리스토텔레스의 질료형상론(質料形相論)을 빌려 설명하자면, 마음 혹은 정신 혹은 영혼은 육체의 형상이다(anima forma corporis). 정신이 물체를 형상화(形相化)하는 이상 정신이 갖는 육체와의 관계는 인간의 본질이고, 육체와의 관계를 상실한 정신은 인간이 아니다.

이러한 인간관과 세계관에 입각해서 우리는 죽음을 표현하는 가장 범속한 명제들에 철학적 깊이를 부여하여 다음과 같이 해설해 볼 수 있겠다.

①"모든 사람은 죽는다. 예외 없이…"

첫째로 죽음은 자연스러운 사건이다.

인간은 하나의 생명 유기체이므로 죽음은 극히 자연스럽고, 유한한 생명에는 으레 닥치리라 예상되는 종말이다. 그리스도인들이 상상하는 원초의 상태가 어떤 것이었든, 인간은 유한하고 사멸할 존재로 창조받았고, 죽음도 창조의 일환이다.

이 명제는 단순히 생자필멸(生者必滅)이라는 경험적인 귀납을 가리키는 말이 아니다.

그렇다고 죽음을 생명 과정의 필연적 부분으로만 간주할 수도 없다. 아무리 죽음이 '자연적' 과정에 일임되었더라도, 죽음의 보편성과 필연성에 관한 화학적이고 생물학적인 근거들을 발견한다 치더라도, 인간 실존 전체가 총력을 기울여 죽음에 반항하는 이 현상은 무엇으로 설명할 것인가?

죽음이 죄의 결과라는 종교인들의 해석은, 신(神) 또는, 존재근거는 생명 자체이거나 생명을 부여하는 존재이므로, 생명체들의 죽음의 원인일 수 없다는 뜻이다.

②"죽음으로 영혼과 육체가 분리된다."

이 명제에 철학적 깊이를 부여하는 내용은 다음과 같다. 생물학적이고 현상적 사건으로서의 죽음으로 "혼이 나간다." 또는, "영과 육의 분리"라는 고전적인 명제를 거의 전 인류가 사용하고 있는데, 이 범속한 명제는 "인간의 정신적 생명 원리가 죽음으로써 육체라는 것과 전혀 새롭고 전혀 다른 관계를 갖는다."는 뜻으로 해명될 수 있다. 영혼

죽음에 대한 기본적 이해 **259**

이 하나의 생명단자(生命單子)로서, "육체라는 세계의 일정한 시공 점(時空 点)과 가져오던 관계를 청산하고(원래부터 영혼이 갖고 있던) 전 우주적 세계관계가 드디어 현실화되는 것이 곧 죽음이 아닐까?

그래도 죽음은 인간을 공동체로부터 배우자, 가족, 혈연, 우정, 사회로부터 분리시킨다. 그것도 영구히! 이웃 인간과, 대자연과, 그리고 신과의 관계를 와해시킨다. '죽음의 가시'는 개인적 생명과 더불어 공동체 생명을 상실하는 그것도 영원히 상실하는 데에 있다.

그래서 죽음으로 영혼은 다른 영육 체들의 생명의 기저(基底)가 되는 전체세계의 공동규정소(共同規定素)로 변화하는 것이다. 사람이 목숨을 바쳐 타인과 나라와 역사에 이바지한다는 깊은 의미를 여기서 추출할 수 있겠다.

③"죽음은 나그네 인생의 종료이다."
그러면서도 죽음은, 각자의 삶에서 부닥뜨리는 참으로 유일무이하고 개인적인 사건이다. 유한한 존재체험(存在體驗)을 궁극적으로 맛보게 만드는 이 사건은, 인간으로 하여금 억지로라도 그 체험의 의미와 목적을 응시하게 만든다. 삶의 종국을 대면하면서 누구나 자기 삶의 전체적 맥락을 회고하면서 평가하지 않을 수 없다.
그래서 오로지 파괴적으로만 서술되는 죽음을 두고 하이데거는 죽음의 적극적 역량도 제시해 보려고 시도하였다. 죽음에 붙여진 인간만이 "책임 있는 자아의 창조"를 할 수 있고, 지금 여기서 내가 행하고 있는 관심과 행위를 그 창조에 비추어 평가하고 판단해 보자는 것이다.

260 우리들 인생의 철학적 나침반

그러면 죽음 자체(dying)에서는 무슨 일이 일어날까? 죽음이 '나그네살이의 종료'라면, 그것은 인간이 죽음에 임하여 비로소 가장 밝고 자유스러운 상태에서 인격적인 행동을 통해서 자아긍정(自我肯定)을 종결시키는 최종결단(最終決斷)을 내린다는 의미라고 설명할 수 있지 않을까?

인간은 태양과 죽음을 똑바로 볼 수 없다.

"죽음은 인간을 파멸시킨다. 그러나 죽음에 대한 올바른 이해가 그를 구원한다."(E.M.포스터)고 하듯이, 죽음에 대하여 말하는 것은 삶에 관하여 말하는 것과 같다.

"우리 대부분에게는 죽음이 그렇게 일찍 찾아오지 않는다. 그러므로 죽음이 멀리 있고 대수롭지 않은 것으로 느껴져, 삶이 부패되고 나태해진다. 죽음과의 만남을 약속했을 때, 인간은 보다 개선된 삶을 영위할 수 있다"(W.카우프만). 죽음에 입각하여 비로소 삶은 '인간적'이 된다. 철학이 죽음을 거론하는 명분이 여기 있다.

여전히 죽음은 인간의 경험에는 완전히 감추어진 영역이다. 사멸할 존재들에게는 절대 들여다 볼 수 없는 신비이다.

죽음의 이 어두움이야말로 인간실존의 더없이 적나라하고 인간다운 자세를 당사자와 철학 도들에게 요구한다고 하겠다. 종교적 표현으로는 인간의 구체적인 죽음이 영원한 구원이 되거나, 영원한 파멸이 된다. 그래서 결국은 마음을 연채로 이 신비에 자기를 내어 맡기는 '실존적 귀의(實存的歸依)'밖에 취할 것이 없다.

死의 철학

죽음은 필연인 동시에 우연이다. 생과 사와의 관념적 무차별 동일은 오늘날의 원자력 시대는 이미 生의 시대가 아니고, 혼란스러울 수밖에 없는 死의 시대이다. 그런 시기를 맞아 '死의 철학'이 과제로 되는 것은 당연할 수밖에 없다. 그렇지만 다른 쪽에서 생각하면 그런 불가 도(不可 倒)의 초월적인 세력으로서의 사는 어디든지 내재된 생의 입장으로부터 자각되는 것이 불가능하다고 말할 수는 없다.

위에서 본 것 같이 사가 생의 자각이 결여됐다고 할 수 없는, 어디까지나 생의 자각에 매개되는 한 가지 적인 것이 되지 않으면 안 된다고 말해져도, 그것과 동시에 사는 무(無)의 대표로서 지(知)의 유적(有的)내용에 속할 수 없다는 이율배반이 바로 형이상학에 고유한 무로(無路)의 난관에 있다는 것으로서 우리들 앞을 가로막는 것은 부정할 수 없다.

이런 형이상학이 내재적인 것을 목표로 하는 과학과 작별하고, 초월적 원리에 대해 비약적인 신앙에 입각하는 것의 종교와 손을 잡는 까닭이다. 따라서 형이상학을 계기로 하는 철학은 단순히 과학의 연속-연장으로서 성립하는 것은 아니고, 동시에 과학과 종교와의 사이에 서서 양자를 부정적으로 매개하지 않으면 안 된다고 생각되는 것은 당연하다.

사(死)를 생(生)의 연관에 있어서 자각하면서 게다가 사를 생에 내재된 종속되지 않은, 마치 운명의 첨단으로서 생의 바깥에서 그것에 대립하고 생을 부정하는 힘을 갖는 것으로서의 사를 자각하는 것이 철학의 과제로 된 연유다. 과학의 입장에서 생물학 생리학이 인식하는 관점에서의 사는 실은, 생을 초월하는 힘으로서 자각된 사가 아닌 생의 종말로서 생에 소속된 존재자로서 생에 내재화된 사의 현상에 다름아니다.

262 우리들 인생의 철학적 나침반

안락사 시비

우리나라 5福(복) 중의 하나인 考終命(고종명)은 오래 살아서 天壽 (천수)를 다하고 집에서 자연사하는 것을 말한다(이슈투데이 9/9/00 필자의 '고종명' 참조). 그러나 한국인을 비롯한 선진국 노인들은 대개 가 병원에서 사망하게 됐으니, 늙어서 죽음에 이르는 양상이 집에서 자연사하던 옛날과는 아주 달라졌다. 그래서 너나할 것 없이 죽을 때 의 내 모습 특히, 병원에서 임종할 때의 사태에 관심을 가지고, 나아 가서는 여기에 대한 마음의 준비도 해야 하는 세상이 되었다.

이제 21세기에 사는 우리는 좋은 세상을 만나 자유와 인권존중이라 는 인간의 기본 권리를 법의 보호를 받아가며 향유하다가, 이제 오랜 건강수명 끝에 임종할 때도, "평소 자기가 바라던 모습대로 죽을 수 있는 인간의 권리"를 법적으로 행사할 수 있는 시점에 이르렀다. 즉, 죽는 병에 걸렸을 때, "얼마만큼 치료받다가 어떠한 모습으로 죽고 싶 다"는 임종 시의 자기운명을 결정할 수 있게 되었기 때문이다.

<'존엄사'라 할 것인가? 또는 법이 허용하면 '안락사'라 할 것인 가?> 하는 생전유언(Living Will)을 현재(미국) 또는, 장차(한국?)도 준 비할 수 있게 되었으니 말이다. 여기서 필자는 안락사와 존엄사 시비 를 말하기 전에, 의사로서의 자신이 직접 보고 느낀 경험을 먼저 말하 고자 하니, 그 이유는 필자의 견해 내지 주관은 전적으로 경험을 통해 서 형성됐기 때문이다.

죽음에 대한 기본적 이해 263

존엄사 안락사 대한 견해

존엄사나 안락사의 대상은 '치료해도 회생불가 한 '말기환자'(non-curable and terminal)라야 한다. 치매는 육체적으로 건강해도 '불치환자'라 규정하나, 중병이 있거나 쇠약하여 침상에 눕는 지경이 돼야만 '말기환자'가 된다. 그들은 보호해서 걸어 다니며, QOL(삶의 질)이 전혀 없는 치매들이지만, 고혈압이나 당뇨병 등 만성병이 있는 자는 약을 계속 복용하고 있다.

그런데 '말기가 아닌' 이런 환자가 심장수술 등 어려운 시술을 받아야 할 경우도 있으나, 이를 거부할 존엄사 대상이 될 수가 없어 딱하기만 하고, 이럴 경우는 법 범위 내에서 가족의 의사(원치 않는)를 존중하여 병원윤리 위원회의 결정에 따른다.

생전유언은 환자 정신상태가 판단력이 있을 때(Competent) 서명한 것이 유효하다. 그래서 초기의 치매나 중병으로 혼미해진 환자는, 서명할 시기를 놓치게 된다. 그럼으로 Living Will 은, 다른 유언(재산관계)처럼, 우리 정신상태가 건전할 때 일찌감치 갖출 일이다.

생전유언이 없는 미국 환자가 절반이상이며, 이런 환자의 병이 악화되어 서명할 판단력을 잃을 때는 가족의 소원을 받아들이는 주도 있다. 그러나 '연명의료'에서는 어디까지나 본인의사가 가장 중요시 되어야한다고 해서, 여기에 대한 생전 유언(Living Will) 문제는 미국과 유럽선진 국가에서는 법적으로 이미 마무리단계에 있다.(필자의 '안락사

264 우리들 인생의 철학적 나침반

개론'참조)

그리고 일본에서는 '존엄사'에 한해서 죽을 권리를 주장하는 '일본 안락사협회'가 1976년 조직되어 1983년 '일본 존엄사협회'로 명칭 변경했으며, 이 협회에서 존엄사를 허용하는 법제화를 위해 적극 계몽을 하고 있다지만, 아직 여론수렴이 안된 상태인줄 안다.

우리 인간은 육체적 영생이 불가능하며 우리 모두 죽음을 조만간 맞이해야 하는 데, 그 죽음은 반드시 인도적이라야 한다고 필자는 믿는다. 필자는 경험을 통하여 연명의료의 결말이 지극히 비인도적이라는 것을 목격하고 실감했으며, 따라서 존엄사를 찬성한다.

그래서 존엄사에 관한 한 한국에도 선진국 예를 따라, 임종 시 본인의 의사와 권리를 받드는 '생전 유언 Living Will'이 조속히 법제화되기를 바라며, 이를 위해 우선 학계 언론계가 주도하는 계몽과 여론수렴이 절실히 요망된다. 유교 전통사회에서 존엄사를 계몽하는 데는 많은 저항을 각오해야 할 것이며, 여기에 한국 지식인들의 역할이 크다고 믿는다.

안락사 행위란, 환자에게 독약과 다름없는 치사량의 약을 주사하거나 또는, 사망 장치를 써서 자기목숨을 끊을 에너지가 없는 말기환자의 자살을 도와주는 일이다. 중환자를 고통에서 한시라도 빨리 해방시킨다는 뜻에서 자비살인(Mercy Killing)라고도 부른다. 이일이 인도적인가? 하는 문제에 대해선 많은 견해 차이가 있는 줄 안다.

우리는 현재의 문화와 윤리 속에서 살며, 허무주의자가 아닌 이상 우리는 죽은 뒤에도 현재의 윤리에 사는 자손을 괴롭히지 말아야 할 것이다. 우리는 죽어서도 우리자손의 기억 속에 살아 있을 것이니, 안락사하고 나서 가족에게 남기는 큰 상처를 고려해야만 한다. 윤리의 기준이 1세기 후엔 달라진다 해도, 오늘을 살아온 우리의 평가는 현재의 기준에 의거하기 때문이다.

지난 11월 28일 네덜란드 국회에서, '안락사 법'이 104대40으로 정식통과 되어 공개적으로 "의사에 의한 살인 방조"를 허용한 세계최초의 국가가 되었다. 네덜란드는 지난 20년간 다수 국민의 찬성 하에 법원에서 안락사를 실질적으로 허용해 왔던 유일한 국가이며, 그간 몇천 명의 말기환자가 안락사 했다고 하나, 1994년 제정한 시행령에 있어 28개의 요건을 지켜야하는 엄격한 법적제약을 받고 있었으며, 자칫 잘못하다가는 의사가 살인방조 죄에 걸려 12년형까지 받을 수 있었다고 한다. 이 새 법 역시 많은 제약을 가하고 있으나, 종전의 법에 비해 훨씬 덜 까탈하다고 한다. 이 법에 대해 교황청에서는 "인간의 존엄성을 범 한다"고 비난했다.

안락사의 문제점

환자의 죽을 권리는 현대의료 형법에서 개발한 '설명을 듣고 난 동의(informed consent)' 내지 '환자의 사망 유언서(living will)'의 다른 이면이었다. 특히, 미국의 의료형법은 환자의 이 같은 자율적인 사망결정에 대해 몇 가지 국가적인 관심사를 이유로 제한해 왔다. 이를 테면 모든 생명의 거룩 성을 보존하는 일-자살을 저지하는 일-한 사람의 죽음으로 곤궁에 처할 죄 없는 제3자를 보호하는 일-의사 신분의 완전성을 보호하는 일 등이 국가적 이익이기 때문에, 이와 충돌하는 환자의 죽을 권리는 제한되어야 한다는 것이다.

EU국가 중 네덜란드만큼 진보적 법 정책을 펼쳐나가는 나라는 없다. 마약 자유화와 대체마약 제공-낙태 자유화로 명성을 얻은 이 나라는, 부족한 의료 인력을 메우기 위해 아시아·아프리카 국가들의 의료인들을 수입해 낙태시술에 투입하고 있다. 게다가 안락사 합법화까지 밀고 나갔다. 남아공의 과거 혐오할 만한 아파트헤이드 정책도 네덜란드인 후예들이 주도했다는 사실에 비추어 보면, 그들의 진보적 모험심은 자유주의 이념의 발로라기보다 인간 모독적 성향의 발로가 아닌 가 추측된다.

이제 암묵적으로 안락사를 용인해 온 인근의 벨기에와 스위스는 물론 남미의 콜롬비아도 안락사 합법화에 가세할 전망이다. 이에 뒤질세라 대한의사협회도 회복 불가능한 환자의 경우 환자나 그 가족의 요구, 또는 의사의 판단에 따라 치료를 중단하고, 죽음에 이를 수 있도록 하는 이른바 소극적 안락사를 허용하는 취지의 의사윤리지침을 내놓았다.

소극적 안락사 즉, 불치·난치의 환자가 더 이상 생명 연장을 위한 적극적 조치를 분명히 거부 한때는, 의사가 가능한 생명 연장 조치를 포기하고 부작위로 나아갔더라도, 촉탁·승낙살인죄의 구성요건에 해당하지 않는다. 환자의 의사에 반하여 치료를 강요할 수는 없는 노릇이기 때문이다. 문제는, 환자가 생명 연장이나 단축 등의 의사표시를 할

죽음에 대한 기본적 이해 267

수 없는 단계에 놓인 경우 의사 단독으로 또는, 가족들만의 요구로 사망 시기를 결정할 수 있는가 하는 것이다.

독일의 다수설은 이러한 기구에 의한 연명이 환자에게 더 이상 의미가 없고, 환자의 의식회복 기대가 완전 소멸 되었으며, 따라서 기구의 제거가 환자의 추정적 승낙에 합치한다고 보여줄 수 있는 경우, 의사가 생명 연장 기구의 작동을 중지시킬 수 있다는 방향이다. 그러나 환자가 의사의 치료에 의해 의식을 회복할 가능성이 남아 있는 한, 비록 의식회복 후 얼마간 연명하지 못할 것이라는 확실한 예측과 과다한 진료비 부담이 든다하더라도 의사는 그 기구작동을 중지시킬 수 없다. 문제는, 회생의 가능성 여부에 관한 객관적 기준을 설정하기 어렵고, 의사와 환자 가족들의 주관적인 처분 의사가 환자의 생사여탈을 좌우할 위험이 높다는 점이다.

만약, 소극적 안락사의 길이 제도적으로 열리면 생명 경시 금지의 타부가 깨지기 시작하고, 뒤이어 적극적 안락사 조치를 취하는 건 시간문제일 것으로 보인다. 모자 보건법에 의한 낙태 합법화 이후, 불법 낙태의 봇물이 터지기 시작한 쓰라린 사례를 우리의 법 정책에서 체험하고 있기 때문이다.

죽음과 삶의 갈림길은 타인의 손에 전적으로 내맡겨질 수 없다. '의심스러울 때는 생명에 유리하게(in dubio pro vitae)'라는 기본원칙이 무너져서는 안 되기 때문이다.

268 우리들 인생의 철학적 나침반

안락사 허용 여부

정가에서 안락사 문제가 심심치 않게 거론되더니 시중에서도 예외는 아니다. 종교계의 반대에도 불구하고, 긍정적으로 보는 견해가 많은 것 같다. 방송사에서 쌍방 토론 중에 나타난 시청자의 의견에서도 안락사를 인정해야 한다는 견해가 절대 다수로 나타났다.

찬성 의견이나, 반대 의견이나 모두 사람의 생명을 존중하여야 한다는 점에는 같은 견해다. 그러나 존중하는 방법에는 차이가 있다. 안락사 반대론자는 의학적으로 생존가망이 없는 사람도 자연사 할 때까지 효과 없는 불필요한 의학적 조치라도 계속하는 것이 인간의 생명을 존중하는 것이라 하고, 이와 반대로 안락사 찬성론자들은, 의학적으로 치유 또는 생존 가능성이 없다고 판단된 환자가 스스로 생을 정리하고 품위 있는 죽음을 맞을 수 있도록 하는 것도 생명을 존중하는 것이라고 보는 견해인 것 같다.

개인에 따라서는 희망이 없는 줄 알면서도 생의 애착을 버리지 못하는 사람도 있다. 그러나 생을 정리하고, 고통을 덜고, 편안히 죽음을 맞고 싶어 하는 사람도 많을 것이다. 안락사는 바로 이러한 사람에게 필요한 것이다. 참기 힘든 육체적 고통과, 가정적인 심각한 문제를 인내하며 죽음을 기다리라고 하는 것은, 어찌 보면 죽음 보다 더 가혹한 일이다.

죽음에 대한 기본적 이해 269

제도적으로 주민등록증 이면에 일정한 조건하에서 안락사와 사후 장기이식 여부에 대한 본인의 의사를 기록하는 방법도 긍정적으로 생각해 볼 가치가 있다고 본다. 출생이 아름다운 것처럼, 죽음도 스스로가 아름답게 만들어 갈 수 있도록 기회를 주어야 할 것이다.

附录

H

현인이 되는 7가지 조건

1. 당신보다 현명한 사람이 있을 때에는 침묵하라.
2. 남의 이야기를 중단시키지 말라.
3. 대답할 때 덤벙대지 말라.
4. 항상 핵심을 찌르는 질문을 하고 조리 있게 대답하라.
5. 먼저 해야 할 것부터 하고, 나중에 해도 되는 것은 마지막에 하라.
6. 모르는 것을 솔직히 인정하라.
7. 진실을 인정하라.
   - 인간에게는 세 가지 벗이 있다. 자식과 부와 선행이 그것이다.
   - 포도주는 오래되면 오래될수록 맛이 좋아진다. 지혜도 마찬가지이다. 해가 거듭될수록 깊어진다.
   - 이 세상에서 가장 행복한 인간은 누구인가? 그것은 선량한 아내를 얻은 사나이다.
   - 명성을 추구하려는 자는 명성을 붙잡지 못한다. 그러나 명성을 피해서 도망가려는 자는 명성에게 붙잡힌다.
   - 전당포에서 미망인과 어린이의 소유물을 받아서는 안 된다.
   - 당신의 혀에게 "나는 모른다."는 말을 열심히 가르쳐라.
   - 사람을 빨리 늙게 하는 네 가지 원인— 공포. 분노. 자녀. 악처.
   - 영원한 잠에 들어갈 때 인간은 평생 어떤 일을 해왔는지가 드러납니다. 그러므로 사람을 축복해 주어야 할 때는 바로 그가 죽음을 당했을 때인 것 입니다.

- 어떤 오르막길도 마지막에는 내리막길로 이어진다.
- 인간은 말처럼 내달린다. 그런데 고삐는 신이 쥐고 있다.
- 선량한 인간은 약속은 적게 하고 실행은 많이 한다.
- 천국의 문은 기도에 대해서는 닫혀있어도 눈물에 대해서는 열려 있다.
- 시중드는 사람의 태도가 공손하면 어떤 술이라도 좋은 술이 된다.
- 포도주는 금이나 은그릇에서는 잘 익지 않지만, 지혜로 만든 그릇 속에서는 아주 잘 익는다.
- 술이 머리로 들어가면 비밀이 밖으로 새어나온다.
- 남자는 결혼하면 죄가 늘어간다.
- 물고기는 언제나 입으로 낚이며 인간도 언제나 입으로 걸려든다.
- 세상에는 정도를 지나치면 안 되는 것이 여덟 가지 있다. 여행. 여자. 돈. 일. 술. 잠. 약. 조미료이다.
- 세상에는 지나치게 사용해서는 안 되는 것이 세 가지 있다. 빵 만들 때 쓰는 이스트와 소금과 망설임이다.
- 장미꽃은 가시 틈에서 자란다.
- 사람들에게서 칭찬받는 것은 좋지만, 자기 입으로 자기를 칭찬하지는 마라.
- 여자에게 비밀을 지키게 하려면 혀를 잘라라.
- 가난이 대문으로 들어오면 우정은 창밖으로 도망친다.
- 남을 속이기보다 자신을 속이기가 더 어렵다.
- 혀는 마음의 붓이다,

멋지게 나이 드는 법

*마음의 문을 열어라. Openness
*안다고 생각하는 자는 모르고 있는 것이다.
*모른다고 생각하는 사람이 진실로 아는 자이다.

-조셉 캠벨-

*인간은 자신이 이해하지 못하는 것은 경멸한다.

-괴테-

*이 세상 누구도 독선적인 동시에 지혜로울 수는 없다.

-폴 발테스-

*열정을 발견하라
 *인생은 멋진 모험이 될 수도 있고
 보잘것없는 것이 될 수도 있습니다.

-헬렌 켈러-

*터무니없는 것을 시도하는 사람만이
 불가능한 일을 해낼 수 있습니다.

-작자 미상-

*긍정이 최선이다
 *우리가 하는 생각이 바로 우리 자신이다.
 기쁨의 자취를 남겨라

-괴테-

마무리 275

*위인들의 모든 생애는 말해 주노니,
우리들도 위대한 삶을 이룰 수 있고,
그리고 이 세상을 떠날 때는
시간의 모래 위에 우리의 발자국을
남길 수 있음을.

-헨리 워즈워스 롱펠로우-

행복은 마음먹기에 달려 있다.
*행복은 목적지가 아니라 여행길이다.

-윌리엄 제임스-

아이들을 놓아주어라
*아름다운 행동을 하면 아름다움은 자연스럽게 뿜어져 나온다.

-작자미상-

*받아들이는 태도를 결정하라
*하느님, 제가 바꿀 수 없는 것들은
그대로 받아들일 수 있는 평온함을,
바꿀 수 있는 것들은 바꿀 수 있는 용기를,
그리고 이 둘 사이의 차이를 아는 지혜를 허락하소서.

-평온함의 기도-

*자기 자신을 완전히 아는 것만큼 위대한 승리는 없다.
자신만의 길을 걸어라
*다른 사람을 모방하기만 해서는 우리에게 주어진 힘을 충분히 발휘
할 수 없다.

-작자미상-

276 우리들 인생의 철학적 나침반

*우리는 우리에게 주어진 특별한 일을 해내기 위해 존재하나니
 그 일은 바로 누구에게도 구속되지 않는 것이
                                    -R.키얼스틴 다이엔사이-

*거리를 두어라
*우리의 생각이 우리의 인생을 만든다.
                                    -마커스 아우렐리우스-

*우리의 동의 없이는 누구도 우리에게 상처를 줄 수 없습니다.
                                    -엘리노어 루스벨트-

*배움은 곧 성장이요, 성장이 곧 배움이다
 우리가 가진 지식과 마음을 다해
 다다를 수 있는 한 가장 멀리 나아갈 때야
 비로소 행복이 찾아온다.
                                    -레오 로스텐-

*아무리 위대한 천재라도
 모든 것을 자신의 내면에서만 이끌어 내려 한다면
 세상에 별 도움이 되지 못한다.
                                    -괴테-

*지식이 없으면 힘도 없다.
                                    -랠프 월도에머슨-

*보조를 맞추어라
 *인생의 유일한 목표는
 진정한 자기 자신이 되는 것이며,

                                    마무리 277

또한 우리의 타고난 능력을 실현하는 것이다.

-로버트 루이스 스티븐슨-

*먼지가 되느니 차라리 재가 되리라.
 내 생명의 불꽃이
 푸석푸석하게 메말라 꺼지게 하느니
 찬란한 빛으로 타오르게 하리라.
 죽은 듯이 영구히 사는 행성이 되느니
 내 모든 원자가 밝게 타오르는
 화려한 유성이 되리라.
 인간의 진정한 소임은
 그저 존재하는 것이 아니라, 생존하는 것이다.
 나는 단지 연명하지 않으리라.
 나는 내게 주어진 시간을
 온전하고 충실히 살아가리라.

-잭 런던-

*경청하라
 현명한 사람들은 할 말이 있을 때만 말한다.
 영원히 살 것처럼 배우고 내일 죽을 것처럼 살아라.

M.토케이어

*타인은 자주 용서하되 자신은 결코 용서하지 말라
 *물은 가장 깊은 곳에서 가장 잔잔하게 흐른다.
 *지혜는 겸허함을 낳는다.

-아브라함 벤 아즈라-

*용서를 받으려면 용서하라
 *아무리 착한 사람이라 할지라도 그림자를 지니고 있으며,

278 우리들 인생의 철학적 나침반

어떠한 약한 사람이라도 빛이 있는 법이다.

다른 사람보다도 훌륭한 사람은 정말로 훌륭하다고 할 수는 없다.

그전의 자기보다도 훌륭한 사람이야말로 진실로 훌륭한 사람

-탈무드-

*부모가 나의 마음에 남겨 주었던 것을 나는 지식에게 물려주고 싶다.

다섯 살 난 자식은 당신의 주인이고, 열 살 된 자식은 노예이며,

열다섯 살이면 동격이 된다.

그 다음부터는 교육하기 나름으로 벗이 될 수도 있고 적이 될 수도 있다.

-탈무드-

*한 사람의 생명을 구하는 것은 곧 세계를 구하는 것이다.

-탈무드-

*예의는 모든 문을 연다.

 *지혜는 고통을 통해서 생긴다.

 *잊는다는 것은 용서한다는 것이다.

 *행운은 항상 신중한 자의 편을 들어 싸운다.

 *습관은 성격으로 변한다.

*인생은 어두운 곳을 통해서 밝은 곳을 바라보아야 하기 때문이다.

외로운 사람만이 마음의 평화를 누린다.

*고백된 죄는 반은 용서받는 셈이다.

*신념을 지니고 있지 않은 사람은 설득력이 없다.

자랑스러움이니 명예니 하는 것은 자기 자신에게 물어보는 것이지,

다른 사람의 눈치로 재는 것은 아니다.

편견은 무지의 자식이다.

*참된 겸손은 만족이다.

＊용기가 있는 곳에 희망이 있다.

＊모든 미덕의 절정에 달한 이름이 용기이다.

　＊거지는 거지를 시기하고, 시인은 시인을 시기한다.

　＊시기와 분노는 생명을 단축시킨다.

＊사랑을 말하려거든 낮은 소리로 말한다.

　＊허영의 가장 고상한 형태가 명예욕이다.

　＊사람이 거짓말한 이후에는 훌륭한 기억력이 필요하다.

＊어린이와 바보는 거짓말을 할 수 없다.

　＊양심은 영혼의 소리이며, 정열은 육신의 소리이다.

　＊결백은 두려울 것이 없다.

＊위대한 사람의 평범(平凡)은 기지로 통한다.

　＊용기가 있는 곳에 희망이 있다.

　＊만인은 천리 앞에 평등하다.

＊인격이란 어둠 속의 사람 됨됨이다.

　＊습관은 성격을 형성하며 성격은 운명이다.

　＊정직만큼 값진 유산은 없다.

＊모든 훌륭한 것은 똑같이 어렵다.

　＊나는 많이 보지만, 말을 적게 하며, 행동은 더욱 삼간다.

　＊안다고 생각하는 자는 모르고 있는 것이다.

　모른다고 생각하는 사람이 진실로 아는 자이다.

-조셉 캠벨-

＊인간은 자신이 이해하지 못하는 것은 경멸 한다.

-괴테-

＊이 세상 누구도 독선적인 동시에 지혜로 울 수는 없다.

                                                -폴 발테스-
*스스로의 미래를 만들어라
 *바람의 방향을 바꿀 수는 없지만
 돛의 방향을 조정할 수는 있다.
                                                -작자미상-
*행복은 목적지가 아니라 여행길이다.
                                               -윌리엄 제임스-
*다른 사람을 모방하기만 해서는 우리에게 주어진 힘을 충분히 발휘
할 수 없다.
                                                -작자미상-
*어린아이들의 관찰을 배워야한다.
                                           -릴케「말테의 수기」-
*자연의 렌즈로 보라.
                                               -셰익스피어-
*위대한 시인은 자연에서 배우라.
                                                  -단테-

                                              마무리 281

인생의 의미

어느 제자가 스승님께 여쭈었습니다."인생에 대한 말씀은 자주해 주시면서, 왜 인생의 의미에 대해서는 자세히 설명해 주시지 않으십니까?" 제자 하나가 불만스러운 표정으로 묻자 스승은 이렇게 되물었습니다.

"만일, 내가 너에게 사과를 준다고 할 때에, 그 사과를 내가 먼저 씹어서 맛을 보고 너에게 준다면 너는 좋겠느냐?"

우리의 인생은 바로 우리 자신의 것입니다. 누구도 우리를 대신해서 우리의 삶을 살수가 없는 것입니다. 그러나 많은 사람들이 타인의 삶에 의존하여 사는 경향이 있습니다. 그래서 나름대로의 삶을 살고 삶의 의미를 깨달아 이해하겠다는 선제보다, 타인의 삶을 모방하려 하고, 타인의 처지를 부러워하는 것입니다. 그러나 자신의 처지가 가장 비참하게 여겨지더라도, 그런 삶을 체험하는 것은 오직 자신뿐이며, 그런 삶을 극복하고 앞으로 나가야 하는 것도 자신뿐이라는 것을 깨달아야 합니다.

물론, 우리는 모방해야 할 삶이 없는 것은 아닙니다. 역사를 초월하여 인류의 스승으로 살아 있는 분들이 바로 우리 삶의 모범이라 할 수 있을 것입니다. 그러나 우리가 결코 그들일 수 없듯이, 우리의 삶이 결코 그들과 같을 수는 없는 것입니다. 우리는 그들에게서 사과를 건네받았을 뿐, 그들이 씹은 사과를 받는 것은 아닙니다. 어쩌면 그들의 삶이 인류에게 가르침을 줌으로써, 그들 자신에게 의미가 있었듯이,

우리도 우리 삶을 통하여 우리 나름의 의미를 찾음으로써, 우리의 인생을 살아가야 하리라 생각해 봅니다. 우리는 가끔 자신의 삶을 돌이켜보고 반성하면서, 자신의 삶이 주는 의미를 차분한 마음으로 음미해 보아야합니다.

자신의 인생을 살며, 그 주인이 되기 위해서 말입니다. 의미 있는 인생은 속도와 능률로 얻어지는 것은 아니며, 중요한 것은 어떤 일을 얼마나 빨리 하느냐가 아니라, 그 일을 왜 하느냐 하는 것입니다. 인생을 열심히 사는 것도 중요하지만, 어디를 향해 가고 있느냐가 더욱 중요하지 않을까요? 결국 인생의 의미는 자신만의 귀중한 존재가치를 스스로 찾아야만 하는 것이 아닐까요..

인생이 그대를 위하여 어떤 의미를 가졌는가를 묻는 것은 잘못된 질문입니다. 그대가 인생을 위하여 어떤 의미를 창조할 것인가를 인생이 도리어 그대에게 묻고 있다고 생각하세요. 당신만이 당신의 인생을 일구어 나갈 수 있는 주체임을 반드시 기억하세요.

첫째, 인생의 의미를 말로 설명할 수는 없다. 각자가 겪어서 알아야 하는 것이기 때문이다.

둘째, 인생의 의미는 생각하는 것만으로는 발견되지 않는다. 좀 더 구체적 상황으로 당면하는 도전에 자신을 내맡김으로써 발견되는 것이다. 지금, 여기에 그대 자신을 내놓아라. 그대에게 주어진 상황 현재라고 하는 이 시간에 그대를 내놓아라. 그렇게 하면 그대에게 의미가 명시될 것이다.

셋째, 인생의 의미는 스스로 찾는 것이다. 인생을 비극이라 생각하는 사람에게는, 비극이 희극이라 생각하는 사람에게는 희극이 된다. 우리는 어차피 태어나고 말았다는 분명한 결과 앞에 서 있으므로, 오직 잘 살아야 한다는 것만이 기쁨이며 법칙이다.

마무리 283

초 고령화는 30년 이상의 수명연장으로 영국의 사회학자 피터 라스렛 교수는, 저서'인생의 새로운 지도-제3기 인생의 출현'에서 생애주기를 네 단계로 나눴다. 출생에서 학업을 마무리할 때까지를 1기, 취업해서 퇴직할 때까지는 2기로 분류했다. 3기는 퇴직 후 건강하게 지내는 시기 이며, 건강을 잃고 죽을 때까지를 4기로 보았다. 30년의 수명 연장으로 3기가 새로 생긴 셈이며, 우리는 이를 '인생2막'이라 부른다. 장수혁명 으로 새로 생긴 3기 인생에서는 무엇을 해야 가장 바람직할까?

첫째, 새로운 일과 학습을 통한 성장의 시간이다. 변 씨는 블로그 활동으로 자신의 숨은 재능인 글쓰기와 사진감성을 찾았다. 학창시절 의 웅변, 방송 반 활동의 재능도 살려 유튜브 크리에이터에도 도전했 다. 꾸준한 학습으로 수필가, 사진작가, 방송인으로 성장할 수 있었다.

둘째, 자아실현을 통한 인생의 새로운 절정기이다. 변씨는'이렇게 놀 았더니, 돈이 생겼다'와 '카메라로 쓴 아름다운 이야기'등의 책을 출간 했으며, 취미와 여가활동 분야의 인기강사이다. 최근 일산교외에 전원 주택을 지어, 글을 쓰며 작품사진을 찍고 텃밭도 가꾼다. 그의 어린 시절 꿈을 이룬 것이다. 20년 전 용도폐기당한 그가, 그의 이름대로 용도 변경해 3기 인생의 절정기를 보내고 있다.

셋째, 가장 중요한 사회공헌을 하는 시기이다. 변 씨는 각종 행사에 서 사진 봉사를 한다. 사회복지회관에서 사진 강좌 재능기부도 하고 있다. 노숙자에게 '밥 퍼'봉사활동도 한다. 3기 인생의 가장 중요한 책 무인 사회공헌 활동을 실천하고 있다. 피터 라슬렛 교수는, 2기 인생 이 가정과 직장에 정착하는 인생이라면, 3기는 자신을 위한 인생으로 자신의 숨어 있는 잠재능력을 끄집어내 자기다운 삶을 추구하는 자아 실현과 개인적 성취의 시기라고 강조한다.

품위 있는 죽음

이병찬 동국대 생사 문화학과 교수와, 손명세 연세대 보건대학원장이 '품위 있는 죽음'을 주제로 SBS, CNBC '집중분석 takE'에서 이야기를 나눴다.

"죽기 전에 '무엇을' 하고 싶다."라는 구절로 시작한 2부에서는, '웰다잉 10계명'에 대한 이야기를 나눴다. 방송에서 제시한 '웰 다잉 10계명'은 다음과 같다.

첫 번째, 버킷리스트 작성하기, 두 번째, 건강 체크하기, 세 번째, 법적효력 있는 유언장, 자서전 작성하기. 네 번째, 고독 사 예방하기, 다섯 번째, 장례계획 세우기, 여섯 번째, 자성의 시간 갖기, 일곱 번째, 마음의 빚 청산하기, 여덟 번째, 자원봉사하기, 아홉 번째, 추억물품 보관하기, 열 번째, 사전의료 의향서 작성하기가 있었다.

이병찬 교수는 버킷리스트 작성 팁을 알려줬다. "불치에 가까운 병을 얻어, 조용히 죽음을 준비하기 위해서 산속에 들어간 적이 있었다. 한 15년 전이다. 그런데 거기에서 탐욕과 집착이라는 것이 만병의 근원인 것을 알게 됐다"며 "버킷리스트는 죽기 전에 첫 번째부터 중요 순서대로 해나가는 것이다 그렇기 때문에 삶은 날마다 버킷리스트로 살아간다는 것은, 내가 죽음을 의식하고 살아간다는 것으로 죽음은 삶과 똑같은 것이다"라고 조언했다.

손명세 원장은, "정기적인 건강진단을 통해서 어느 정도의 건강상태를 유지하고 있는지에 대한 것들은, 자기가 알고 있는 것이 첫 번째 준비"라며 첨언했다.

법적인 준비에 대해서는 "유언은 민법상 나와 있고, 보통 5가지로 공정증서나, 비밀증서나 여러 가지를 하고 있는 데, 가장 손쉬운 것은 본인이 자필로 서명하는 것"이라며" 가까운 변호사에서 그 내용을 공증을 받으면 더 확실하다"고 밝혔다.

손 원장은, 장례 절차 부분에 대해서도 "장례의향서 등을 미리 써놓으면 문상은 어떻게 받아라, 돈을 받지 말라, 관은 간단한 것을 써라, 옷은 수의 대신 깨끗한 옷으로 입혀 달라, 화장해 달라, 이런 식으로 써놓을 수도 있다"며 장례의향서를 작성하길 권했다.

'웰 다잉'에 대한 인식이 자리 잡기 위해서는 "당하는 죽음보다, 맞이하는 죽음을 위해서는 이를 위해 뒷받침해 줄 수 있는 조치가 있어야 한다."고 밝혔다.

이 교수는 "마음의 복잡한 응어리를 치유할 수 있는 방법이 바로 죽음이 왔을 때"라며 "내가 하심으로 돌아가 모든 것을 내려놓고 남을 보게 되면, 내가 소중하면 남도 소중하듯 내가 행복하면 다른 사람도 행복한 것이다"라며 웰 다잉을 위해 '내려놓기'를 조언했다.

마지막까지 잘 사는 삶

저자 존 던롭 John Dunlop, MD은 의사, 60대의 암 생존자로서의 저자가 전하는 지혜로운 인생 마무리. 트리니티 국제대학(Trinity International University)의 생명윤리 및 인간 존엄 센터 겸임교수이자 예일 대 의학 대학원 소속으로 노인의학에 관련된 의술을 펼치고 있다.

나는 30년 넘게 내과 진료를 하면서 노인의학에 특별한 관심을 쏟아 왔다. 덕분에 사망진단서를 숱하게 써 봤다. 사망진단서를 쓸 때마다 이런저런 생각이 든다. 이것이 좋은 죽음이었는가? 우리가 최선을 다했는가? 혹시 최선을 다한다는 명목으로 도에 지나치지는 않았는가? 환자가 떠날 준비가 되었는가? 가족들은 보낼 준비가 되었는가?

그동안 내가 깨달은 사실 하나는, 잘 죽는 것이 우연인 경우는 별로 없다는 것이다. 그것은 평생에 걸친 선택들이 쌓이고 쌓여서 만들어내는 결과다. 결국, 잘 죽는 것은 마지막 순간까지 잘 사는 것을 의미한다. 우리 사회에서 자신의 마지막을 일부러 계획하는 사람은 별로 없다. 하지만 오늘날 그런 계획이 그 어느 때보다도 필요하다.

고령화가 사회문제로 대두되면서 양질의 노년의 삶뿐 아니라, 최근 《어떻게 죽을 것인가》 같은 웰다잉(Well-Dying)을 말하는 책이 베스

마무리 287

트셀러에 오르고 있다. 이미 미국이나 유럽, 일본에서는 이런 책들이 많이 나와 있고, 우리나라도 점차 좋은 인생 마무리가 무엇인지에 대한 관심이 높아지고 있다.

이 책은 크리스천들에게 웰피니싱(Well-Finishing)이 필요함을 이야기한다.

실제적인 노년과 삶의 마무리에 대해 크리스천들이 읽을 수 있는 성경적 관점을 보여주는 책이 필요한 시점이다. 성경에서는 '죽음'에 관해 어떤 말씀을 하고 있는지 또, 복음의 관점으로 노년을 어떻게 바라보고 준비해야 하는지에 대해 신실한 크리스천이자 노인의학에 관련된 의술을 펼쳐온 의사인 저자는,

이 책은 이런 것들을 준비하고 누릴 수 있게 해 준다.

-복음 안에서 노년의 유익과 기회를 즐기는 법

-노년의 상실들을 직시하고 대처하는 법

-이후의 영원한 삶을 고대하는 법

-역경을 통해 성장하는 법

-죽음의 두려움을 극복하는 법

-느려진 죽음에 준비하는 법

-의학을 현명하게 사용하는 법

-편안하고 인간적인 마지막을 맞는 법

-예수님 안에서 쉼을 누리는 법

어떻게 삶을 잘 마무리할까에 대한 질문은, 죽기 직전까지 어떻게 잘 살아갈 것인지 답을 내놓는 것과 같다. 하나님의 영광을 위해 살아가는 우리는, 마지막까지 하나님께 영광이 되는 끝을 맞이하기 원한다. 그렇게 되려면 준비가 필요하다. 크리스천다운 인생 마무리는 무엇인지 아름다운 마무리를 위한 탁월한 지혜와 전략을 알려 준다.

288 우리들 인생의 철학적 나침반

성숙하려면 반드시 슬픔을 다루는 법을 배워야 한다. 그것은 누구나 소중히 여기는 것을 잃거나 포기해야 할 때가 있기 때문이다. 상실은 죽음을 통해서만 찾아오는 게 아니다.

슬픔을 다루는 법(두 번째 전략. 움켜쥔 손을 놓고 삶을 간소화하라).

"우리에게 우리 날 계수함을 가르치사 지혜로운 마음을 얻게 하소서"(시 90:12).
인생 마무리 잘하기
주님은 더욱 커지셔야하고 나는 작아져야 합니다.(요한 3,30)

1. 다윗 왕은 자신의 인생 마무리를 점검하고 있습니다.

알고 보면 가장 어리석은 것이 인간입니다. 그러나 보잘 것 없는 인생이지만 그 속에 믿음이 들어갈 때, 하느님의 은총이 임할 때, 지혜로운 삶과 성공적인 삶을 살 수 있습니다. 누구나 인생은 늙고 죽게 마련입니다. 그러나 그 늙음 자체가 비참한 것은 아니고, 오히려 그것을 깨닫고, 하느님께 나아가는 삶을 살면 그것은 축복입니다. 반면, 계속해서 육신적인 인생 향락적인 인생을 산다면 그때는 그 인생이 정말 비참해집니다.

다윗 왕은 말년의 때에 비록 병상이지만, 젊을 때보다 더 하느님께 가까이 나아가는 인생의 삶을 전개하고 있습니다. 인생관을 서서히 믿음으로 바꾸는 성숙된 인생을 산다는 것입니다.

즉, "인생이란 정말 아무것도 아니구나. 무언가 있는 것 같지만 없는 것이나 다름없구나. 내 손에 있는 재물, 내가 왕으로서 쌓아놓은 부귀

영화와 보화들이 지금은 내 손에 있지만, 언제 내 곁을 떠날지 모르는 것이로구나." 라는 사실을 깨닫게 되었습니다.

다윗이 병중에 있는 그런 순간에서 자신의 인생을 돌아보면서 "하느님만이 내가 의지할 자이시니, 나를 붙들어 주소서" 하고 기도를 하였습니다. 하느님께 전적으로 소망을 두는 생활로 된 것입니다.

2. 다윗 왕은 자신의 입술로 범죄 할 순간을 잘 컨트롤 하고 있습니다.

사람은 누구나 임종을 직감할 때 살기위하여 온갖 방법으로 발버둥을 치지만, 다윗 왕은, 임종을 직감하고 건강을 회복시켜 달라는 기도를 할 때, 자신의 삶을 믿음으로 잘 정리할 수 있기 위한 건강을 구하고 있는 것입니다. 죽음이 싫어서 생명의 연장을 구하는 기도가 아니고, 세상 사람들처럼 신변 정리를 하는 것도 아니라, 자신과 하느님과의 사이에 정리입니다.

다윗은 일들 가운데 입술로 범죄 한 일이 가장 마음 아픈 것으로 다가왔습니다. 지난 날 고난 중에서 입으로 범죄 한 사실들을 회상하면서 다시는 내가 혀로 범죄지 아니할 것을 마음속에 굳게 다짐하고 있습니다.

"혀는 불과 같습니다. 혀는 우리 몸의 한 부분이지만 온 몸을 더럽히고 세상살이의 수레바퀴에 불을 질러 망쳐버리는 악의 덩어리입니다. 그리고 혀 자체도 결국 지옥 불에 타 버리고 맙니다."(야고보 3,6)

3, 다윗 왕은 자신의 육신의 한계를 확인하고 있습니다.

"주님, 알려 주소서, 며칠이나 더 살아야 이 목숨이 멈추리이까? 내 목숨 얼마나 덧없는 것인지 알고 싶사옵니다."(시편 39,5)

"당신들은 내일 당신들의 생명이 어떻게 될는지 알지 못합니다. 당신들은 잠깐 나타났다가 사라져 버리는 안개에 지나지 않습니다."(야고보 4,14)

《결론》

"다시는 사람을 믿지 말라. 코에 숨이 붙어 있을 뿐, 아무 보잘 것 없느니."(이사야 2,22) 사람을 믿지 말라는 뜻은 자신의 건강을 의지하지 말고 살라는 말입니다. 어느 날인가 건강이 내게서 떠날 날이 오고 있기 때문입니다. 젊음도 의지하지 말고 살아야 합니다. 영원히 젊음을 유지할 수 없습니다. 이제 조금만 더 지나면 자신의 젊음이 사라질 날이 올 것입니다.

법정(法頂)스님의 유서(遺書)

죽게 되면 말없이 죽을 것이지 무슨 구구한 이유가 따를 것인가.
실제로는 유서 같은 걸 남길만한 처지가 못 되기 때문에 편집자의 청탁에 산책하는 기분으로(이 글을 쓴다)
누구를 부를까?
(유서에는 누구를 부르던데)
아무도 없다
철저하게 혼자였으니까.
  이 세상에 올 때에도 혼자서 왔고
갈 때에도 나 혼자서 갈 수 밖에 없으니까
인간은 저마다 혼자일 수밖에 없다.

마무리 291

그것은 보라 빛 노을 같은 감상이 아니라
인간의 당당하고 본질적인 실존이다.
온갖 모순과 갈등과 증오와 살육으로 뒤범벅이 된
이 어두운 인간의 촌락에
오늘도 해가 떠오르는 것은
오로지 선의지 때문이 아니겠는가?
이웃의 선의지에 대하여 내가 어리석은 탓으로 저지른
허물을 참회하지 않고는 눈을 감을 수 없을 것 같다,

때로는 큰 허물보다 작은 허물이 우리를 괴롭힐 때가 있다.
그러나 나는 평생을 두고 한 가지 일로 해서
돌이킬 수 없는 후회와 자책을 느끼고 있다.
　그것은 그림자처럼 따라 다니면서 문득문득 나를 부끄럽고 괴롭게
채찍질했다
　중학교 1학년 때, 같은 반 동무들과 어울려 집으로 돌아오던 길에
였다. 엿장수가 엿판을 내려놓고 땀을 들이고 있었다. 그 엿장수는 낯
익은 사람인 데, 그는 팔 하나와 말을 더듬는 장애자였다. 대여섯 된
우리는, 그 엿장수를 둘러싸고 엿가락을 고르는 체하면서 적지 않은
엿을 슬쩍슬쩍 빼돌렸다 돈은 서너 가락 치 밖에 내지 않았다. 불구인
그는 그런 영문을 전혀 모르고 있었다.
　이 일이, 돌이킬 수 없는 이 일이 나를 괴롭히고 있다. 그가 만약
넉살 좋고 건강한 엿장수였다면, 나는 벌써 그런 일을 잊어버리고 말
았을 것이다. 그런데 그가 장애인이었다는 사실에 지워지지 않은 채
자책은 더욱 생생하다
　내가 이 세상에 살면서 지은 허물은 헤아릴 수 없이 많다. 그런데

무슨 까닭인지 그때 저지른 그 허물이 줄곧 그림자처럼 나를 쫓고 있다 이다음 세상에서는 다시는 이런 후회할 일이 되풀이되지 않기를 진심으로 빌며 참회하지 않을 수 없다

내가 죽을 때에는 가진 것이 없음으로 무엇을 누구에게 전한다는 번거로운 일은 없을 것이다. 본래 무일푼은 우리들 사문의 소유 관념이니까. 그래도 혹시 평생에 즐겨 읽던 책이 내 머리맡에 몇 권 남는다면, 아침저녁으로 "신문이오!" 하고 나를 찾아주는 그 꼬마에게 주고 싶다

장례식이나 제사 같은 것은 아예 소용없는 일, 요즘은 중들이 세상 사람들보다 한술 더 떠 거창한 장례를 치르고 있는 데, 그토록 번거롭고 부질없는 검은 의식이 만약 내 이름으로 행해진다면 나를 위로하기는커녕 몹시 화나게 할 것이다. 평소의 식탁처럼 간단명료한 것을 즐기는 성미이니까

내게 무덤이라도 있게 된다면, 그 차가운 빗돌 대신 양귀비꽃이나 해바라기를 심어 달라하겠지만, 무덤도 없을 테니 그런 수고는 끼치지 않을 것이다.

생명의 기능이 나가버린 육신은 보기 흉하고 이웃에게 짐이 될 것이므로, 조금도 지체할 것 없이 없애 주었으면 감사하겠다. 그것은 내가 벗어버린 헌옷이니까, 이웃에게 방해되지 않은 곳이라면 아무 데서나 다비해도 무방하다. 사리 같은 걸 남겨 이웃을 귀찮게 하는 일을 나는 절대로 하고 싶지 않다.

육신을 버린 후에는 훨훨 날아서 가고 싶은 곳이 꼭 한군데 있다. "어린왕자"가 사는 별나라. 그 나라에는 귀찮은 입국사증 같은 것도 별로 없을 것이므로 가보고 싶다.

그리고 내생에도 다시 한반도에 태어나고 싶다. 나는 이 나라를 버

릴 수 없다.

다시 출가 사문이 되어 금생에 못 다한 일들을 하고 싶다.

토마스 그레이의 만가

여기 대지의 무릎 위에 한 젊은이가 행운과
명성과는 인연이 먼 그의 머리를 눕히고 있다.
비천한 태생이지만 학예는 그에게 눈살을 찌푸리지 않았고
우울히 그의 소유로 점찍었던 그가.

그의 천분은 풍부하였고 영혼은 진지하였으며,
그가 사람에게 준 대로 신은 그에게 갚아 주었다.
그는 비참을 대하여 그가 가진 모든 것인 눈물을 흘렸고
하늘이 주시는(그의 유일한 소원이었던) 한 친구를 얻었다.

더 이상 그의 장점을 드러내려 애쓰지 말며
그의 약점을 두려운 무덤에서 끄집어내려고 하지 말자.
(그곳에서 그들은 다 같이 떨리는 희망으로 쉬고 있다.)
그의 아버지 곧 하나님의 품속에서

어느 시골 교회의 묘지에서 쓴 비가

저녁 종 은은히 저물어가는 하루를 슬피 울려 보내고
음매음매 울며 소떼는 풀밭 너머로 울멍줄멍 행렬지어 가고,
농부는 지친 걸음으로 터벅터벅 집으로 가고
이 세상엔 어둠과 나만이 남는다.

이제 눈앞에서 가물거리는 풍경은 사라지고
온통 엄숙한 정적만이 하늘을 감싼다.
다만 딱정벌레 잉하고 스쳐가는 소리와
멀리 양떼를 잠재우는 졸린 목 방울 소리와
저기 담쟁이덩굴 덮인 탑이 있는 곳에서
찌푸린 한 마리의 부엉이가 달을 향하여
그의 은밀한 보금자리 옆을 어정대며
오랜 고독의 영역을 넘보는 자 있다고 웅얼대는 소리뿐.

저 울퉁불퉁한 느릅나무 아래, 저 주목나무 그늘 아래,
많은 흙을 덮어 쌓아올려 뗏장을 입힌 무덤 속
그 비좁은 밀실 안에 영원히 드러누워서
마을의 소박한 선조들이 잠들어 있다.

매언잡언罵言雜言

一日一生:하루를 일생처럼 사는 것을 일일일생주의(一日一生主義)라 합니다. 오늘을 내게 주어진 마지막 날이라 생각하면 언제나 특별하고 소중한 하루입니다

일상이 무너지고 신앙을 삶으로 꽃피우지 못한 채 설익은 열매처럼 떫고 쓴 한국교회의 자화상 앞에서 간조의 묵상을 공유한다는 것은 매우 의미 있는 신앙훈련이 아닐 수 없다. 2005년 한 해《일일일생》과 더불어"하루는 귀한 일생"(一日一生)이라는 그의 고백을 이루어 나가기를 기대해 본다. 깊이 없는 사변과 본질에 이르지 못한 우리의'큐티 문화'를 솔직히 인정한다면, 여기 한 아름다운 구도자의 삶과 희망이 녹아 있는《일일일생》이 기쁨과 유익을 더해 줄 것이다.

一日一生主義

어림해서 인간의 일생을 팔십 평생이라고 치자. 그것은 아주 긴 세월인 듯하지만, 나이를 먹어갈수록 때우듯 지나가는 시간들이 모여서 휙휙 넘어가는 달력 장수를 세기가 무서울 정도다. 어렸을 때는 까마득하게 느껴지던 분기점 '서른 살'도 아무렇지 않게 지나간 세월이 된다. 바쁘게 무지 바쁘게 살아가는 데, 정작 삶의 목적과 의미에 대한 깨달음은 얼마나 얻었는지 또, 얼마나 값진 삶을 살았는지는 헤아려볼 시간조차 모자란다. 뭐, 80평생이니 시간도 많이 남았는데…우리는 타성에 젖어 자꾸만 정말 중요한 것들 근본적인 물음들을 뒤로 미룬다.

296 우리들 인생의 철학적 나침반

중심이 아닌 주변적인 것들에 치우쳐서 허황된 욕망 속에 살아가기 쉬운 게 인생인 듯하다. 무언가 이러한 타성을 제어할 장치가 필요하다.

동일한 24시간이라도 80여년을 한평생으로 생각하고 살아가는 인간에게서의 하루와 하루살이의 하루 매미의 하루는, 그 비중이 전혀 다를 것이다. 만약, 하루살이와 매미가 생각하고 말할 수 있다면, 하루하루를 그냥 때우듯 살아가는 사람들에게 따가운 소리라도 한마디 할 것 같다.

주지하듯이 시간은, 체감하는 시간은 상대적이다. 사랑하는 사람과 좋아하는 일을 할 때는, 시간이 어느새 다 지나간다. 정말 빠르다. 하지만 정말 하기 싫은 일을 할 때, 혹은 추운 날 버스를 기다릴 때에는 시간은 하염없이 느리게 흘러간다. 마찬가지로 하루만 살 수 있는 자의 하루와 수만 날을 살 수 있다고 믿으며, 그 중의 하루를 살아가는 자의 하루는, 삶을 영위하는 자세와 태도에서 차이를 가져올 것이다.

다석 유영모 선생의 '일일 일생 주의'를 돌아보게 된다. 그 일화는 타성에 젖기 쉬운 우리가 하루하루의 삶을 그야말로 마지막 날처럼 살아가도록 촉구한다. 다석 선생은, 함석헌의 스승이자 한국의 불후의 종교사상가이지만, 드러내지 않고 조용히 살아가는 삶의 방식으로 인해, 그다지 많이 알려지지 않았다. 그의 업적과 일화에 대해서는 언급하고 배울 부분이 아주 많지만, 여기서는 그의 '일일일생 주의'와 관련된 부분에 대해서만 말하려고 한다.

유영모는, 1918년 1월13일부터 자기가 이 세상에서 산 날을 세기 시작했다. 그때 나이가 28살이며, 산 날이 1만240일이었다. 산 날을 세게 된 까닭은, 1918년 4월5일에 탈고한 「오늘」에 잘 나타나 있다.

마무리 297

여기서 유영모는 아침에 잠이 깨어 눈을 뜨는 것이 태어나는 것이고, 저녁에 잠드는 것이 죽는 것이고, 하루하루가 일생이라는 일일일생 주의(一日一生 主義)의 생각을 드러내었다. 치열하게 살면서 삶의 깊이를 더해가던 유영모는, 1941년부터 일일일식(一日一食)을 시작하였고, 비슷한 시기에 부인과 성생활을 하지 않겠다는 소위 해혼 선언(解婚 宣言)을 하고 실행에 옮겼다.

  일일 일식과 해혼을 한 뒤 대략 1년이 지난 다음인 1942년 1월4일에, 그는 신앙생활의 전기를 맞이하는 체험을 하고 이 날을 '거듭난날'이라고 하였다. 이때의 체험을 그는 「부르신지 38년 만에 믿음에 들어감」이라는 시로 써서, 성서 조선(147호)에 실었다. 또한, 이 무렵부터 잣나무 판자 위에 담요를 덮고 누워 자는 등, 정신이 깨어있는 삶을 살기 위해 스스로를 단련해갔다. 그리고 그는 1955년부터 1974년까지 계속해서 일기를 써, 나중에 이 일기가 그의 제자 김흥호에 의해 다석일지(多夕日誌)로 묶여 영인되었다. 유영모는 일기를 새벽에 썼는데, 반드시 자신이 살아온 날수를 함께 적었다고 한다.
  유영모 선생의 본을 받아서 일기 첫머리에 살아온 날수를 적어놓고 아침에 잠이 깨어 눈을 뜨는 것을 태어나는 것처럼, 저녁에 잠드는 것을 죽는 것처럼, 하루하루를 일생처럼 살아보려고 해보지만 생각처럼 쉽지 않다. 불교에서는 이번 생에서 해탈하지 못한 이들은 윤회를 거듭한다고 한다. 힌두교의 신화에서도 이번 생에서 깨달음을 얻지 못하고, 욕망에 눈이 먼 인드라가 수천수만 번 환생하는 이야기가 나온다. 하루하루를 일생으로 생각해본다. 나 역시 일만 이천 번도 넘게 다시 태어났다. 그래도 아직 깨달음을 얻지 못하여, 생애마다 속 좁은 마음으로 동일한 잘못들을 번번이 되풀이하곤 한다.

잠들기 전 가만히 눈을 감아 본다. 오늘 하루를 돌이켜 본다. 하루 동안 일어난 일이건만, 빠르게 흘러간 내 삶의 시간들이 아득하게만 느껴진다. 꼬리를 물고 일어나는 생각을 가만히 접는다. 이제는 돌아감을 위한 시간이기 때문이다. 버려야 할 것들을 하나하나 버리다가 저무는 오늘 하루 이번 생애.　일기일회〈一期一會〉지금 이 순간을 소중하게 간직하라. 일생에 단 한번 만나는 인연이다.

후기

오늘날 후기 자본주의 사회를 살아가면서 일찍이 마르크스가 갈파한 자본주의의 한계점과 모순에 더해 한국은 자본주의를 왜곡된 형태로 받아들였다는 지적에 더해 정쟁으로 얼룩진 정치 현실은 우리들을 더욱 곤고하고 피곤하게 만드는데 이의를 제기할 사람은 없을 듯싶다.

그래서 이웃 나라 일본 사람들이 노자, 장자, 논어, 맹자 등 다양한 중국 고전에 심취하고 초중고 저학년 교육부터 철학, 역사, 문학 등 인생의 시각을 넓히려는 목적의 인문학을 중시하는 교육 방향을 고수하는것이나

미국 역시 동부의 소위 유서 깊은 명문 사립 중고교에서는 반드시 운동을 필수 과정으로 지키는 것을 깊이 받아들여 우리들은 밤낮없이 책만 보는 암기 위주의 공부 벌레로 이기적이고 근시안적 시각에 집착하는 주입식 교육을 강요하는 우리네 교육 현실이 과연 대량 정보와 AI 시대로 급변하는 초고속 무한 경쟁 시대를 대처해 나가기 위해서 최적인지를 자문하고 지금이라도 이미 늦었지만 반면교사로 삼아야 되지 않을까 생각한다.

그런 의미에서 어렵고 고단할수록 더욱더 기본으로 돌아가라는 가르침을 명심해서 모든 학문의 여왕이라는 철학이 굳이 철학자만의 전유물이 아닌 우리들 삶 속에 녹아들어서 생활화 돼야하지 않을까 싶다.

끝으로 혹시 있을 오류나 과오는 전적으로 저자의 부족함 탓이고 마지막 까지 졸고를 다듬느라 수고하신 김병선 선생의 노고에 감사드린다.

300 우리들 인생의 철학적 나침반

참고문헌

三木淸(미끼 끼요시)나남출판사/이와나미 서점

후지사와 고노스케 저 유진상역/휘닉스/2004

임마누엘 칸트/이한구 편역

볼테마르·오스카·되에링 저 김용정 역/새밭

석천문강石川文康/찌꾸마 新書

저자 김진/철학과 현실 사

中村雄二郎,生松敬三,田島節夫,吉田光저 『사상사』(昭和 30년 동대 출판
회) 王井茂 저 『철학사』(昭和 32년 청목서점)

슈베그라저 『서양 철학사』 상하(昭和 14 谷川, 松村譯, 岩波文庫)

速水敬二 편 『철학 연구 제안 : 철학사 편』(昭 26 제일출판주식회사)

소비에트 과학아카데미─판 『세계 철학사』(昭 33~39 동경도서주식회사 구명
상공출판사.)

[네이버 지식백과] 임마누엘칸트[ImmanuelKant]-비판철학을 통해 서양근
대철학을 종합한 철학자(인물세계사)

미끼 끼요시三木淸 『철학입문』 나남 1982

인물세계사 표정훈 2010/05/05.

2015-09-05 15:51신서울대학교 철학사상연구소

Ⅰ. 저작著作

　『헤겔전집(4) 정신현상학』(金子武藏 譯)岩波書店

　『헤겔전집(10) 대 윤리학』(武市健人 譯)岩波書店

Ⅱ. 연구서·개설서 硏究書·槪說書

국제 헤겔연맹『헤겔철학 해설』昭6 岩波書店

高山岩男『헤겔』昭11 弘文堂

金子武藏『헤겔의 국가관』昭19 岩波書店

船山信一『헤겔철학의 체계와 방법』昭36 未來社

松村一人『헤겔 논리학 연구』昭25 青木文庫

大村晴雄『헤겔의 판단력』昭 36 小峯書店

矢崎美盛『헤겔 정신 현상론』昭 11 岩波書店(대사상 문고)

樫山欽四郎『헤겔 정신현상학의 연구』昭36 創文社

高峯一愚『법·도덕·윤리』昭36 理想社

『이것이냐, 저것이냐』芳賀檀 譯 人文書院

『죽음에 이르는 병』飯島宗亨 譯 創元文庫

『죽음에 이르는 병』齊藤信治 譯 岩波文庫

『키엘케골 선집』전13권 人文書院

칼 라이문트 포퍼 지음 이한구 옮김/민음사

『삶은 문제해결의 연속이다.』

『인문계 학생을 위한 과학기술의 철학적 이해』제5판(포퍼 외 2인 과학철학)

저서『탐구의 논리, Logik der Forschung』(1934)

『열린사회와 그 적들 The Open Society and It's Enemies』(1945): 전체주의에 대해 비판했다.

『역사주의의 빈곤, The Poverty of Historicism』(1957)

『과학적 발견의 논리 The Logic of Scientific Discovery』(1959) '1934년에 출판된 탐구의 논리 영어번역(후속 작)'

『추측과 논박 Conjecture and Refutations』(1963)

『객관적 지식 : 진화적 접근 Obejective Knowledge: an Evolutionary Ap-proach』(1972)

『자아와 그 두뇌-상호작용론에 대한 논증, The Self and It's Brain』 존 에클스(John Carew Eccles) 공저(1977)

장대익 (2008). 『과학에는 뭔가 특별한 것이있다』. 김영사. ISBN 9788934921318.

<각주>

Watkins, J. Obituary of Karl Popper, 1902-1994. Proceedings of the British Academy, 94, pp. 645-684

이상욱. '과학이 반증을 견딜수록 발전하듯 열린사회는 여러 제도시험을 거친다.'

데이비드 에드먼즈, 존 에이디노 지음, 김태환 옮김 『비트겐쉬타인은 왜?』 웅진닷컴 ISBN 89-01-03521-9

Magee, Bryan. The Story of Philosophy. New York: DK Publishing 2001. p221 ISBN 0-7894-3511-X

장대익 2008, 71쪽.

Raphael, F. The Great Philosophers London: Phoenix, p. 447, ISBN 0-7538-1136-7

The collection of bibliophile prints, Alpen-Adria-Universitat Klagenfurt

칼 포퍼-브리태니커 백과사전 (다음백과 미러)

미누 편저—작은 키 나무/2003 / 저자: 도티 빌링턴/출판사: 작은 씨앗

작성자 신문명정경아카데미 / 녹색당에서 말하는 생태주의와 탈성장

정해구 성공회대학교교수 / '첫 번째 펭귄'들이 많아야 사회가 발전한다.|

작성자 음봉 선인

'애빌린 역설'과'법률만능주의' 한글전용'첫 번째 펭귄'이 되세요.

《지혜로운 삶을 위하여》中에서

우 정(자유기고가, 사회학)

좋은 죽음, 나쁜 죽음/작성자 물푸레

성 염(서강대 철학과)

(에픽테토스 대담 2.7.3)

(스피노자 에티카 명제67)

(플라톤, 파이돈64a-82c)

전 중등교장 김영식

생명의 말씀사/2015.9.20.

(유기쁨<홀씨>2004년 4월호)

http://zeropencil.tistory.com/47 [zeropencil]

http://www.hani.co.kr/arti/society/society_general/907632.html?_fr
=mt2#csidxca97dc3c7427222af8e1837ca4eda53

석철종 NHK텍스트100분de명저 / (『침묵의 가르침 유마경』 집영사)

龍門에 오르다-司馬遷|작성자 pinetree

중용 제1장 천명지위성 2(0)2019.01.15

성자명출=명자천강=천명지위성 性自命出=命自天降=天命之謂性

위단 저 : 김갑수 역 장자 멘토링 ― 삼성 출판사

수캉성 저 유희재. 신창호 역 ― 노자평전 : 미다스 북스

월호 스님이 유마경 강설 | 월호 스님 지음 | 조계종출판사

출처 : 불교닷컴(http://www.bulkyo21.com)

Robert Dahl, Polyarchy: participation and opposition, New Haven,
Yale University Press, 1971

(이슈투데이 12/12/00 필자의 '안락사 개론' 참조).

네이버 지식백과] 동양철학 [Philosophy of Orient] (학문명 백과 : 인문
학, 류명걸)